世家大族系列

○ 鄭宏泰 著

永安家族

百年百貨基業的承傳與創新

中華書局

序

　　今時今日，不少市民對網上購物或「網購」已絕不陌生，特別是年輕一群，在網購上的消費可能遠超於實體商店。無可否認，網購平台提供的貨品應有盡有，小至文具零食、衣服鞋襪，大至傢俬電器、健身用品，消費者只需安坐家中進入網絡，世界各地的商品都會一一羅列眼前，在足不出戶的情況下便能購得心頭好，而且錢銀貨物收付極為方便，故網購成為近年愈來愈普及的購物模式。至於淘寶天貓、京東、亞馬遜等「網購」平台更成為新世紀的企業奇葩。而掌控這些平台的家族，自然成為了新一代的巨富。

　　但事實上，網購的崛起其實只有短短十數年，在香港發展雖然急速，但購物滲透率仍未超越實體商店，不少人仍會選擇出門購買心頭好，故商場百貨公司仍有不少顧客樂於光顧。若將眼光再放遠至一個多世紀前，當時中華大地仍處於封閉落後時期，一班飄洋海外謀生的華人吸收了西方百貨業的經營模式，再結合當時社會環境與市場需求，先後在香港、上海和廣州等地創立多家名揚一時的大型百貨公司，先施、永安、大新、新新便是主要例子，為民眾提供一站式購物消費服務，成為潮流焦點。相關企業更不斷壯大，掌控這些企業的家族亦名揚海內外，成為香港老牌的富貴之家。

　　可是，隨着時代不斷轉變，到了今天，在商場及網購潮流的衝

擊下，原來名揚四海的那些大型百貨公司，不少已被歷史淘汰，能
支撐至今者寥寥可數，顧客群日漸老化，營業額不斷減少，擁有這
些企業的控股家族，在財富大大萎縮下社經地位已大不如前了。可
見在千禧時代，社會瞬息萬變，對企業或家族的挑戰極為巨大，再
不能憑藉一門手藝、一門生意，便可令家族永得持盈保泰。就如烏
衣巷口的燕子，也終會飛入尋常百姓家，值得人深思玩味。

　　本研究挑選了永安百貨郭氏家族為案例作多世代的綜合分析，
一方面是因為這個百年家族是當年百貨業中的翹楚，而且其出洋至
回國、發跡到受挫、求變與革新等四代人的故事，不僅緊扣着百多
年來中國人苦難與成長的歷史，也揭示了家業承續與接班人培育之
困難。當然，江山代有才人出，永安郭氏家族日後到底會日漸沒
落，在上流社會悄然隱退；或是中興再起，成為購物零售業的新龍
頭，那便要看領軍人的本事，以及其識變、應變，求變的能力了。

　　研究進行過程實在碰到不少困難，幸獲得各界友好及機構鼎力
協助，故此謹向各位致以最衷心感謝。首先，要感謝我們家族企業
研究團隊黃紹倫教授、孫文彬博士、周文港博士、許楨博士、王國
璋博士及閻靖靖博士的支持。在大約每兩個月一次的討論會上，我
們不但分享了搜集資料的苦與樂，還一起就中外家族企業的發展特
徵如企業家精神、家族內部矛盾、女性角色及代際承繼等進行激烈
辯論，交換看法，當然亦交流了香港如何從海納百川與融匯華洋中
外文化中壯大的觀點與心得。可以這樣說，這種聚會對研究的啟發
作用極大，不少觀察和理論的建立、修正，便是在這些聚會中獲得
靈感和砥礪。

　　另一方面，亦要向研究助理梁凱淇小姐、李明珠小姐和俞亦彤小姐表示謝忱，她們為了搜集資料，要不斷在各地的圖書館和檔案館之間來回奔走，經常對着那些老舊的報紙或微縮片，逐點逐滴地篩選出有用的資料。正因她們耐心的工作和努力，本書的內容才能如此充實。

　　當然，亦要感謝香港中文大學圖書館、香港大學圖書館、東華三院檔案館、香港歷史檔案館等給予的支援和協助，使本研究可克服種種困難，達至今天的成果。最後，我亦要向太太李潔萍表示衷心感謝，她是第一位閱讀文稿之人，並協助多次的校對及給予不少建言，當然她在我身心疲累時為我打氣，令這項研究得以順利展開、維持和最終完成。

　　雖然得到各方友好和機構的大力幫助，但仍因沒法完全掌握政局的急速轉變、歷史的曲折漫長、企業的興衰傳承和人生的順逆起落而出現一些糠粃錯漏，對於某些疑而未決、模糊不清的地方，雖努力求證，但仍沒法做到完美無瑕，這雖是不願看見的，卻很難避免，但望讀者有以教我，指正批評，讓本系列研究可以做得更扎實、更豐富。如對本書有任何意見，請致函香港新界沙田香港中文大學香港亞太研究所或電郵　vzheng@cuhk.edu.hk 聯絡。

鄭宏泰

←

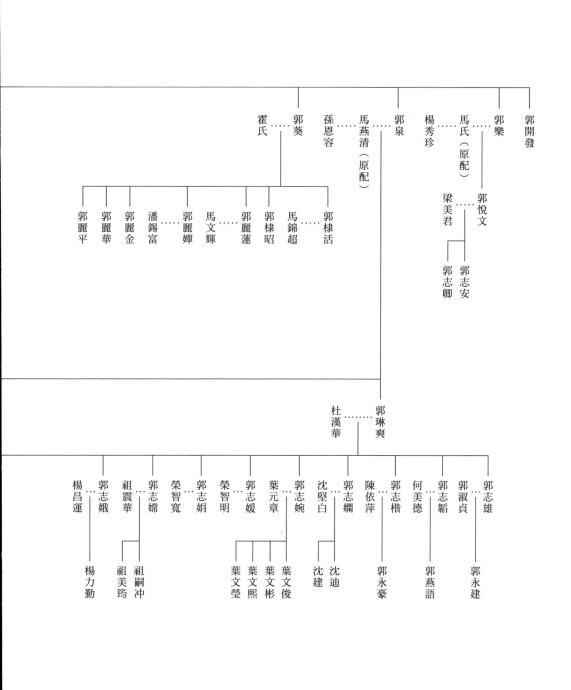

目録

第一章

社會變與家族變

在今時今日不少國人的心目中，最困擾家族企業發展的問題，相信是繼承問題，因為父輩出生入死以血汗打下的江山，若然沒法傳承下去，在兒孫輩接手後被敗掉，所引來的遺憾與惋惜，實在不可為外人道，而繼承的困難之處，既非單一方法能夠解決，又非單方面焦慮擔憂於事能補。但是，在上世紀，尤其物質條件欠豐盛，社會動盪不安，經濟動力與發展空間則相對有限之時，如何成功創業，維持企業發展力量，其實才是悠關生死的關鍵問題。事實上，就算進入傳承接班之後，如何在競爭激烈、科技日新月異，產品及服務均變化急速的環境中維持企業競爭力，着實乃頭等大事，可見無論是創世代或繼世代，維持家族和企業生命力，才屬時刻不能掉以輕心的重中之重。

　　從這個角度上說，在思考家族企業最重要挑戰時，必須頭腦清醒，尤應從家族與企業乃命運共同體的本質入手，更應全面透徹地了解到家族及企業到底處於哪個發展階段或生命周期的問題，因為不同發展階段或生命周期，畢竟會面對不同挑戰和機遇。由此帶出的另一重大問題，就是社會環境的不斷變遷，其實決定了家族和企業的發展空間及格局，作為領導人及不同家族成員，必須對這種變化有敏銳洞悉力，並可全面掌握，拿出應對之道，因為只有這樣才能讓家族及企業可以乘勢而起、乘風破浪，而非逆水行舟，最終被時代淘汰。此點明顯又呼應了唐太宗詢問房玄齡及魏徵到底創業難抑或守業難的問題，揭示若然領導人在不同發展階段對於事業的開拓與繼承拿捏不準、掌握不好，或是對問題認識得不夠透徹，則很容易做出錯誤判斷，給家族和企業的前進帶來災難性效果。作為本

書深入研究的個案——永安集團郭樂、郭泉家族——則可就上述問題提供極具參考價值的答案。

　　細心一點觀察，扎根香港的不少世家大族，一方面有由農轉商的背景，另一方面又有飄洋移民的歷史。至於促使他們作出以上重大舉動的因素，是國內外形勢自十九世紀以還的巨大變遷，到他們成長，並且可以不斷壯大時，又與香港由小漁村走向國際大都會的曲折歷程相呼應。永安集團的郭氏家族，其實就如無數家族般只屬浩瀚大海中的一片小舟，無論是摸索前進時取得突破，成長壯大能夠更上層樓，而傳承接班時則難免遭遇挫折等，則折射了家族領導能夠看準華洋內外時勢、順應時代，說明中外社會在近代歷史上曾出現巨大變遷，同時又揭示其能在內外環境變遷中作出調息，因此才可突圍，寫下家族傳奇。到底中外社會在人類近代歷史上曾有哪些巨大變遷呢？下文讓我們先勾勒歐西國家率先從傳統社會走向現代社會的重大變革，[1] 尤其會聚焦於商業精神與制度創新方面；然後再交代中國如何在那個時期面對挑戰，割地賠款之餘，亦曾不斷進行變革自強；以及香港開埠後的獨特社會與商業環境，而無數大小家族又在那種內外社會環境急速變遷中識變應變。

歐西社會變遷的無形力量

　　眾所周知，歐洲自十六世紀出現連串重大社會變遷：宗教改

1　本文對傳統社會與現代社會的簡單界定是利用機器設備於生產之上。即是說，傳統社會的生產只是利用人力或畜力的原始生產力，而現代社會則懂運用機器設備以提高生產力。

革、商業創新、金融蛻變及社會體制演進等，則激化並帶動了更為深遠直接的工業化，令相關國家的綜合國力有了脫胎換骨的變化，因而可主導全球秩序，成為世界權力中心，可以支配其他邊緣地方的發展。具體地說，由於自工業革命後有了機械取代人力的重大突破，生產量及生產效率大幅提升，經濟與生產關係乃出現翻天覆地的前所未見巨大變化，而這個過程或轉變，一來帶來了城市化，二來又產生了一個日後籠統地被稱為「現代化」（modernization）的過程，因而又加速了鄉村向城市的移民，即加速城市化。

以上的過程又令科技突飛猛進，不但進一步提升生產效率，更帶動國家航運、軍事與綜合國力的急速上揚，令那怕幅員不大、人口不多的歐西各國，能夠憑着船堅炮利打遍全球每個仍處於人力生產、用弓箭刀劍做武器的角落，拓殖擴張，搜掠資源，並將本身大量生產的工業產品向全球傾銷，搶佔大小市場，同時令歐西事物──即現代化事物──向世界各地散播，所以有學者形容，自十六世紀以還這一浪接一浪的發展，是人類社會進入了現代資本主義時期（Braudel, 1982-1984; 黃仁宇，1997）。

追源溯始歐西國家這次歷史上罕見的巨大變遷，有分析指與宗教信仰有關。扼要地說，在十六世紀之前，天主教會影響力可謂無處不在，一國君主亦受其支配制約，但內部卻出現腐敗，例如教廷以出售「贖罪券」（indulgence）換取信眾獲得上主救贖以斂財，引起不少信眾不滿。馬丁・路德（Martin Luther）便提出了影響後世的批評和指斥，引發日後的宗教改革，令歐洲基督宗教出現了前所未見的巨大變化，其中新教（Protestant）興起，加爾文宗（Calvinism）在歐西等區域的傳播，更令商業倫理出現巨大轉變，其中的救贖預

定論令信徒必須努力不懈地在俗世進行各種職業的努力工作營運，則被指乃萌生現代資本主義的核心力量源泉（Weber, 1985）。

　　與萌生現代資本主義核心力量相呼應的，應是企業家精神——一種為了爭取成就、滿足個人發展目標和理想，不囿於傳統，亦不困於一隅，而是會不斷創新求變的積極進取人生態度。這種精神面貌的特殊之處，不但在經商營業時會爭取在不同層面上推陳出新、創造出新事物，更會主動出擊，尋找新市場、新原料，甚至想出新組織、新制度等，總之就是千方百計地以不同新手段尋找各種機會、搶奪市場，令本身能夠壟斷或主導市場，而這種人的努力打拼，並非純粹為了賺取生意上的利潤，更是想建立自己商業王國的那份成就感，同時亦享受奮鬥打拼的那個過程（Schumpeter, 1934），而這種人則被視為促進經濟發展的「領導推手」（prime movers），或者是「無名英雄」（unsung heroes）（Gilder, 1984）。

　　除了商業倫理與商業精神丕變，商業與金融體制亦相繼出現重大轉變，股票市場的出現和公司制度的發展，則屬當中的重中之重。具體地說，在股票市場尚未出現之前，用於推動商業活動的資本，主要來自個人、家族或借貸（銀行或個人），金額一般十分有限，若是借貸所得，成本往往不低。自十七世紀起，已有荷蘭公司看到借貸的困窘，所以引入開創性的拿公司股份如貨物般在市場上自由交易，於是出現了股票市場制度。這種制度的關鍵之處，是一方面可將民間零星分散的資金集結起來，用於開拓商機的生意上（即投資），另一方面是生意人（企業家）可以較低成本的方法取得資本，部分風險則可讓小投資者（公眾）分擔，而小投資者則可分享投資所得的利潤，從經濟成長中分甘同味。於是，形成一個截然不

同的商業生態環境：無數零散民間資本，利用股票市場匯集於商業投資之上，企業有了更強勁、成本較低的資本後台，可以開拓更長遠、規模更大、回報又較高的項目上，因此可令經濟及投資市場出現脫胎換骨的變化。

公司制度主要指有限債務責任公司，即現時俗稱的「有限公司」。不可不知的是，在此制度之前，傳統社會有無數商業組織，就如中國民間社會常見的店、號、記、堂之類，但這種組織的特點是一來並非法律上的「獨立法人」（legal entity），二來組織的債務必須由個人全部承擔，這便會大大抑壓前文提及的股票市場發展，因為若然持有股份（尤其作為公司小股東），需要承擔股份以外更多更大債務，則必然會窒礙他們購入相關公司股份的意欲。事實上，自股份可以在市場上交易的方法在荷蘭出現後，反應一直並不熱烈，只有極少數人士參與，這當然有「先行者必然孤獨」的因素在內，但公司組織沒有因應股票市場的「發明」作出相應調整，實屬關鍵原因所在。到了十九世紀中葉，英國率先改革公司制度，推出了「有限債務」（limited liability）的概念，並將這種公司視作獨立法人，接受更嚴格的法律監管。

進一步說，當時的公司法例將公司組織分為一般公司及有限公司兩種。一般公司即傳統的無限債務限制，創辦手續容易，受法律規管亦較寬鬆的組織；後者為有限債務公司，創辦手續較嚴格複雜，因法律規管較嚴格，例如要求集資、營運與開支等資料必須相關專業考核及向政府呈報，而這類公司日後又再細分為「私人有限公司」（private limited company）及「公共有限公司」（public limited company），主要差別在於相關公司的股份能否在股票市場交易，即

是否「上市」（即進入股票市場）公司。由此帶出來的重要特點是，
小股東若然購買了有限公司的股份，其最大損失只限於股本本身
——即購買股票的價值或金額，就算公司碰到巨大災難，虧損超過
股本，身為這類公司的持股者，無須承擔股本以外的損失。也就是
說，他們的債務責任只限於原來的認購資本。由於這種公司制度有
助化解傳統商業組織的潛在風險，因此能很好地刺激了股票市場的
發展，同時亦令經濟商業有了脫胎換骨的力量（鄭宏泰、黃紹倫，
2006）。

　　經濟商業層面的脫變，很自然地帶來社會制度脫變和城市化。
無論是人口規模、生產模式、生活模式、居住環境及社會階層結構
等等，城市與鄉村無疑截然不同，工業化則可說是促進城市化的最
核心力量。由於引入機械的大規模工業生產創造了龐大就業機會，
因此吸引了工廠周邊鄉鎮人口——尤其青年單身者——雲集，令城
市規模不斷壯大，而工廠的大規模生產，既帶出尋找更大市場的問
題，亦引來尋找更多廉價原料的問題，經濟效益的擴大，則令商業活
力更趨活躍，因此又加速了城市化，社會結構自然變得更為複雜，
所以不但形成了新的生活模式與潮流、新的家庭（或家族）結構，亦
誕生了傳統社會所少見的中產階級，產生急劇社會流動、貧富差距
擴大等等問題，尤其會刺激一股向外擴張的力量，因此有了一浪接
一浪的開疆闢土、海外殖民浪潮，令世界發展格局出現了另一波「全
球化」（globalization）的巨大轉變。有學者將這個浪潮稱為「全球化
2.0」，有別於在此之前的「全球化 1.0」——即自 1492 年至 1800 年
期間，以及「全球化 3.0」——即自進入新千禧世紀以後（Friedman,
2010）。

　　概括地說，自科技躍進及航運業出現重大突破後，本來受山川海洋等地理因素阻礙的大小國家與人民，只能在很小範圍內生活的世界，有了天翻地覆的巨大轉變，因為掌握了科技與武力的全球化帶領者——歐西國家，在採取「先禮」要求通商的「軟手法」行不通後，必然會訴諸武力，採取「後兵」的「硬手段」，迫令那些本來自成一國，只按自己社會進化步伐前進，生產力、軍事實力及國家綜合競爭力仍處原始水平的國家俯首稱臣，任其魚肉。於是，孕育於歐西國家的那些諸如科技、制度、城市組織、生活模式、潮流文化、宗教信仰及價值觀念等，乃在全球散播，令他們自身的社會發生前所未見的巨大變化。

中國社會變遷的無形力量

　　相對於歐洲自十六世紀以後宗教、商業倫理及社會體制等不同層面出現的巨大變遷，然後有了翻天覆地的工業革命，令社會走向現代化，中華大地那怕曾經出現不少改朝換代的連番戰爭，但信仰、社會制度，乃至於重農抑商、追求功名等傳統與價值觀念，以及一直視自己為「天朝大國」，乃天下（世界）中心的世界觀等，基本上一如舊觀，沒有多大改變，所以並沒如歐西國家般同時踏上現代化道路。正因如此，無論在航運、軍事，或是經濟生產等方面自然沒有發生脫胎換骨的變化。於是，當歐西國家踏浪而來，要求加強貿易及各方面交流時，中國則好整以暇，不感興趣，甚至拒絕開放市場，這樣便很自然地招來了槍炮的武力教訓，結果則是眾所周知的不堪一擊，接着則是簽訂城下之盟，除了割地賠款，還要開放通商口岸，就算不情願亦好，也必須與歐西國家進行貿易。

　　面對那個被晚清一代重臣李鴻章形容為「千年未遇之變局」的處境，滿清政府為了延續統治，自然曾經作出掙扎，尤其曾經進行連串變革，以適應新時代的挑戰，而這些應變方法，基本上可總結為如下多個方面：一、由天下中心轉為天外有天；二、由限商抑商轉為依商重商；三、由自視本身文化優越轉為唯泰西是效；四、由安土重遷轉為飄洋海外。至於這四個層面的不斷調整，則反映了近代中國綜合國力滑落後屢受外侮環境下摸索前進的崎嶇道路，以及尋求民族復興的無盡努力。

　　中國文化中的天下或中原觀，可謂古已有之，這種思想的核心，是視自身為「天朝大國」，乃世界中心，不但文化較優越，綜合國力較強，當然還有物產較豐盛，生活較富庶，以及社會較文明等不同特點。至於圍繞在「天朝大國」四周的，則被視為蠻夷，不但文化檔次較低，物質及生活條件較低，綜合國力自然亦不及中國，而他們與中國之間的交往，整體上以朝貢方式進行，尊卑強弱立見。儘管某些朝代曾有外族入侵，亦曾有蒙古人及滿人統治了中華大地，但因隨後即為中國文化所同化吸納，尤其會採用中國的文字及社會制度，所以那種以中國為中心的天下觀念仍然根深蒂固（Wang, 2014）。

　　但是，歐洲人東來與滿清軍隊在鴉片戰爭中不堪一擊的全面潰敗，然後是一浪接一浪西方現代化事物的湧現，則讓人看到了一個天外有天的事實：歐西國家不但有船堅炮利的軍事絕對優勢，更有各種各樣物質、生活消費與社會制度優勢，這些以現代化尺度計算的東西，將中國比了下去。無論承認或接受與否，中國從過去自視為天下中心的地位，支配周邊藩屬蠻夷，轉變為歐西國家的「蠻

夷」，成為世界邊緣，受其支配，本身的一些領土更被掠奪為殖民地，或是美其名為「出租」，實際上成為半殖民地，則屬於鐵一般事實。因此，出現了前所未見的危機感或自卑感，尋求自強變革，力圖恢復昔日光輝，自然不難理解。

在「天朝大國」裏，為求便於統治、社會穩定，一方面將全國百姓分為士農工商四等，劃出優劣高低，另一方面則鼓勵農耕，貶抑商業。不難想像，在這樣的制度下，以耕地為立足點的農民，自然更加全力投入到農耕種植之中。到處奔走，希望從左手買入右手賣出過程中獲利的商人，則受到打壓，社會在一種「不患寡、患不均」思想下維持着長期「穩定」。尤其值得指出的是，在這樣的社會結構或價值觀念指導下，若然有農耕家族希望能夠出人頭地，在社會階層往上流動，光宗耀祖，令家族名望地位可以更上層樓，必然是鼓勵子弟認真讀書，然後從科舉考試獲取功名。所以讀書被視為乃「萬般皆下品，唯有讀書高」的極重要人生出路，而士則列為「四民之首」。

可是，鴉片戰爭之後的割讓香港和開放五口通商海港，以及西方多種事物湧入，則帶出了經濟致富在西方社會原來屬於人生或家族重要追求的重大問題，同時揭示商人在政治及社會中不但更具影響力，亦有更高地位，同時亦是生活質素的最好和最有力保障。正因如此，乃激起了無數華南沿岸鄉民對金錢財富的想像，並促進他們持續不斷的飄洋海外，投身商業，主要目的自然是希望因此能經商致富，有充裕的財力以改善家人生活，重商與發財致富的思想由是興起。

承上述，高舉寒窗苦讀，藉考取功名出仕為官，揚名立萬，並且重農抑商的統治策略，在鞏固政權方面無疑一度收效，有助維持社會穩定，亦帶來經濟與文化發展。惟這樣的簡單統治模式，卻在西潮東漸後產生了巨大轉變。初期，朝野上下對於西方之長技仍半信半疑，尤其覺得自身文化其實仍有不少優越之處，所以堅持就算推動變革，亦執着於本身體制的某些優勢。但是，在證實相關變革無法提升綜合國力，扭轉國貧家弱局面後，不少政治精英乃在痛定思痛後得出了必須師法西洋之長技，進一步推動變革的結論。至於這種變革之初，雖從吸納技術入手，但不久即想到連制度與價值追求亦要與西方看齊，反而視自身傳統文化為糟粕，要棄之而後快，因此形成一股全面向西方看的浪潮，唯泰西是效。

傳統上，數千年以還，除非受戰爭災難等迫不得已的因素影響，中國人總是以桑梓鄉里為重，相依相偎，不會輕言離鄉別井，置故里祖墳於不顧。所以中國傳統文化被視為重視孝道、安土重遷的文化，尤其注重家鄉故里的山川靈氣、人文風水。但是，自洋人東來，然後又傳出海外地方有不少發展機會，黃金遍地，城鎮鄉里則出現政局變亂，甚至經濟凋敝，所以導致前所未見無數村民飄洋海外的強烈意圖，尤其與由農轉商思想相互激發，於是出現了一浪接一浪由中華大地往海外移民的浪潮，不少人更投身商業，那怕乘船出海的路程充滿風險，旅費盤川不少，經商之路亦十分崎嶇，那個浪潮仍是歷久不衰。

即是說，自鴉片戰爭之後，由於本身「天朝大國」的地位不保，淪為任人魚肉的邊緣，人民生活困苦，下海營商則被認為更能帶來誘人收入，更可改善家人生活，亦具有更好前景，加上學習西方事

物成為時尚,所以便有持續不斷的村民往外闖和唯泰西是效等舉動;而在外面世界看到的事物、學習與經歷的點滴,很自然地激發他們無盡的思考,當中不少知識和經驗,自然亦運用到營商和工作中去。當中極少數幸運兒,則能在那個中國歷史上罕見的轉變過程中緊抓機遇,突圍而出,最後書寫了個人及家族的傳奇。

香 港 社 會 的 同 步 蛻 變

歐洲崛起成為世界中心,中華大地則滑落成為邊緣的這個重大轉捩點,香港則是最好的見證,因為香港正是第一次鴉片戰爭中滿清大敗後被割讓給英國作殖民地的領土。至於香港幅員日大(香港島擴展至九龍半島,然後是新界),經濟規模與發展實力持續上揚,又進一步折射了滿清皇朝屢戰屢敗的慘況;接二連三的不平等條約,所折射的便是國力不斷滑落。西方事物的持續湧入與香港作為溝通並連結華洋中外的橋樑地位則在這個過程中持續獲得強化。

不可不察的現實是,那怕大英帝國以武力攫取香港土地,但在推行殖民統治時,卻採取了靈活而結合現實社會狀況的手法,並非將香港立即變成一個完全按英國政治制度及社會結構運行的社會,反而是一方面公告天下,採用「二元法制」,讓華人社會可「率准如舊」地按《大清律例》生活,但同時又在政府管治及其他社經制度上跟從英國,達至「各取所需」,可以更好促進社會及經濟發展的目的,令社會脈絡肌理不斷蛻變。

細看香港自割讓為殖民地後的發展,有如下各方面的重大變

遷：其一是重商主義與自由貿易的堅實發展；其二是人口大量進出與移民社會的確立；其三是不談政治只着眼經濟商業倫理的興起；其四是溝通內外、大吃四方橋樑位置的奠定。以上四端，則成為香港闢為殖民地後因應環境的同步蛻變，與中華大地上的發展，有了截然不同的成長路徑，因此又促進了香港的經濟及社會調適，令其可從小漁村逐步成長為國際金融中心。

大英帝國要求割讓香港島時，目標無疑十分清晰地指出希望將香港闢為國際自由貿易港，至於着眼點則是中華大地的龐大市場，用今天說法是希望多做些大陸的生意，多賺些錢。在這一重大發展策略指導下，中華大地上的士及農兩種職業崗位反而得不到很好發展，工與商則因重商主義和自由市場旗幟被高高舉起得到很大發展。後者不但可從政府角色被約束在細小規模內看得到，亦可從商業盈利的稅率——即利得稅——一直定於很低水平的政策上看得到。

更重要的是，一切與商業經營有關的法例，總是從寬從簡，讓做生意、辦企業獲得很大自由度。商界精英——尤其洋人，更會被吸納到立法會、行政會、賽馬會或不少政府諮詢委員會中，至於華人商業精英，則較多被吸納到東華三院、保良局等在華人社會具有很高社會地位的組織中，可見在香港這個重商主義的社會裏，商人獲得了中華大地上從未見到的良好待遇，不但經營獲得便利，私有財產得到保障，社會往上流動機會多，亦得到了政府器重，而社會亦給予了較好待遇和肯定。

香港開埠時本地人口只有數千人，之後才因經濟逐步發展起來有了更多人口流入，但流出者亦多，所以在經過近 60 年發展，且在

進入二十世紀時，總常住人口只有約 30 萬而已，在今天的眼光看來，實在不算是一個有規模的國際城市。另一特點是，這些人口絕大多數屬移民人口，而且只視香港為臨時居所，收入積蓄多會匯寄回鄉，養妻活兒，到一定時期則會選擇返回家鄉生活，香港並非他們長住久居之地，香港的「浮萍」狀態，或是「無根」特點，可謂十分明顯。

常住人口規模雖然不算多，但香港卻有一個比例不少的流動人口——即是進出香港，前往他方，例如新舊金山（即三藩市及悉尼）及南洋（即東南亞）等地經商打工者，這些流動人口由於曾經利用香港作中轉站，對香港有一定認識和關係，到他們在海外生活下來後，往往會繼續利用他們與香港的聯繫和關係，一方面向家鄉處購入國貨物資，另一方面則把旅居地的積蓄及一些新奇貨物寄匯回鄉，令香港的中轉站角色變得更為突出，亦更有內涵。

儘管香港開埠時已確立為貿易轉口港，但當社會日漸發展起來，必然捲入政治，惟殖民地政府卻採取了斷然拒絕華人社會參與政治的做法，簡單而言包括不讓華人擔任政府高職，又不開放政治參與渠道，不容許議政論政，只有極少數能通過政治信任的華人精英能獲吸納到立法體制中，作政治花瓶，而對於這些獲挑選的華人精英，亦要經歷重重考核，才能得到重用。

由於毫無政治空間可讓華人參與，華人社會自然出現了政治冷感局面。與之相反，香港的營商環境十分寬鬆，並引入不少西方現代化商業制度，例如前述的公司制度、金融制度等，因此便促使無數人投身操贏計奇之中，令商業活動顯得異常活躍，香港人一心致

力「搵錢」，不問政治的行為，更被形容為「經濟動物」。曾任港督
的葛量洪（Alexander Grantham）則以能夠出任一個人人皆樂於做「經
濟動物」的殖民地首長而引以為傲，覺得這樣市場會一片熱鬧，社會
才有錢可用於公共服務及福利之上（Grantham, 1949: 59），可見自上
而下，社會均以全心投入經濟建設為尚，與政治則寧可保持距離。

　　作為英國殖民地，英國人的如意算盤，明顯是要把香港打造成
溝通華洋內外、大吃四方的中介城市，即是希望香港作為歐西國家
與中國進行貿易及各種互動的中間人，或是作為東西雙方的橋樑，
因為這樣的位置，在當時世界形勢中罕見——澳門雖屬早已發展的
溝通華洋中外管道，但畢竟規模太小，亦為葡萄牙人壟斷——所以
有很大發展空間，亦更能配合英國商貿向外發展，最合乎其利益。
確實，本身毫無天然資源，人口規模又很小的香港，除了水深港闊
的海港，實在別無是處，沒有甚麼優勢，開闢香港作為國際自由貿
易轉口港，當連結及溝通內外的角色，則可以發揮本身獨特優勢，
既服務英國利益，亦能令香港發展起來。由於定位正確、策略得
宜，香港便在經歷一段時間摸索後逐步發展起來。

　　毋庸置疑，由於香港位處中華大地偏南一隅，卻割讓為英國殖
民地，在學理上說是處於一個「在中間」（liminality）的特殊位置
（Van Gannep, 1961），必然具有一些獨特優勢，所以自香港開埠後
便順理成章地在溝通中外、連結中西方面擔當了十分吃重的橋樑角
色。英國統治者的敏銳之處，是在這個地方採取了與中華大地截然
不同的制度，尤其抑制參與政治，但卻高舉重商旗幟，令士人農耕
沒有出路，工商人士則更有發展空間，社會地位自然得到提升，參
與營商尤其得到鼓勵，與中華大地仍以士及農為四民上端，工商則

居下端的情況大相逕庭。結果產生一種不問政治、只重發展經濟的氛圍，這樣不但令商業貿易不斷發展起來，亦孕育了一種混合華洋中西的實用主義文化，即不執着於意識形態與政治立場，而是只從實利出發，着重搵食發財。正因如此，香港的政治發展乏善可陳，但經濟發展則一枝獨秀。

大小家族的識變與應變

萬事萬物其實時刻在變。無論是國家、社會，或是家族與企業，若然不能洞悉變局，然後在面對轉變時作出應對，而是繼續停留在原點上，很多時候只會被時代拋棄，處於被動捱打的位置，難免在時代潮流中被淘汰。可見如何能明瞭變局，然後因應時代轉變，實在不限於國家與社會，作為社會最基本單位的家族，其實亦難以獨善其身，而必須作好應變。某些較進取的家族，更會從自身求變中爭取發展主動權。

對於不少家族而言，自歐西國家崛起，現代化事物傳入中國後，如何能掌握哪些是主導世界大局的核心力量，無疑極為重要。一個十分現實的問題是，傳統重農抑商及寒窗苦讀以考取功名的思想及價值觀，明顯已因皇朝本身遭遇了自身難保的劫難出現重大變化，反而投身商海則呈現了巨大發展空間。另一方面，中華大地未能邁出發展腳步，海外則先後傳出發現金礦，激起不少人的淘金發達夢想，後又有南洋等地的開墾種植及各種大型基建工程，吸納大量勞動力，令無數鄉民打拼人生事業的舞台，不再只局限於中華大地，而是海外亦有另一片天。

　　一個十分獨特的社會現象是，在那些早染洋風的地方——例如華南沿岸，或是通商港口及其周邊鄉鎮，不少家族出現了三大重大轉變，其一是棄農為商，其二是飄洋出海，其三是西方事物在以上兩項轉變中更深更廣地傳入大小家族，影響家族生活和親人關係。而這三大轉變，不但牽動了大小家族的發展策略，同時亦影響了中華大地無數鄉村、香港及海外社會的發展格局。

　　中國以農立國，重農抑商傳統由來已久，大小家族只要有田可耕，生活溫飽可以維持，便不會思變想亂，亦不願離鄉別井；商人經營則被認為只是囤積居奇，左右民生，動搖社會秩序，所以務農成為主要出路，經商則受到貶抑。若有家族想更上層樓，只能藉積累一些資源，支持有潛質的子孫寒窗苦讀，從考取功名中揚名立萬、光宗耀祖。但是，到了洋人東來、滿清國力滑落，香港又開闢為英國殖民地後，當貿易營商得到推動鼓勵，無數家族便有了棄農為商的舉動，或是由鄉村轉到城市打工，令工商兩種在傳統社會中處於下端的職業反而較受歡迎，成為更多村民挑選的職業，與過去數千年的傳統有了截然不同的轉變。

　　在滿清之前各朝，儘管亦曾出現天災戰亂，導致無數城鄉人民顛沛流離，引起大量移民，但基本格局是由北而南，只在中華大地上四處遷徙，不但視天朝周邊國家為化外之地，不願前往，更視海外為畏途，鮮會踏足，而移民一般是在推與逐力量驅動下被迫進行。可是，自鴉片戰爭之後，尤其太平天國之亂時，城鄉人民同樣顛沛流離，並有大量移民，可不少鄉人卻把目光投放到海外，主要是上文提及，指新舊金山等地發現金礦的吸引力，於是令他們不惜冒險乘船遠赴海外。

當然，初期只有極少數的一些先行者願意放洋海外。惟當那些先行者克服了困難，甚至賺得巨額財富衣錦還鄉，然後可以一擲千金買田置業、錦衣華食後，則讓不少家族認識到，外洋並非蠻荒之地，而確實有充滿機會的一面，因此自然刺激更多家族思考自身出路和發展方向的問題，然後便是評估內外機遇和挑戰後，有了一浪接一浪的飄洋海外移民。而這一浪移民潮，很明顯不只是推與逐的力量驅動，而是呈現不少拉和吸的力量，所以帶有主動出擊的色彩。

無論是棄農為商，或是飄洋出海，兩者均擴大了與西洋人事物三方面的深入接觸，因此很自然地會加深他們對西方事物的了解，而且必然會對西洋的現代性、先進性大開眼界、心悅誠服，從而會想到盡量吸收學習模仿，藉以提升自己的力量，反而對於中國傳統的東西，則會視為落伍迂腐，盡量減少或避免。即是說，隨着營商貿易興起，加上飄洋海外鄉民日眾，與西方人事物的多方接觸交往日頻，受西方價值觀念與文化思想影響則日甚，於是很自然地促使他們重新思考家族發展策略，同時亦會牽動家族內部，甚至與親屬朋友、鄉里桑梓及國家民族的關係，令他們的發展呈現不少新變化。

回顧歷史，歐西國家在十六世紀至十九世紀出現多種多樣歷史上極為少見的巨大變遷，導致其社會走上了工業化、城市化、現代化，然後有了向外拓殖擴張，遠離歐洲的中華大地，亦逃不出受其侵擾的局面。由於在十九世紀時仍停留在傳統社會階段，所以當與已經進入現代化階段的英國直接較量時，自然顯得不堪一擊，因此令中國不得不打開國門，甚至割讓香港，於是一方面有了大量西方人事物的持續不斷湧入，另一方面則有大量鄉民飄洋海外，兩者均令中國無論在經濟生產、生活消費、社會制度及價值觀念等出現巨

大轉變，至於作為社會最基本結構單位的家族，自然因為必須作出適切應變同時發生巨大變化。

　　毋庸置疑的是，這些恒河沙數的家族，無論身處中華大地或是散居海外，在經歷多番重大歷史衝擊後，最後不但書寫了本身家族傳承和發展傳奇，亦見證了中華民族由弱轉強的民族復興，令人不期然想到歷史的吊詭與輪迴，當然還有值得吸取的種種教訓和經驗總結。

跨世代綜合分析的個案

　　在學術界，有關永安集團郭樂、郭泉家族創業的歷史、發展、滑落，乃至於企業經營特色，生意及婚姻網絡擴散，以及其早年海外經歷等分析、討論，實在汗牛充棟，為數不少（郭官昌，1936；郭泉，1961：王有枚、繆林生，1979；上海社會科學院經濟研究所，1981；齊以正、林鴻籌，1986；譚仁杰，1988；朱龍湛，1988；何佩然，1999；張昊，2000；李承基，2002；連玲玲，2005；楊在軍，2007；Chan, 1995 and 1996），當中亦不乏獨特視野與精闢見解，惟整體介紹和綜合分析則鮮見。

　　另一方面，與這個家族有關的各種資料，其實亦甚多，無論中山、香港、上海及澳洲等地均有，但卻甚為分散，難見集中。至於聚焦的人物，一般以郭樂、郭泉為主，不但鮮有提及他們的父輩，其後代子孫的發展，尤其到了現今的發展狀況，則談及者少，就算有，也只集中於某些事件，或是流於簡單介紹，因此未能讓人可以

從中找出家族發跡與傳承的曲折歷程，更遑論有結合中國與世界商業及社會變遷和互動的論述。

　　由於郭樂、郭泉飄洋海外謀生的歷史反映了父輩家族追求目標自西風東漸的轉變，而他們在海外謀生的經歷又吸納了不少西方營商創業的新事物、新觀念和新制度，崛起過程更見證了滬港及中華大地的商業與社會變遷，加上後代接掌家族企業後又遇到各種不同挑戰，對當前社會所關注的傳承接班問題更具參考價值，其故事乃深受關注，深入綜合分析尤其能揭示當中的不少教訓，本書乃挑選其作為核心研究個案，結合前人分析，提出一些新見解，從而解釋那時的發展狀況，補充當前的一些研究空白。

　　雖然社會學的分析較強調深入訪談的一手資料，但因這方面的方法存在一定難度——即無法獲得那些大家族成員應允進行長時期訪問，而就算能有一些成員同意訪問，這種方法亦有其本身缺點，例如受訪者（家人）一般會隱惡揚善，或是報喜不報憂，對年代久遠的事件則總是人云亦云，或者只屬口耳相傳而已，令資料可靠可信程度大減，所以本書寧可着重於公司檔案及不同文獻的點滴搜集，例如家譜、訃聞、哀思錄、墓誌銘、遺囑、回憶錄、公司註冊文件、營運紀錄、家人親友通信，以及大小報章不同年代的新聞報道等，再從這些資料的綜合與拼湊中，描繪家族發展和遭遇。

　　誠然，這樣的資料來源與研究方法，自然亦有其缺點和不足之處，例如只從文字紀錄上耙梳，欠缺一些鮮為人知事件的內情，而某些事件又未必有文字紀錄，或是紀錄已刪掉或丟掉等，所以未必能反映事業或發展真象，因此難免令人有見林不見木或是難以一窺

全豹之嘆，但我們仍相信這種建基於白紙黑字檔案資料上的分析，應該更為實在，更值得重視。

　　本書除了本章（第一章）講述研究焦點和目的，以及中外社會近代歷史上巨大變遷的關鍵背景，在接着各章中，首先會說明郭樂、郭泉父輩在社會處於巨大變局中的識變和應變，尤其說明對農耕或經商的思考（第二章）。接着會探討郭樂、郭泉一代闖蕩海外的不同遭遇，以及早期創業進程（第三章）。之後再分析他們自海外轉為回到香港和上海等地大展拳腳的發展情況，指出其拓展市場的重要策略（第四章）。緊接着，則會以先後進軍保險業和銀行業為主線，說明其集資融資的方法與相關金融業務的發展路徑（第五章）。

　　抗日戰爭的爆發和抗日勝利不久再次爆發內戰，不但對無數家族帶來衝擊，亦大大地影響了生意發展，永安集團家族自然亦受到衝擊，家族如何在戰亂中重生自然是探討焦點所在（第六章）。第七章的焦點集中於接班與傳承問題，尤其是創業者老去而接班者經歷多番考驗後終於登上領導崗位的種種挑戰。第八章的討論焦點，放在另一波接班浪潮下新領導所碰到的巨大危機，其中的應對失敗，則曾令家族陷於困境，亦為家族帶來不少負面批評。第九章探討經歷危機之後，不同家族成員如何在不同崗位上努力，期望光復家族，恢復昔日光輝。在最後一章（第十章），則會從歷史與社會分析的角度，評論一個半世紀郭氏家族的發展軌跡，尤其會指出華人家族與企業的發展、傳承和應變特點。

結 語

　　自進入全球化年代開始，在科技不斷進步的影響下，中外社會無疑出現了無數巨變，令地球確實變得愈來愈像一個小村莊（Friedman, 2010）。國與國之間，家與家之間，甚至是人與人之間的接觸交往和互動，實在愈見緊密，牽動和相互影響則更大，所以一方發生的事情與變化，很自然地牽動另一方，而另一方的回應，又會反過頭來影響一方的變化，揭示無論國、家、人，均不再是「孤島」，可以與外界或世界隔絕，而與世隔絕或是應對不當者，往往只會落得任人魚肉或是遭到淘汰的結局。

　　人類社會的前進沒可能是靜止不變的，歷史則可說是人類社會前進過程中應對變局作出調適，讓其可以生存和發展下去的紀錄。遠的不說，當已經由傳統社會進入現代社會的歐西人於十九世紀踏浪東來時，其給仍處於傳統社會階段的中華大地帶來的挑戰，引起的巨變，顯然是前所未見和極為巨大的。在這樣的「千年未見」巨大變局當前，不但國家統治者不得不作出變革自強的應對，大小家族的家族成員們顯然亦會察覺到原來的一些家族發展策略或是追求目標等，必須作出調整，否則必然遭到淘汰，至於其中的兩大應變路向──棄農為商與飄洋海外──則改變了不少家族的命運，永安集團郭樂、郭泉家族便是其中之一。

第二章

要務農還是經商

引 言

　　正如上一章中提及，到了十九世紀，自鴉片戰爭連吃敗仗之後，由於開放通商口岸，商業日見發達，西方事物大量湧至。儘管在通商口岸及其四周大多數城鄉的無數鄉民對於西方事物尚未能完全接受，或是因價錢負擔不來未能選用，但小部分人仍對其趨之若鶩，不但選用洋貨者日多，學習洋語者日增，染洋風者亦日漸普遍，其中下海經商者，更是蔚然成風，令過去被列為四民之末的營商變成了「新興」行業，當然亦有部分鄉民因為聽說海外歐美國家或殖民地有更多發展空間，於是乘船出海，淘金追夢，尋找機會。

　　在那個西學東漸、洋風漸起的巨變年代，珠江口中山縣良都鎮竹秀園鄉一個本來以務農為業的家族，亦察覺到時局大勢的轉變，作出了重大發展策略調整。其中最重要的舉動，除了改農為商，還有派遣諸子飄洋海外，尋找商機，而最後因能緊抓商機闖出名堂，成為巨富，在國內外商業舞台上綻放異彩。至於有關這個家族在不同時期如何乘風破浪、不斷前進的傳奇故事，則應從郭沛勳一代說起。

世居珠江口的早染洋風

　　由於年代久遠，有關郭沛勳先祖的歷史，乃至於郭沛勳本人在事業上如何取得突破等資料實在十分缺乏，所以不少分析與討論，只能憑着對一些殘缺不全、點滴零散記述的左湊右拼，再結合時代環境變遷等描繪出來。儘管這樣的圖像，難免有其紕漏不足與未能

全面反映實質內情等問題，但畢竟能夠勾勒家族的粗略發展軌跡，有助我們對其前途路途的通盤認識。

綜合 1929 年續修的《中山良都竹秀園郭氏家譜》（下稱《郭氏家譜》）與同樣在 1929 年編輯，用以紀念郭沛勳及其夫人（劉氏）先後去世的《郭沛勳老先生暨淑配劉氏太夫人哀思錄》（下稱《哀思錄》）記載，郭沛勳名為郭兆階，字沛勳，生於道光二十五年（1845 年），祖籍山西汾陽。

由此引伸出來的先祖移民經歷是，宋朝時，其郭氏先祖為避戰禍，由北而南逃難到了南雄珠璣巷，其中一脈後來輾轉落戶廣東香山（即日後的中山）良都竹秀園鄉。其家譜上的紀錄是「我郭氏系出汾陽，來自南雄，遷於鐵城，分居良都，已數百年矣」（《中山良都竹秀園郭氏家譜》，1929：279）。

從《郭氏家譜》上看，郭沛勳父親郭翰超，字翼遐，他首任妻子李氏在育三女後不幸早世；繼室劉氏，生了四子二女，長子便是郭沛勳，其他三子依次為郭聘勳（生於 1852 年）、郭潔勳（生於 1855 年）及郭集勳（生於 1860 年），諸女兒則名字不詳。即是說，郭沛勳等人出生時，第一次鴉片戰爭後簽訂的不平等條約已經生效，香港已經闢為英國殖民地，通商港口已向洋人洋商開放，洋人、洋貨、洋教，以及各種與西洋有關的東西，已經在中華大地散播開去，閩粵一帶沿岸鄉村受到的影響尤大。

而與中山山水相連的澳門，更早於明朝中葉（1557 年）已闢為葡萄牙人在華生活的「飛地」（enclave），乃歐洲人進出中華大地

的唯一管道，也是中國首個對外開放的貿易港。滿清滅明而得天下後，在管理洋人對外貿易方面，不但維持澳門作為葡萄牙「飛地」的做法，初期亦原封不動地保留着「公行制度」，[1] 容許洋人在指定地方（例如廣州、福州、寧波等）與華商進行貿易，當然在乾隆朝時則將制度收緊，只讓洋人在廣州沙面一帶生活及貿易，因此令廣州及澳門成為連結西洋，吸納或接收西洋事物的兩個重要管道。

當時，除有歐洲商人為了發財而不惜冒險遠道而來外，熱心的傳教士亦隨着商隊東來，希望將信仰福音在東方廣播。這些傳教士亦是在澳門落腳，並以澳門作中國傳教的後勤供應站，令澳門成為中國最早的傳教基地（湯開建，2002）。而位處澳門和廣州之間的中山竹秀園鄉，由於近水樓台，不少中山人經常接觸到歐西事物及宗教思想。相信郭沛勳的祖或父輩亦在此時認識到基督教，部分家人與同鄉可能受到感召，最後皈依基督。這種信仰與人脈關係，很可能亦影響了郭沛勳。

更加對洋人勢強有深刻了解的，相信是鴉片戰爭與割讓香港等重大歷史事件的發展。由於十三行專利時代導致對洋貿易有大量出超——即大量中國貨品出口西洋賺取白銀到華，歐西國家——尤其英國——對華十分不滿可謂彰彰明甚，日後更出現洋人洋商走私鴉片進入中國的情況。由於吸食鴉片容易上癮，因此很自然地形成對鴉片的巨大需求，令輸華鴉片日多，逆轉了原來的出超局面，至於鴉片入口並非透過十三行，又令原來的管理制度失去作用。最後，

1　又稱十三行制度，因只有朝廷批准的十三家商號，才能與洋人洋行進行貿易，即如今天社會所熟悉專利經營制度。

當清廷察覺到問題極為嚴重，決定採取銷毀禁止手段時，卻招來站在鴉片商人背後擁有強大海軍的大英帝國火炮炸彈的深重打擊。

由於那場戰爭發生在珠江口，與竹秀園鄉相去不遠，包括郭沛勳父母在內的鄉民，相信會耳聞目睹那場前所未見戰爭的慘烈狀況，尤其是那些聲如轟雷、爆炸與殺傷力巨大的炸彈，以及有如龐然巨物卻能迅速馳騁於海面的軍艦，從而深刻地體會到洋人長技之犀利威猛，可能因此覺得西方事物遠較中土強勁優越，隨後對西方事物更為傾慕。

鴉片戰爭之後，十三行專利結束，滿清朝廷除了割讓香港，賠償英人損失，還要開放五口通商，廣州乃其中之一，令洋人洋貨洋風更加大量湧至。一個較為清晰的圖像是，若以竹秀園鄉為中心，在其相去不遠的地方，除了西邊的江門，另外三邊——即北邊的廣州、東邊的香港，南邊的澳門，均屬洋人洋商聚居且活動極為頻繁之地，無數鄉民、郭沛勳父母，甚至是日漸長大的郭沛勳看在眼裏，沒可能不被影響。

務農地主的家大業大

由於先祖在竹秀園定居下來「已數百年矣」，在香港開埠差不多時間出生的郭沛勳，其實並非生於非貧無立錐之地的家族。相反，若據日後成為推動家族企業發展靈魂人物的郭泉記述，郭沛勳所誕生的家族，應是當地的大地主，因為郭泉（1961：2）指出，家族擁

有的「耕植稻田不下六百畝」。[2]

　　到底六百畝稻田是一個怎樣的概念呢？按數學換算公式 1 公頃等於 15 畝計算，600 畝折合為 40 公頃。香港中文大學的整個校園面積為 134 公頃，即是郭氏家族擁有的耕田，大約為中大校園的三分一左右；香港科技大學的整個校園為 58 公頃，即是家族的耕田接近整個科大校園面積。由是觀之，郭氏家族應是當地的大地主。

　　《哀思錄》中有一則由杜澤文（1929）所撰有關郭沛勳夫人劉氏生平的文章中，提及郭沛勳「竭力耕作，歲得穀數萬斛」。到底「數萬斛」又是一個怎樣的概念呢？在《晉書陶潛傳》內，留下我們耳熟能詳「不為五斗米折腰」的名句，雖研究者對「五斗米」是陶淵明的每日官俸或是每月食糧仍有爭議，但若我們取約定俗成之說當是薪酬，即他一年的收入為 1,825 斗。[3] 若以此比較郭氏家族耕田的每年收成，實為數甚巨，因為 10 斗等於 1 石，10 石等於 1 斛。按此比例換算，數萬斛便是數百萬斗，粗略上計算即是足夠支付數千名像陶淵明般縣令的年薪。這點進一步印證郭氏家族確實並非身無長物的

2　有關郭沛勳或郭氏家族在竹秀園鄉到底有多少田產的問題，坊間說法甚有差別。上海社會科學院經濟研究所編著（1981：1）的《上海永安公司的產生、發展和改造》一書中引述郭樂《回憶錄》指「家有耕地二十八畝」。1975 年，時任永安集團主席的郭琳珊，在接受記者訪問時提及，他們家族當年擁有 28 畝農田（*South China Morning Post*, 19 October 1975）。有學者按 28 畝的數字估計，該數字雖不算多，但以「1848 年全國農民每人平均耕地為 2.7 畝」計，廣東又地少人稠，所以推算 28 畝耕地其實亦屬「中等以上」（連玲玲，2005：132）。很明顯，這裏的農田面積數目與郭泉所說出入很大，令人不解。但是，若再綜合其他鄉人在有關郭沛勳及劉氏悼文與回憶中提及的一些數字，或者可間接說明其耕地面積不只 28 畝，而 28 畝的數字，或者是一代代分下去後每房每人所得的數字，詳見下文討論。

3　另有考據指東晉時地方官的俸祿一年約為 400 斛，即 4,000 斗（繆鉞，1963：23-41）。儘管如此，郭氏家族耕田收入亦為數不少。

家族，而是擁有良田千頃的大地主。

　　當然，不可忽略的是郭沛勳父母育有四子五女（其中二女可能
早夭），子女數目不少，而父輩（即郭翼遐）亦有四名兄弟（郭翼遐、
郭保遐、郭蔭遐、郭森遐），所以龐大田產在一代傳一代時難免被分
割得愈趨細小。到郭沛勳一代，他有三名弟弟（《中山良都竹秀園郭
氏家譜》，1929：377-382），所以又必然會令祖輩留下來的耕田，在
每一代承繼時變得更少（郭沛勳，1929）。

　　到郭沛勳年長時，在父親郭翼遐安排下成家立室，妻子是「李
翁朝興之長女」。可惜，李氏過門一年半後，卻「以病卒」，不幸去
世。由於李氏沒有生育，身為長子的郭沛勳有責任延續血脈，故在

郭樂、郭泉父親郭沛勳像。　　　　郭樂、郭泉生母，郭沛勳繼室
　　　　　　　　　　　　　　　　　劉氏像。

父親的安排下續弦，再娶鄉中有「儉而有禮」，「並以長者名於鄉，克教其子女」之名的劉潤寧長女——劉氏（郭沛勳，1929）。

生於道光二十九年（1849 年）的劉氏，在郭沛勳父母眼中屬於「能賢可室」的好女子，她未滿 20 歲時嫁入郭氏家門，並因「持家盡婦道」而令郭沛勳父母及郭沛勳本人均甚為滿意，故郭沛勳對她有：「先考妣安之，余亦安之」的評語。更令郭家高興的，是劉氏過門不久即誕下一子，是為郭開發（字炳輝，生於 1869 年），緩解了郭沛勳及其父母的無後之憂。而劉氏嗣後更先後再誕下郭樂（字鑾輝，生於 1873 年）、[4] 郭泉（字鳳輝，生於 1876 年）、郭葵（字鎰輝，生於 1880 年）、郭浩（字源輝，生於 1881 年）、郭順（字和輝，生於 1884 年），以及三名女兒（名字不詳）。即是說，劉氏一共生了六子三女，兩夫妻可說亦如他們父母輩般兒女成群了（郭沛勳，1929；《中山良都竹秀園郭氏家譜》，1929）。

到孩子們年紀稍長，郭沛勳「輒令就學」，要兒子們讀書識字，學習知識，讓他們明白知識和世情道理。可能身處早習洋風的中山，郭沛勳較認識世界新形勢，故經常訓導他們「為人須具遠大思想，勿為市井聞見所圍」，即要求他們不要像井底之蛙般，眼光短淺，要有遠大眼光和志向。而在品德方面，郭沛勳尤其着重子女要有「勞」和「謙」的美德，認為「勞所以戒惰」、「謙所以戒傲」，並希望他們「苟能力行不怠，則終身用之不盡矣」（郭鑾輝、郭鳳輝等，1929）。

4　郭樂在美國加州 Woodlawn Memorial Park 墓碑上的出生日子為 1874 年 6 月 1 日。此墓地日後葬有郭樂、繼室楊秀珍、兒子郭悅文及媳婦梁美君（Yut Man Kwok, no date;Obituary: May Kwan Liang Kwok, 2016），詳見其他章節討論。

　　從郭沛勳教導兒子們要有廣闊眼光，不應受困於市井聞見一節，可能已反映出他希望眾子將來發展的方向是向外望、往外闖，而這心態亦不難理解：一方面，郭沛勳明顯地看到祖及父輩之地，在一代傳一代而子孫又眾多的情況下，每人可分得的耕地只會日漸減少，最終恐怕成不足糊口的局面；另一方面他又察覺到外面世界的先進美好，機會日多。即是說，育有六子三女的郭沛勳，日漸感覺到若要家族久安甚至興旺，便必須向外尋求發展。這股往外闖的內部渴望力量，隨着其子女日見長大而不斷增大，加上外面世界日趨強大的拉動力量，最後令他決定將兒子們送往外國，令諸子走上飄洋出海打拼事業的道路。

由耕讀到經商的轉變

　　雖然祖父留下耕田不少，但郭沛勳畢竟還是農民的身份，所以郭泉（1961：2）指「先父沛勳公致力務農」，點出家族務農耕種的確實背景。但《哀思錄》中又指郭沛勳「力田之餘，尤以讀書為樂」（郭鸞輝、郭鳳輝等，1929），意思是郭沛勳耕種之餘，喜好讀書，能有這種修養或閒情，顯然郭沛勳並非我們想像中只懂寒耕熱耘的「農夫」。

　　正如上一章中提及，鴉片戰爭後的中國，尤其是身處華南沿岸地區的一些鄉民，思想上看來就如處於鹹淡水交界的狀態中，受華洋中外不同文化與價值觀的碰撞和影響，產生了模棱與混合的觀念，即是既有對西洋新事物的渴求，亦有對中國傳統文化的留戀。這種情感或行為，則頗為清晰地反映在郭沛勳既耕田又讀書及棄農

經商的行為舉止上。

眾所周知，在功名掛帥的年代，萬般皆下品，唯有讀書高。讀書不但只是為了識字明理，更是光宗耀祖、名望地位，甚至權力的象徵，所以不少富有人家都願意大花金錢，鼓勵子孫讀書，希望他們能考取功名。就算功名不可得，子孫有了讀書人的身份或背景，亦能無愧祖宗、傲視鄉里。至於郭沛勳在「力田之餘，尤以讀書為樂」的舉動，既反映他少年時應有機會進學讀書，故能通文識字；而在農耕之時能夠有閒情逸致讀書，可能代表他不需經常親身下田，而是僱有佃農幫忙，這兩點再一次呼應了家族耕地六百畝的事實。

對於郭沛勳這種既耕又讀的習慣，與他有深入接觸的鄉民或朋友均知之甚詳，所以到他去世時，親友在挽聯或悼文中多有提及。例如名揚港澳的中山巨商唐溢川，在「郭沛勳像贊」中更以「長事讀耕」四字，形容郭沛勳雖主力農耕，但卻是一位手不釋卷的愛書人；同樣來自中山的商賈鄭秉南等友人，在致送郭沛勳夫人劉氏的挽聯中更有「夫作大耕家裙布荊釵曾從播種操鏊苦；子為商泰斗宏猷偉業都是擣砧斷杼來」的語句，其中的「大耕家」三字，既有良田萬畝的大地主意味，那個「家」字則有科學家、專家的意味，背後反映的正是有學養、有知識的另一面（《郭沛勳老先生暨淑配劉氏太夫人哀思錄》，1929）。

若果不是西洋人東來，世界大局沒有發生巨大轉變，皇朝統治下以功名科舉籠絡士人的方式，仍會將千家萬戶子孫的精力吸引到寒窗之下的埋頭苦讀之中。如郭沛勳的父母送他入學讀書，或多或少總會懷着他能考取功名的期望；到郭沛勳當家作主後，又仍會

如自己父輩般要求有能力的子孫皓首窮經。但是，恰恰正是西學東漸，洋人事物大量湧至，令不少中國人的思想發生巨大轉變，而背誦八股以應對科舉考試、爭取功名，不再是某些家族眼中子孫唯一的出路。

　　郭沛勳少年時可能也曾有考取科舉的想法，但這念頭或因能力或資源所限而放棄。接下來他要思考的便是自己人生的道路，而他眼前明顯有兩個較可行的方向：務農或經商。前文曾提及中山與澳門相鄰，很可能郭沛勳曾看到同鄉因經商而致富，故在他心中經商是較有前途的工作。而在他理想中的商人，並不是那些奔波於鄉里田野的小打小鬧的賣貨郎，又或是在縣城守着一爿商店的小商戶，他一心嚮往的，是能闖蕩海外、串連中西的大商家。不過，在郭樂、郭泉等（1929）紀念郭沛勳去世的《哀思錄》中提到「時海禁未開，風氣尚塞，國人憚於遠行，涉重洋營商業者，不數數覯也」。由於郭沛勳年輕時清廷仍實施海禁，故除了那些孑然一身的願意冒極大風險往外發展外，沒有太多人願意飄洋往海外營商謀生。

　　幾經思想掙扎後，郭沛勳還是選擇了務農，「守株鄉園」。原因除了受海禁等外在規法影響外，亦與他自覺「余駑鈍，知不足以與於朝市之爭」有關。駑鈍應為自謙之辭，但反映郭沛勳明白到經商雖有高回報，但要承擔的風險也十分巨大，市場競爭之激烈隨時可能將一個家族沒頂，而他作為一個新手，自然沒有信心能夠突圍。務農雖說回報率不高，但勝在平平穩穩，細水長流，故決定「即就近家數十里山海間，賃田傭作事，於是蓄（畜）」。換言之，他決定全心全力投入於農業管理之中，租賃或僱佃傭打理家族農田。又一次說明郭沛勳不純粹是自己耕種的農夫，而是「賃田傭作事」的地主，即是

說他不用自己落手落腳，而只是負責經營管理的田地主人。

　　而郭沛勳務農後的生活如何，在《哀思錄》中亦有提及，郭樂、郭泉諸子孫指郭沛勳迎娶劉氏為繼室後給予郭沛勳很大助力，令郭沛勳在農業上的收入更為豐厚，可以上奉父母，下養妻兒。那悼文這樣寫：「既獲內助之資，益肆力於農業，仰事俯畜，綽然有餘。」即是說，有了妻子劉氏協助的郭沛勳，能將全部心力投入到農業之中，因而能有更好的收入，並有更充裕的財力。不過，那怕是農耕作業收成不錯，家庭生活尚算豐裕，但在郭沛勳心中，始終念念不忘營商之舉。

　　郭沛勳本身雖然不敢或不願邁出飄洋海外的步伐，但他仍抱持必須往外闖蕩謀求更好發展的念頭。隨着諸子年齡漸長，他看來想到（或者是妻子建議，參考下文討論）了「子為父張」的重要方法，把發展目標寄望在諸子身上。據郭樂、郭泉等憶述，他們年紀輕輕時，要離鄉別井、飄洋千里的舉動，其實是其父親「慫恿」並以金錢「資助」旅費下進行的，因為郭沛勳覺得留在家鄉沒有發展空間。他們這樣寫：「復慫恿之，即資遣赴英屬澳洲之雪黎埠。」（郭樂、郭泉等，1929）結果，儘管外面的世界並不那麼美好，諸子曾經吃盡苦頭，但最終確實能打響名堂，書寫了家族傳奇，這是後話。

　　概括地說，郭沛勳一方面有機會接觸外國事物，對海外世界頗有不少寄望與想像，另一方面又受傳統影響，以耕讀為樂。而他更明白到在諸子均分的繼承制度下，子孫眾多只會令各人所分得的耕地愈來愈少，加上郭沛勳十分清晰地看到兩個重點：其一是農業的發展空間不如商業，其二是中華大地上的生意空間不如海外。不

過，由於他自己很可能快要進入不惑之年，所以沒有邁出飄洋海外的腳步，反而採取了「子為父張」或「代父出洋」的方法，在十九世紀八、九十年代派遣諸子先後往外闖，實踐他由農轉商的追求。

日後，當永安集團名揚天下後，兒子郭泉在回憶時仍這樣說：「余時刻不忘先父對余之厚望，謹守商業道德，克勤克儉，矢信矢忠，萃其全力，盡其心志，以求發展」（郭泉，1961：12），可見在郭泉成長之時，郭沛勳已全面灌輸商業價值、經營理念和思想，並非傳統社會的「萬官皆下品、唯有讀書高」，或是「商為四民之末」等想法及價值。

賢內助的重要支持

據郭樂、郭泉等（1929）所指，由於務農的關係，郭沛勳身體十分壯健，「先嚴少務農，體魄強健」，所以他沒有親身往外發展，反而派遣年幼諸子往外闖的舉動，很是特殊，令人玩味。姑勿論真正原因何在，他覺得個人事業的發展，甚至是家族能夠名揚海外的其中一個原因，與其賢內助劉氏有關。由於此點揭示了學術界和社會過去長期忽視女性角色，以及其在家族與企業發展中的重要性，這裏值得利用一些零碎資料作出補充。

據郭沛勳在〈先室劉孺人事略〉一文中寫，劉氏未滿 20 歲嫁作郭家媳婦後不但為丈夫先後誕下六子三女，更是持家有道。不但如此，她更能給丈夫提供不少事業發展上的意見，所以郭沛勳在妻子去世後寫下了「劉孺人之為我助者，多矣」，到底劉氏是怎樣協助郭

沛勳呢？

從資料看，一方面，劉氏過門後，最重要的，自然是侍奉家姑、和睦妯娌，她在這方面據說名揚鄉里，因為可以做到「事上順，接下慈」，她能獲「克諧以孝，人無間言」的美名。郭沛勳因此指出自劉氏過門後「先考妣安之，余亦安之」，認為劉氏嫁作郭家媳婦後，令他大為心安，這樣便能全心全力打拼事業，無後顧之憂。

另一方面，劉氏又為丈夫指明事業方向。郭沛勳提到，自鴉片戰爭後，國人開始察覺到世界形勢大變，本身文化有其不足之處，並有不少人因位處沿岸，早染洋風，於是有了飄洋出海謀生的經歷。郭樂、郭泉等（1929）寫道：「吾縣瀕海，近四十載固陋之風漸弭，鄉人去國經營者漸盛。」

當時，雖然郭沛勳為大地主，農業收成不少，但畢竟家大業大，人丁眾多，尤其不容忽視的是他的一眾子女已經長大成人，在那個年代，成家立室需要開支不少，加上當時社會氣氛急變，不少鄉民已因曾經飄洋海外而有了家族命運的重大轉變，各項因素似乎給郭沛勳帶來不少衝擊。看在眼中，又能洞悉丈夫內心思慮的劉氏，乃為丈夫獻策，提議讓年紀已長的孩子們到海外發展。郭沛勳這樣寫：

（劉氏）以為田家作苦，利懸於天，教育之資或虞不給，況婚嫁之責與日俱增，不可不預。為計鞠育之餘，壹鬱之懷未嘗稍

釋。既習聞某也自美至，某也從澳歸，[5] 能室家相慶，乃促余分
遣兒輩遠遊。（郭沛勳，1929）

很明顯，到了十九世紀八十年代，當時已有鄉人或從美國或從
澳洲等國歸來，而他們均「能室家相慶」，即是帶回了成果，可以改
善家人生活，令劉氏覺得往外闖應是出路，所以「促余分遣兒輩遠
遊」，可見「子為父張」或「代父出洋」的那個主意，應是來自劉氏。

正是在劉氏催促之下，郭沛勳乃派遣了諸子飄洋海外，然後書
寫了家族傳奇，所以郭沛勳指出「昔也農，今也商，成劉孺人之志
也」，並提及「年來家庭教養、婚姻之費，得有所倚，本劉孺人之
願也」。以上各點，可見劉氏並非如刻板印象中的女性般，眼光短
淺、不明世態發展。恰好相反，她眼光銳利，不但洞悉世界潮流與
大局，亦掌握社會及家族發展的脈絡和肌理，所以能對家族的發展
發揮巨大影響力。

曾任職香港永安公司副總經理，又屬姻親的杜澤文，[6] 在劉氏的
悼文中指她「主中饋、操井臼，早作夜息，數十年如一日」，說明劉
氏照料家人、主持家務，每天每年均是早起晚睡。杜澤文亦同時提
到，郭沛勳對劉氏一直十分依重「事無大小，悉以諮之」，而劉氏則

5　其中最重要「從澳歸」的例子，莫如日後結成姻親，信仰基督又是商業競爭對手的馬應
　　彪家族。年齡較郭沛勳長，但屬同代人的馬應彪父親馬在明，早於十九世紀七十年代已
　　飄洋澳洲謀生，獲得一定發展後的八十年代，再把宗弟馬永燦及兒子馬應彪亦帶到當地，
　　事業日漸有起色，日後創立了先施百貨。

6　杜澤文父親為杜福茂，杜福茂如馬應彪父親馬在明一樣，乃較早期飄洋澳洲謀生的中山
　　人之一，他日後回香港經營實業，灣仔船街南固台相信便是其物業之一。日後，杜澤文
　　之女嫁給郭泉長子郭琳爽，詳見第四章討論。

總會給予丈夫很好的分析意見。「太夫人（劉氏）準情酌理，探頤索隱，匪不談言微中」，這便令郭沛勳對她「益賢之，倚如左右手」（杜澤文，1929）。

儘管以上事跡記述均是劉氏去世後，丈夫、子孫及姻親宣之於悼文之中，必有溢美稱頌成分，但畢竟仍能揭示劉氏生於良好家族，進入郭氏家門後又誕下近十名子女，而家族又在其兒輩闖出天下，更能兄弟同心，取得突出成績，這些均揭示子女有良好的家教，家族內部有很大凝聚力，否則那怕家族擁有豐厚田產，必然亦坐吃山空，走向沒落。

福壽全歸的模範夫妻

長久以來，一個較理想的家族發展模式，是年輕父母努力打拼事業，奠下基礎，然後到兒女輩長大成人後作出更大努力，帶領家業更上層樓，至於步入暮年的父母，則可退居幕後，享受晚年生活。從某個角度看，郭沛勳和劉氏兩夫妻的人生和事業，確實屬於這種理想的模式：當捱過了資源相對匱乏的逆境後，諸子又克服了飄洋從商的種種困難，生意上了軌道且不斷壯大，郭沛勳及劉氏終可「頤養天年」了，而且更令人艷羨的，是他們能夠享受民間社會渴望的福壽全歸終結。

自十九世紀八、九十年代郭沛勳先後派遣諸子飄洋，經過十多二十年時間摸索，到了 1907 年，諸子自悉尼返回香港作大規模投資，然後迅速崛起，生意愈做愈大（詳見下一章），郭沛勳和劉氏已

進入知天命之年，而且兒孫滿堂，可以安享晚年了。由於一來身體
壯健，二來又有了更雄厚的財力，三來又年長識多，故在鄉里中擁
有崇高的地位。而且，據郭樂、郭泉等子孫的憶述，進入暮年的郭
沛勳樂善好施，為家鄉桑梓做了不少善事好事。他們的捐獻主要有
四方面，包括推動教育、修築利民設施、荒年救災及助弱矜恤。

　　在推動教育方面，子孫後人指出，鄉間教育一直欠缺，「向無
完善教育」，郭沛勳因此曾「捐貲以辦兩私小學」，讓鄉人小孩能夠
上學讀書脫離文盲。在修築利民設施方面，因為當地夏天鄉民在沿
路往來沒有避暑之地，他曾修築涼亭，讓人避暑，且提供茶水讓遊
人解渴，「以鄉人常苦炎夏奔馳也，則出款以建沿路茶亭」。在荒年
救災方面，郭樂等指出，1920 年時，鄉間曾發生嚴重饑荒，米珠薪
桂，郭沛勳曾捐款舉辦平糶，「歲庚申（1920 年），忽遭荒歉，米價
奇漲，貧戶幾斷炊，先嚴立輸鉅金，舉辦平糶，人多賴以存活」。在
助弱矜恤方面，郭沛勳曾組織鄉中青壯年，為鄉中老弱乏人照料者
噓寒問暖，提供支援。「常集里中少壯，編為慰論，勗以孟進，迨群
其老弱者，時復矜恤之故，里黨中無有空乏而不能以自存者」（郭樂
等，1929）。

　　劉氏的晚年生活亦過得相當充實豐盛。而杜澤文的悼文中，提
及居於香港的子孫，曾迎接劉氏到香港生活，相信是想讓她有更多
時間與兒孫子媳相處，享受團聚之樂，同時也希望令她生活得更富
裕舒適。不過，由於早已習慣儉樸的生活，劉氏對香港豪華的生活
既不習慣亦不認同，故曾勸戒子媳要戒除侈奢，以儉為德。杜澤文
（1929）這樣寫：

其子若孫謀孝思，迎養居香港。太夫人目睹時世，妝嘆為淫樂侈靡，於是力戒子婦，屏黜鉛華，動循法矩，使不墜門風。而其平居服食，一絲一粟，珍如珠玉，從無浪費，其儉德之過人，誠為表率矣。

而在居於家鄉期間，她亦沒有因生活富裕而怠惰，那怕家裏已有僮僕可以代勞，她仍勤勉操持家務。杜澤文的文（1929）中，便以她遇親戚朋友登門造訪時都會親手烹製美食招待客人作例子，讚賞她謙恭勤勉，也反映她好客有禮，待人接物一絲不苟的一面：

有時宗族鄉里過訪，必手自煎調，餉以酒食，雖僮僕盈前，不輕任使，以視古之具饌精辦不聞人聲者，殆有加焉，此又殆謂謙恭，謹慎老而不渝者也。（杜澤文，1929）

而劉氏在晚年時皈依基督，正式受洗成為教徒。這事值得注意的地方，是因為一來家族後人不少有此宗教信仰，二來亦在企業及其親屬與生意夥伴中形成信仰網絡，因此值得作出一點補充和分析。

正如前文提及，基督福音早在葡萄牙居於澳門時已開始傳播，惟一度被禁止公開活動，直到鴉片戰爭之後，包括郭沛勳父母一代、郭沛勳本人及竹秀園鄉鄉民，一來相信並不陌生，二來可能亦有不少皈依者，惟在那個民風尚不開明的年代，似乎不是很多人願意公開自己與傳統有異的信仰，所以我們尚未能夠確定郭沛勳及其父輩是否已有皈依基督的情況。至於劉氏晚年皈依基督的舉止，則應該可以更為清楚地說明郭沛勳亦應有相同的宗教信仰。

　　到了 1928 年，一來是為了慶祝郭沛勳已年過 80 歲，二來亦作為郭沛勳與劉氏結婚一個甲子的大好日子，家族乃大事鋪張，辦了一場大喜宴，與親朋戚友慶賀一番。不過，喜慶後不久的 1928 年 12 月 5 日，劉氏與世長辭，享年 80 歲，郭沛勳、一眾子孫、親朋戚友及鄉人均甚為傷感。舉喪時，到場致哀多，「卒時里人皆哭，弔者無慮數千人」（杜澤文，1929）。郭沛勳將她「葬於橋頭鄉月地之原」，並表示是他「親封而識之，並述其事略」。他更甚有感觸地指出：「昔李孺人之喪，余一人治之，今劉孺人之喪，內外四代數十人治之。傷哉李孺人也，劉孺人與之相見於九原之下，其有以慰之也歟。」（郭沛勳，1929）劉氏一生助夫教子，受家人鄉里稱頌，而且得享高壽，極有哀榮，應屬笑喪了。

　　想不到劉氏過身不足兩個月，郭沛勳亦於 1929 年 1 月 18 日去世，享壽 84 歲。這令郭樂、郭泉等子孫傷心之餘也大感意外。因為郭沛勳少年時已開始農耕工作，又注重養生，一向體魄強健甚少患病，「晚年尤喜言衛生學，優游頤養，向少稱病」。想不到妻子喪禮剛過，郭沛勳便旋即倒下，故家人對他突然去世甚感傷心錯愕，一時難以接受，「不孝等搶地呼天，百身莫贖」。但無論如何傷心，家人亦只能節哀，盡力為郭沛勳舉辦一個大型而隆重的喪禮，並於該年 4 月 3 日將郭沛勳「葬於橋頭鄉月地之原」，與元配李氏及繼配劉氏作伴，而墓地附近遍植樹木，「封樹蔚然」（郭樂、郭泉等，1929），讓先人在舒適環境下長眠。

　　由於郭沛勳在劉氏去世後不久去世，親朋戚友致送的挽聯悼文等均有不少人提及此點。例如上海永安公司送上了「此老最鍾情隨白髮糟糠同歸天國，諸郎皆偉器不愧汾陽門第馳譽人寰」挽聯；容艾

卿、李鏡波送上了「夫享遐齡婦享遐齡更兼賢夫賢婦不止享遐齡五福集嘉祥世間誰能居上，子膺重望孫膺重望難得數子數孫全然膺重望萬邦馳令譽商場曾有幾人」挽聯等，反映在不少人心中，郭氏夫妻在相若時間去世，鶼鰈情深，加上他們子孫成群且事業有成，福壽全歸，令人稱羨。

另一方面，悼詞悼文或挽聯又揭示了基督信仰的濃厚色彩，例如黃浚如率男文樞的悼詞是「魂歸天國」，利民興國公司的悼詞是「永生帝鄉」，以及良都基督教會及歐亮學校的挽聯是「忽聞市井風淒頷起梓桑無限感，幸得箕裘業紹欣看蘭桂一齊芳」。至於聖士提反堂牧者李求恩送上「郭先生沛勳遺照」題詞，其中提及「德澤綿綿日月長，仁厚之人動上蒼」，至於自稱「天國勞人」的張祝齡，則寫下了如下一段「沛勳公遺照題詞」：

> 聖徒喻肢體，基督作元首，此心猶孩提，塵俗悮呼叟，信仰有真際，重生脫瑕垢，唯愛勉躬行，曷計牛馬走，身死非盡期，靈命續悠久，伊旬息勤勞，善工留不朽，神國無壽夭，人格無男婦，永生無老殘，天監無妍醜。吁嗟乎，蒙贖之人得天厚，垂扔未艾福尤阜，遺照鬚眉儼如生精靈，長侍帝左右。

在那個資源匱乏、社會動盪年代，當中華大地仍受軍閥割據與政爭不絕影響，生靈塗炭、民生凋敝，郭沛勳與妻子劉氏卻因家大業大、子孫繞膝而安享晚年，更能得享高壽，實在令無數人艷羨不已。其中夫婦信仰基督，並在前後腳去世，子孫又按其遺願將他們安葬於家族樹木蔚然的墓地中，可以長久作伴，這在傳統社會而言，那實在又屬另一層面的難得福分。

結語

　　在不少探討家族企業發展的論述中，總是把焦點聚集在發跡一代身上，那怕那些人本身來自富裕家族，發跡過程其實有無數祖、父輩，以及家人親友們扶助提攜的痕跡，但社會總會給他們貼上「白手興家」的標籤，彷彿輝煌的事業或成就，只是由他們一人的汗水灌溉下成長。若細心一點看看永安郭氏家族的發跡歷史，不難找到移民創業一代的背後，其實有很多很多的早作綢繆、資源支持，甚至是不同層面人脈網絡的配合等。

　　對於過去一直不被注視的郭樂、郭泉父母郭沛勳和劉氏，一來由於他們長居竹秀園家鄉，二來沒有走上商業與社會前台，加上他們主要活躍於家族企業名揚天下之前，所以社會對他們了解不多。但若然細看他們對於郭樂、郭泉等人日後打拼事業的貢獻，則實在不容小覷。一方面，郭沛勳夫婦提供了經濟資本以支持諸子往外闖，甚至是創業時的啟動資本；另方面，他們亦提供了基本教育，以及由農轉商、聚焦商業，而且應放眼海外的人力資本；更加不容忽略的，可能是提供了信仰基督的宗教資本。以上三種資本，相信是郭樂、郭泉諸兄弟日後飄洋海外後最終能夠突圍而出的關鍵所在。

第 三 章

走出去又走回來

引言

　　要說帶領郭氏家族揚名立萬，在商界取得一席之地的核心人物，當然非郭樂、郭泉、郭浩和郭順諸兄弟莫屬。至於他們在那個華洋社會出現巨大變遷、各項商機方興未艾的年代，開風氣之先，敢於離鄉別井、勇於開拓，走向海外，然後在經歷一段探索打拼後，因察覺到香港、上海等華南沿岸通商港口更具無限商機，並能劍及履及地作出適當應變，返回這些地方大展拳腳，因而可以令家族乘時而起，取得非凡成就。

　　家族擁有「耕稻田不下六百畝」，屬於大地主家族的一眾子孫，本來可以一生衣食無憂，不用吃上甚麼苦頭，而若果不是內外時局出現巨大變化，令其早染洋風的父母另有他想，他們很可能只會在那個醉心功名的社會中一心要求子孫寒窗苦讀，藉以考取功名。郭沛勳本人「力田之餘，尤以讀書為樂」的舉動，便染有不少「萬官皆下品，唯有讀書高」的傳統色彩。惟歷史的大潮卻又十分清晰地扭轉了郭氏家族前進的方向，令其有了截然不同的努力目標。

飄洋新金山

　　正如上一章中提及，郭沛勳雖擁有「耕稻田不下六百畝」，屬小康之家，但一眾兒子並沒有「嬌養」，他們的童年仍需一邊讀書一邊幫助農務，在課餘時會下田幹活，在農忙時甚至一整天都要協助「挑禾抬穀」。郭泉這樣寫：「余髫年……余兄弟就讀村塾，下課後亦為分耕作之勞。每屆農忙，參與挑禾抬穀，搬運農具等工作，雖忙碌

終日，而興高采烈，自是一番樂趣。余稍長，又赴鄰鄉沙涌恒美就
學，計童年就學先後凡七年。」（郭泉，1961：2）按此推斷，當郭泉
等兄弟們在七八歲左右開始入學啟蒙，在家鄉入讀私塾，下課後則
會協助父親農務。到年紀稍長，再轉到鄰鄉的沙涌恒美村唸書。不
過讀書時間只有七年，若以今天教育計算約為初中程度。

　　以郭家的家境而言，相信有能力供書教學，讓兒子繼續讀書，
甚至如一般殷實之家鼓勵子孫走科舉之路，但為甚麼他們會終斷學
業不再求學呢？確切原因當然已不可考究，但相信與郭沛勳及劉氏
對海外社會的嚮往、對從商更有前程及「男兒志在四方」等信念有
關。故一眾兒子在家鄉習得基礎知識，能文識字後，便安排或鼓勵
他們踏上飄洋海外的冒險之旅。

　　綜合各方資料顯示，秉持郭沛勳及劉氏「男兒志在四方」家教，
成為家族中踏上飄洋之路的第一人者，應是郭沛勳長子郭開發。按照
郭泉的記述，早在光緒八年（1882 年），郭開發（炳輝）已離鄉別井，
踏上了飄洋海外的路途，目的地是「新金山」的澳洲雪梨（Sydney，
下文一律稱悉尼，直接引文除外）。[1]據《郭氏家譜》記載，郭開發生於
同治戊辰年（1869 年）十月十九日——即劉氏嫁入郭家那一年。按此
推算，郭開發到澳洲謀生之時，只有 13 歲左右，尚未成年，所以相
信他是跟隨親屬鄉人前往該地，因為竹秀園鄉乃中山其中一條較早與
西方接觸的村落，相信有不少鄉人早已飄洋海外謀生。

1　所謂新金山是相對於「舊金山」加利福尼亞州（California，簡稱加州）。十九世紀中葉，
　美國加州發現金礦，吸引無數華南鄉民往那裏淘金，所以加州被俗稱為金山。後來，悉
　尼亦同樣發現金礦，亦同樣吸引不少華人前往那裏淘金，大家為了區分兩個地方，前者
　乃稱「舊金山」，後者則稱「新金山」。

與一般飄洋海外的華人不同，年紀輕輕的郭開發，到了澳洲之後應該並非為人打工，而是「經商」。由於他當時年紀尚幼，就算是經商做生意，明顯不是由他主導，最大可能性是與親友或同鄉合夥，因這種模式的經營在當時而言十分普遍。進一步看，無論是飄洋海外的路費，甚至是投資生意的資本，應該均是來自父親郭沛勳，可見郭開發的飄洋與創業，其實是郭沛勳家族發展策略的一部分。郭泉接着這樣介紹：「大兄炳輝（開發）早已遠涉重洋，經商於澳洲雪梨埠矣。」

雖則如此，郭泉並沒指出郭開發所做屬何生意，但相信與農業相關，較合理的推測，應是日後家族主力發展的水果批發生意，此點亦與郭沛勳從事農業有一定關係。郭泉進而提及，那時的郭開發，生意方面「頗獲成就」。可惜的是，郭開發於光緒十八年（1892年）——即是在澳洲打拼才十年便「不幸去世」，個人事業戛然而止（郭泉，2003：14）。

查看《郭氏家譜》有關郭開發的條目，則指郭開發於光緒二十年（1894年）去世，並指他死時「得年二十七歲，葬于土名燈盞地坐南向北之原」。至於這個去世年份到底是郭泉所指的光緒十八年，抑或《郭氏家譜》所指的光緒二十年，坊間沒有一致看法。當中一個推測，很可能是郭開發在悉尼去世後，要等到兩年後才能把遺骨遷回家鄉安葬，而編輯《郭氏家譜》者則把安葬之年當作去世之年，所以便有了兩年時間的差別。

另一引人疑竇的問題是，為何郭開發已年屆 27 歲仍未成家立室，娶妻生子？郭開發身為長子，有承嗣的重責，而且當時有早婚

的習慣，加上他離鄉遠赴海外之行具相當風險，沒可能拖到年過 27 歲仍未結婚，因為以那個年代而言，必然會引起父母無後之憂的催婚促婚，例如同樣是家中長子的郭沛勳，便在 20 歲左右結婚。到元配李氏因病去世，由於仍沒有血脈之故，其父母又馬上要求他續弦，因此他於 24 歲時再娶劉氏。就算那時郭開發身在千里之外的悉尼不太方便回鄉娶妻，按道理亦不應拖至年近三十，除非郭開發在悉尼染了重病，而且拖了一段時間，所以既回不了鄉，又沒法在打拼事業上獲得寸進。

郭開發正值壯年時客死異鄉，折射早年飄洋海外的巨大風險與苦難，染上風土病或傳染病其實十分常見，至於這種死生無常，正好說明無數家族總是把男大當婚女大當嫁視作頭等大事的其中一個原因所在，因為這樣才能確保香火延續不斷。由於郭開發一直未婚，長房自他突然染病去世後血脈便斷絕了。

而相距八年，身為老二的郭樂在 1890 年「亦遄往該地」（郭泉，1961：3），踏足澳洲時他大約 18 歲。[2] 這一安排按常理說應是為了協助郭開發的生意。但是，按郭樂的說法，他的原因是竹秀園鄉「不幸大雨成災，致坑基崩潰，余家賴以為活之耕田二十八畝盡成澤國，加以積沙三尺，欲耕無從，生活益形困苦，是以遠涉重洋，向外謀生之志，悠然而生」（郭樂，1949：2；引自連玲玲，2005：132）。即是說，他是因為家鄉發生天災，沒法維生，才因本身志在四方而

2　由於郭樂生於 1873 年，他那時應只有 17 歲左右，但那怕是他本人，均稱自己時年 18 歲，這是因為按中國傳統一般採用虛齡計算，和今天社會採用實齡計算略有不同。這種現象，亦散見於郭沛勳、郭泉等人年齡的計算上。

毅然走上了飄洋之路。但正如上一章中提及，郭樂兄弟姐妹眾多，若然災難嚴重，其他兄弟姐妹遠走的應不只他一人，顯示他那個因為「欲耕無從」而飄洋海外的說法存在疑問。

另一點較惹人懷疑的，是郭樂並沒提及在他前往悉尼之前，其長兄已在當地，而郭沛勳在劉氏的悼文中在談到長子時只以「男長殤、次樂、次泉……」輕輕帶過，沒有提及其名字，亦沒指出他曾遠赴悉尼，只有郭泉清楚地指出郭開發「早已遠涉重洋，經商於澳洲雪梨埠矣」。正因如此，我們不能肯定郭樂到悉尼是否為了協助郭開發，但相信他們兄弟曾有兩年時間是在悉尼一起生活的。

遠渡重洋，到人生路不熟、氣候環境又截然不同的地方打拼事業，實在一點也不容易，充滿風險和困阻可謂意料中事，年紀輕輕的郭開發，出師未捷身先死，相信令郭沛勳和劉氏傷心不已，幸好他們夫妻子女眾多，所以郭開發壯年離世一事並沒打擊家族一心往外闖的雄心鬥志，而這分鍥而不捨、不怕險阻的精神，最後終於成就了家族的傳奇事業。

踏足檀香山

郭開發在悉尼不幸去世的那一年，同樣年紀輕輕，時年只有 15 歲（約 1892 年）的郭泉，[3] 亦因「見鄉人遠赴東西洋謀生者日眾，不

3　郭泉這裏所指的 15 歲，亦應是虛齡，因他在另一地方指他在光緒廿一年（1895 年）由檀香山返回家鄉（郭泉，2003）。

禁童心躍躍，不甘雌伏方圓數十里之閭里間」，於是想到闖蕩海外，謀求更好發展。當他把想法和父親商量時，獲得的回應是：「先父亦嘉余有遠志，乃於是年三月，命余束裝隨鄰鄉人赴港，放洋而之檀香山。」（郭泉，1961：2）

這段記述帶出一個有趣問題：年紀輕輕的郭泉想走上飄洋海外的道路，而他的父親乃安排他跟隨鄰村村人到檀香山謀生。他的胞兄郭開發雖說已過身，但以前已在澳洲悉尼生活了十年，應打下了一定基礎，加上郭樂當時仍身處澳洲，可以協助郭泉適應異國生活，二人也可以互相照應。但為何郭泉或郭沛勳會捨澳洲悉尼而選距離更遠、人生路不熟的檀香山呢？是有意識地作出分散投資的策略，還是有其他原因呢？可惜，郭泉沒有作出相關解說。

更引人注意的是到了檀香山後郭泉的工作，據他記述自己「受僱於皇家狀師那文律師處」，而「所任工作，皆輕易什務」，即是他一開始便在律師樓從事文職的工作，而非如一般飄洋海外者般做苦力或如兄長般從商。年紀輕輕的他能夠在異地找到一份為洋律師工作的職業，反映他應有一定英文基礎，同時在當地亦有相當的人脈關係，背後必有熟人介紹。而由於郭泉覺得日常工作十分輕鬆，故「每暇則學習英語，及檀島土語」，進一步證明郭泉在律師樓的工作並非低等的粗活，而且亦顯示郭泉本人思想成熟自律，尤其深明語言有助工作營商的重要性（郭泉，1961：2-3）。

更加令人意想不到的，是郭泉（1961：2-3）還有如下補充：「越一年，轉入英領事館服務」，而那份工作同樣並非粗活，亦屬「輕易什務」，所以仍能給他時間進修學習。這便帶出另一更加值得注意的

重點，因為領事館的工作，並非一般人能輕易獲得，何況是一個來自中國華南鄉村的黃毛小子，那時他能先在律師行工作，接着又可進入英國領事館工作，實在極不簡單。

由郭泉先後兩份工作皆非一個初來報到的中國農村少年能輕易得到推想，他能得到相關工作肯定是獲當地有力量之人介紹，因為正如上一章中提及，郭沛勳雖是竹秀園鄉大地主，有一定財力，但也不過是一個沒甚影響力的「鄉下人」，故財力並非郭泉能夠進入英國領事館的關鍵原因。較合理的推測，很可能是家族信奉基督的宗教資本，因而得到教會中德高望重者的協助，故郭泉才能進入律師樓與英國領事館工作。

在英國領事館工作大約一年後，郭泉辭去那份被視為優差的工作，自行創業做起小生意，藉以學習從商之道。不過未有資料顯示他經營哪類生意，也不知經營情況如何，不過按估計應未必太理想，因為當地幅員不大，人口不多，生意發展空間有限，所以郭泉在檀香山「僑居」三年後，便因覺得「無甚可圖」，發展前景有限而選擇離檀返鄉（郭泉，1961：2-3）。

郭泉 15 歲時辭別父母，飄洋出海，遠渡重洋到了檀香山謀發展，三年後返到家鄉時已年屆 18 歲（1895 年）。正如前文粗略提及，在那個年代的富貴人家，郭泉已到了適婚之年，父母應早開始着手安排他成家立室之事。故他回鄉不久即成親，妻子為馬應彪之妹馬燕清。馬燕清生於光緒六年（1880 年）十一月初七日，沙涌鄉人，馬思賢之第四女。婚後翌年，馬氏誕下長子郭琳爽，然後是次女郭華章。

　　雖然首次往外闖未能取得成功，有點鎩羽而歸的味道，但郭泉卻明顯不想一輩子在竹秀園鄉過着日出而作的農耕生活。他反覆思考及總結檀香山之行的經驗，「時思再接再厲」，尤其提及要「毋負先父之厚望」，於是在年屆 21 歲的 1898 年時，在和父母商量後，郭泉作出了再次動身的決定，而這次的目的地則是與兄長郭樂會合。他這樣寫：「決計轉赴雪梨，尋求發展。」

　　相對於 1892 年的檀香山之行，郭泉在六年後轉赴新金山，當然是經過一番深入思考和計算。他今次選擇悉尼的關鍵原因，估計是兄長郭樂與友人在當地合夥開辦生意經營情況理想，需要可靠的人手幫助，而郭泉可能亦覺得有關生意應大有可為，所以再次動身，一如父母的教導和要求往外闖，並「以樂群治生為主旨」，落實父母希望「由農而商」的綢繆（郭泉，2003：14）。

創業雪梨埠

　　或者是郭沛勳與劉氏的自小教育，郭樂、郭泉諸兄弟那怕年紀輕輕，卻有很強烈的往外闖與創業精神，而且在郭開發 13 歲、郭樂 17 歲、郭泉 15 歲尚未成年時已付諸行動，有膽量離開父母庇蔭，遠赴海外異地從商，令不少人嘖嘖稱奇。而更難得的，是郭家在竹秀園鄉屬殷實之家，三兄弟在家鄉雖說不至於過着飯來張口、錦衣玉食的生活，但肯定也是舒適無憂。與當時因家貧走投無路而被迫離鄉的人不同，他們是主動放棄安逸生活，為自己及家族的更好未來而走上冒險之路，他們過人的勇氣及奮鬥精神十分值得欣賞。

在 1897 年，即郭樂到達悉尼的七年後，經過一段時間在悉尼的工作和摸索，他終於找到一個更好發展的門路，不過可能由於他自覺力量不夠，故找來友人馬祖星、孫智興、梁創等人 [4] 合夥生意，並於同年 8 月 1 日創立永安果欄，[5] 經營起水果批發的生意來，《上海永安公司的產生、發展和改造》一書中有關郭樂創立永安果欄一事有如下介紹：

> 郭樂到澳洲悉尼後，當了兩年菜園工人，後經他的堂兄郭標介紹，進了由郭標和馬應彪合開的永生果欄任職。[6] 過了幾年，他手中有了些積蓄，就有意離開永生，自起爐灶。當時正好有一個開水果店的華僑商人破產，他便乘機和另外幾個華僑一起盤（頂買）下了這家商店，於 1897 年掛牌開業，定名「永安」，資本一千四百澳（英）鎊。（上海社會科學院經濟研究所，1981：2）

到底 1,400 英鎊的啟動資本是一個怎樣的概念？由於當時的澳洲乃英國屬地，和香港一樣以英鎊計算，我們不妨以那時的物價作一簡單參考推算。1855 年時，在歐洲人家中打工的香港華人家傭年薪

4　有列出或註明的合夥人，計有歐陽民慶、梁創、馬祖星、彭容坤和郭樂九人（上海社會科學院經濟研究所，1981：2）。

5　這裏所說的「欄」，意指批發。在珠三角一帶，大型市集一般稱為「欄」，小商戶到「欄」買貨，再運到舖中零售。香港的果欄以油麻地果欄最著名，菜欄則以長沙灣菜欄最著名。郭樂首度創業即是水果批發，已揭示其規模不少，並非只有蠅頭小利的小賣店。

6　生於 1862 年的馬應彪，乃竹秀園鄉相鄰的沙涌鄉人，父親馬在明（1822-1916）在十九世紀七十年代已飄洋悉尼，在站穩腳跟後把馬應彪亦帶到當地。經歷一段時間摸索後，馬應彪在 1892 年創辦了永生果欄。至於生於 1869 年的蔡興，乃竹秀園鄉相鄰的外沙鄉人，父親蔡潤之，他同樣於十九世紀七十年代左右到新金山，在 1892 與馬應彪一同創立了永生果欄，大家日後又與郭氏兄弟般一同進軍百貨業生意（吳醒濂，1936；鄭家宙，2012）。

是 15 英鎊（Munn, 2009: xv），即是 1,400 鎊足夠支付 93 名華人家傭
一年的工資。今時今日，香港的家傭每年工資約為 60,000 港元（不
包括保險、兩年內的來回機票及約滿酬金等），以 93 人年薪折合計
算即是 558 萬港元。

　　以此簡單推算，當時郭樂等股東的資本投入，其實已不算少
了。若按每人平均分配資本投入計算，應接近百萬港元。而郭樂能
掌控着公司管理大權，日後還有權讓其他胞弟加入，應是公司的大
股東，故相信所投入資本亦較其他股東多。郭樂當時大約 24 歲，在
悉尼打工的時間約七年而已，而且據後人記述，他從事的工作也不
是甚麼高薪厚職，只是在農田工作，工資微薄。[7] 就算他不吃不喝，
也沒可能在七年間能夠積累近百萬元積蓄。故較合理的資金來源應
是獲得家人助力，而非不少論者所謂的「白手興家」。換個角度說，
由於有了家族的資本助力，郭泉、郭順等兄弟日後參與永安果欄生
意乃顯得順理成章，此點亦間接說明郭沛勳具有不容低估的財力。

　　永安果欄開業一年後，郭泉動身到悉尼與郭樂會合，用他本人
的說法是「尋求發展」，而當年與郭泉先後離鄉到澳洲的，還有其他
三名胞弟──郭葵、郭浩和郭順，惟大家的落腳點則有所不同。郭
泉這樣介紹：

> 翌年（1899 年），四弟鎰輝（葵）亦至雪梨相助。五弟源輝（浩）
> 六弟和輝（順）復先後赴澳紐沙威省（New South Wales，即新

7　七十年代擔任家族企業領軍人的郭琳珊曾憶述指，到了悉尼後的郭樂，在農田工作，
　　每日工作 16 小時，十分辛勞，所得微薄工資則盡量儲存下來，用於日後創業（*South
　　China Morning Post*, 19 October 1975），惟這種論調，仍是跳不出「白手興家」的窠臼。

南威爾斯）之麼里埠聘記供職，旋調六弟和輝回雪梨，幫理永
安欄業務。（郭泉，1961：4）

　　這段文字帶出的幾點重要信息是：一、當時的郭氏兄弟，應
是「精騎四出」全部均向外闖了，沒人留在家鄉竹秀園。二、郭泉
和郭葵到悉尼，應是與郭樂會合，郭浩和郭順則另闢戰場，到了麼
里埠，[8] 惟「聘記號」未知是否與郭沛勳胞弟郭聘勳有關，因為那時
常有以個人名字作公司名稱之舉。三、由於郭葵、郭浩、郭順生於
1880、1881 及 1884 年，他們在 1899 年飄洋時，年齡同樣只有十多
歲，用今天的角度看也是未及成年，與兄長們當年離鄉別井時的年
齡大略相若。四、他們到達澳洲不久後，即「調」郭浩和郭順回悉
尼，顯示那裏的生意應有了較好的發展，亦可能是永安果欄的股東
眾多，郭氏兄弟想加強對公司的掌控力。

　　隨着對業務愈來愈熟悉，永安果欄的生意發展理想，規模不斷
擴大，「店面由一爿擴增為四爿，第一店有職工 60 餘人，其餘三店各
約有職工 7、8 人，其中三家專營水果批發，第四店則專門負責百貨
零售業務」（王有枚、繆林生，1979：43-44）。以此計算，開業不久，
永安果欄已能聘用近百名工人了，這間接說明原來生意的規模不少。

　　郭氏兄弟經營上頗有一套，能做到主動出擊、大小通吃、客人
至上的全方位服務。永安果欄不單賣水果，亦備有各種中國的土特

8　這裏的「麼里埠」可能是指 Merimbula，而有關「聘記號」一項，在郭浩的墓誌銘上則
　寫由他創立（鄧家迪，2012：170）。至於當郭樂在悉尼創辦永安果欄時，年紀輕輕的
　郭浩，又可在麼里埠開設聘記號，這點又間接說明家族其實財力不薄。

產及乾貨，讓客人可以在永安果欄一站式消費，不假外求。其次，永安果欄又提供送貨上門和賒帳的服務，給予客人方便。還有，永安果欄又利用了本身的華人身份，與華僑客戶接觸，「主動為華僑辦理國內家屬匯款的業務」，這點成為家族日後發展永安銀號的基礎。正因郭氏兄弟創設永安果欄後能夠不斷在不同層面上作出努力和開拓，不同生意空間愈大，「同當地華僑的關係就越來越密切了」（上海社會科學院經濟研究所，1981：4）。

有了眾兄弟的加入後，永安果欄的生意發展明顯甚為順利。郭泉（1961：4）指出，「兄弟友好，戮力共事，業務日進」，而有分析更指出，創業後不久，永安果欄「成為雪梨三大華人果欄之一」，甚至指在 1902 至 1913 年間，永安果欄「每年平均營業額達 1 萬英鎊以上」（連玲玲，2005：133）。即是說，在摸索對了水果批發生意的發展方向後，在兄弟共同努力下，業務蒸蒸日上。而據郭泉憶述，他在永安果欄工作大約六年後，即 1904 年左右，便另有發展任務，要到南太平洋小島斐濟去探索公司的新方向。

儘管學術界有關郭氏兄弟創立永安果欄的分析頗多，但大多側重個別家族成員一面之詞的論述，當然亦容易掉進坊間那種「白手興家」的刻板描繪或標籤之中。但若細看當時的社會環境、投入條件及關係互動等因素，則不難感受到年紀輕輕的郭氏諸兄弟，那時飄洋海外，既有父母全權指揮擘劃的一面，更有經濟資本支持的另一面，尤其不能排除其他諸如關係網絡及宗教資本等在明在暗間所發揮的重大作用。

轉戰斐濟島

　　如前文所述，郭樂、郭泉諸兄弟在悉尼創立永安果欄，生意又日見壯大起來後，開始會評估本身強弱優劣，並作出更能提升生意競爭力的綢繆。在那個營商策略較簡單的年代，一般的做法自然從價格及品質入手。對經營水果批發的永安果欄而言，尋找價格更低、品質更好的水果供應來源，自然是提升競爭力的不二之選。而他們看中的，便是以盛產水果而名聞當時澳洲的南太平洋的斐濟（Fiji）。當地由於陽光和雨水充沛，水果品種多而產量充足，能為永安果欄提供質量佳而供應量穩定的貨源，有助生意更上層樓。

　　從當時的環境或條件看，他們應該決定將兄弟分派到不同崗位的，因為這樣家族能更好地掌握商業資訊，資訊來源亦更快捷可靠。郭樂留在悉尼看守大本營，負責統籌大局，而郭泉則轉赴斐濟，負責水果供應的部分。到了斐濟後的郭泉，除了在當地成立生安泰分公司，搜羅質優價廉的水果供應悉尼，更進取地「開闢幾百畝果園」，自行種植配合市場需要的水果，確保低成本、有質素水果能源源不絕地供應。

　　這裏必須粗略談談生安泰公司。據《上海永安公司的產生、發展和改造》一書的介紹，生安泰公司是郭氏兄弟（永安果欄）聯合馬應彪（永生果欄）和蔡興（泰生果欄）等人所組成的公司，這家公司「在斐濟設有二十多個收購站，除了收購當地水果，還推銷一些中國的土特產」。即是說，生安泰公司無異於澳洲的水果入口商，主要是在斐濟直接向農戶採購，然後運到悉尼。

　　進一步資料顯示，郭氏兄弟持有較多生安泰公司的股份，所以該公司的「人員絕大多數由永安指派，經理也由永安的人員擔任」，郭泉便是大約在 1903 年左右到斐濟擔任那個經理職位。他本人的介紹是「菲枝（即斐濟）島之生安泰公司籌組完成，余往任總司理，主持業務」（郭泉，1961：4-5）。當時的運作是，在斐濟採購的水果，入口悉尼後會「按照三家果欄銷路的大小進行分配」（上海社會科學院經濟研究所，1981：3）。至於進口後如何定價，如何營銷，自然是八仙過海，各憑本領爭取最大的市場。因此，永安果欄、永生果欄和泰生果欄其實既是合作夥伴，又是競爭對手。這種情況，甚至延續至日後各自開創百貨業生意時亦是如此（參考本書其他章節討論）。

　　初期，生安泰公司集中向當地農戶採購，後來更開闢蕉園種植，這很可能反映郭、馬、蔡等人乃農民出生，對耕地種植並不陌生，駕輕就熟。據資料顯示，生安泰公司在斐濟的種植園發展迅速，到了 1913 年，「面積擴大到二千多英畝，[9] 僱工五百多人」。除此之外，他們甚至在昆士蘭另闢一個面積近千畝的種植園（上海社會科學院經濟研究所，1981：3），可見其擴展之速、規模之大，當然亦反映生意發展十分順利。

　　正如前文粗略提及，無論是永安果欄，或是生安泰公司，雖然主要業務集中於水果批發、收購、入口和種植，但其實是採取「只要有錢賺，各種生意都做」這種實用主義的經營策略，無所不包、大小通吃。基於此，在斐濟的生安泰公司，除了「開闢蕉園數百畝，生產

9　這裏的二千多英畝，即是郭沛勳擁有農地的三倍有多，即約等於香港中文大學整個校園的面積，實在相當龐大。

蕉果，運回雪梨永安欄銷售」，還「營百貨生意」（郭泉，1961：5），或許在營運過程中令郭泉看到百貨業的商機無限，故不久他即將大量生意精力投放入這個新焦點，成為推動個人及家族發展的大突破。

對海外華人在異地謀生創業有一定了解的人大多會認識到，他們無論聚居或經商，很多時都會以鄉引鄉，以戚引戚。此點既有身在外邦謀求彼此呼應、守望相助的實際意義，亦有商業資訊與機會分甘同味、一起開拓的經濟規律，部分生意則是因應海外華人自身需求與市場而衍生，例如國貨與僑匯等。另一方面，又與海外華僑本身的族群、文化及方言眾多，所以亦競爭激烈，甚至存在一定矛盾和張力，所以便出現了既有血緣、又有地緣及業緣等縱橫交錯的社會商業關係，不同族群在某些行業上乃形成了近似「壟斷」的現象。

據人類學家史堅雅（William G. Skinner）的研究，在泰國，不少行業都有族群「壟斷」或主導的現象，他舉例指潮州人多數從事銀行、米業和搬運裝卸業；海南人則多數從事西藥、木材和裁衣業；客家人多經營雜貨、香煙製造、首飾加工業；至於廣府人又多在印刷、五金、紡織業佔優；福建人又多經營橡膠和茶葉買賣等等（Skinner, 1957）。

在澳洲，我們同樣可以粗略地看到，郭氏兄弟與馬應彪、蔡興等中山籍華人，實在亦有「壟斷」悉尼水果批發及入口生意的情況，這種社會商業行為，其實是因為當新移民抵達移居地後，往往被介紹到已有族群成員從事的行業工作。久而久之，某一族群便壟斷了某一行業。所以有研究者這樣分析：「由於血緣和地緣的關係，以戚

引戚、以鄉引鄉，到了移居國後，又自然而然地在華僑、華人社區形成不同職業習慣，因而帶來行業上的差別，形成各自不同的行業分工或優勢。」（陳樹森，1994：668）即是說，由於客居外地的族群，傾向於組成各自的互助網絡，互通消息，當某一族群在某些行業取得先機，便會彼此「關照」，援引同族中人，因而會很自然地形成不同族群主導不同行業的現象。

百貨試水溫

眾所周知，創業路上是崎嶇曲折，充滿風險的，很難可以一步到位、一蹴而就，而必須經過不斷摸索，流盡血汗，在失敗挫折中吸取經驗教訓，調整方向和策略。至於懂得靈活變通、能夠鍥而不捨等，均是最終可以登上成功寶座的極重要因素。細看郭樂、郭泉諸兄弟的創業故事，其實亦十分清晰地記錄了每個腳步的非凡歷程。

為何郭氏兄弟會由水果種植批發生意，轉向將資金回流香港，並投資到百貨生意呢？由於缺乏相關紀錄，故難以確定當中緣由。但相信是一連串的內外因素影響下，令他們作出離澳回國另闢新戰線的決定。外在因素相信與移居地的一些新政策與社會變遷及同鄉馬應彪等人的嘗試有關，而內部因素則與百貨業的挑戰性與郭氏兄弟的企業家眼光有關。

首先是澳洲湧現了排外浪潮，華人受到愈來愈嚴重的歧視和針對。其實自 1850 年澳洲發現金礦後，已有大量華人湧至這個「新金山」當礦工，由於他們刻苦勤勞，搶去不少當地人的飯碗，加上文化

差異及種族偏見，當地白人對華人的不滿日益升溫，並開始以針對性的立法限制華人進入澳洲。至 1901 年，澳洲聯邦政府成立，更即通過一些對華人不公平的法案，如《限制移民法案》等。雖然不清楚相關法例對郭氏兄弟的生意有何影響，但可以肯定的是，在充滿敵意及不友善的環境中，他們營商及生活環境一定愈益困難，因而促使郭氏兄弟作出新的應變，決定打道回府，收縮在悉尼等地生意，把主要資本轉回中華大地。

至於選擇香港而非家鄉珠江等地的原因，一方面顯然是香港作為自由商港，經濟及營商環境較吸引，而政治情況也遠較由腐敗的晚清政府主導的內地平穩，故成為郭氏兄弟的首要考慮。此外，與他們既是同鄉及生意夥伴，但同時又屬競爭對手的馬應彪和蔡興等，已先行一步回港投資，為他們作了很好的示範。其中，馬應彪在 1900 年回到香港創立先施百貨，以新式營銷與經營手法吸引了不少目光，給他們帶來了很多想像與思考空間（Chan, 1996）。

百貨店乃十分古老的生意，在華人社會一般稱為雜貨店或小百貨，在西方社會則稱為「士多舖」（grocery store），即是銷售民生必需品的地方。在斐濟，生安泰公司的其中一項業務是銷售民生百貨，顧客群主要為在當地生活且為數不少的華人。具體地說，大約在 1903 年轉到斐濟的郭泉，除了管理好水果收購及輸往悉尼，也要管理相關的百貨店的經營。相對而言，種植香蕉以供應悉尼市場的生意明顯較為「單調」，沒有太大變化，可能與家鄉大片農田種植蔬菜稻米供應市場沒分別，故可以想像郭泉對此實在駕輕就熟。而百貨生意牽涉層面較多較廣，無論是定價、宣傳、成本控制、貨品擺設……種種細節均考驗生意眼光，所以對有創新精神的商人甚具吸引力。

　　而透過親身接觸百貨業的營運，相信郭泉感到這門生意大有可為，於是更用心摸索經營百貨店的竅門，例如採購網絡與渠道、營銷方法、庫存管理、資金周轉等等，進一步思考市場的潛能。據郭泉本人在書寫〈四十一年來營商之經過〉小冊子時所述，他在斐濟工作三年後，「有志返港創辦百貨公司，遂又賦歸」（郭泉，1961：5）。再過大約十年後，他在那修改之〈四十一年來營商之經過〉小冊子的《永安精神之發軔與長成》一書的「後記」中，補充了當年籌設香港永安公司的一些人物與工作。他這樣寫：

> 當時籌組大計，實始於澳洲雪梨，首倡者二兄郭樂及四弟郭葵，六弟郭順外，旅雪梨諸友好：杜澤文、李根、李步祥、孫智興、歐陽鑑堂、楊金華、林澤生等諸君，均同心同德，返港策進。港中友好郭獻文、梁桂昌兩君亦參加其事。（郭泉，1961：32-33）

　　即是說，有關進軍百貨業一事，雖然諸兄弟們長期分隔多地，但明顯曾進行了不少討論與溝通，而這個籌組大計是眾兄弟同心同德，在主要倡議者郭樂和郭葵等帶領下進行。至於早年不少一起創立永安果欄的生意拍檔，以及他們在香港的好友或親屬，亦有參與其中，協助新公司的籌備工作，部分人甚至親身返港，相信是跟進選址、註冊程序等工作。結果，以郭氏兄弟為核心領導，加上一群同鄉友好的協作，郭氏兄弟進軍香港百貨業一事才能迅速而順利地完成。

　　當然，有關籌劃創立環球百貨公司一事，身為家族企業靈魂人物的郭樂，其實還有更高層次的思考，尤其想到中國經營技術落後、利權失落的問題，從而指出國際商戰下華人民間資本所面對的

不利位置，所以覺得有必要引入現代化經營模式，富國強民，振興經濟。他在《回憶錄》中有如下一段發入深省的分析：

余旅居雪梨十有余載，覺歐美貨物新奇，種類繁多，而外人之經營技術也殊有研究。反觀我國當時工業未萌芽，則商業一途也只小販方式，默（墨）守陳法，孜孜然專蠅利而自足，既無規模組織，更茫然於商戰之形勢。余思我國欲於外國人經濟侵略之危機中而謀自救，非將外國商業藝術介紹於祖國，以提高國人對商業之認識，急起直追不可，是以 1907 年有創設香港永安公司之議。（郭樂，1949：3；引自上海社會科學院經濟研究所，1981：25-6）

有趣的是，無論是飄洋海外，進軍果欄生意，甚至是日後進軍現代百貨、保險、銀行、貨倉及酒店旅遊等生意，郭氏兄弟其實均「不做第一」，寧可在看到別人的新嘗試成功後，才有樣學樣。例如回港開設現代化的百貨公司，便是跟隨馬應彪在香港經營新式百貨店的步伐，然後他們才有樣學樣（上海社會科學院經濟研究所，1981；王孝潤，1992；何佩然，1999；Chan, 1996）。對郭氏兄弟來說，馬應彪創新性的先驅舉動，既是他們的學習對象，同時也是他們的最大「假想敵」，讓他們時刻思考怎樣模仿、學習或應對。

但若永遠只懂當「跟屁蟲」或追着潮流走，便會落得慢人一步、不能突圍的下場。郭氏兄弟最難得的地方，是雖後發卻能先至，因為他們能總結別人經驗，作出修正更新，並可青出於藍，然後在行業中成為龍頭。這種「不做第一個出頭，卻爭做行業龍頭」的模式，是他們能將家業做大最重要的原因之一。至於郭樂、郭泉諸兄弟那

時全力進軍百貨業的決定，不但掀開了郭氏家族事業發展的另一篇章，亦為環球百貨業在香港及中華大地的發展，帶來一番全新景象。

結 語

　　十九、二十世紀無疑乃中華大地政治與社會出現巨大變遷的時刻，綜合國力持續下滑，經濟低迷、民生凋敝，社會欠安等諸多因素，促使無數百姓——尤其華南沿岸一帶鄉民——只好另闢發展蹊徑。其中離鄉別井地飄洋海外，則是其中一個較主要的選擇，郭樂、郭泉諸兄弟曾經踏足悉尼、檀香山、麼里埠、斐濟等大半個地球，便是很好的例子。至於過程的艱苦，實在不可為外人道，流出的血汗也無法估量。在經歷一段辛苦打拼後，他們終能摸到門路，並可闖出名堂，最終打下家族江山，成為無數飄洋海外華人中獲得成功的重要案例。

　　由此引伸出來且成為一時現象的，是他們竟然年紀輕輕便有很強烈飄洋海外，在異邦謀生、尋出路的冒險雄心鬥志，尤其流露一股鍥而不捨的創基立業、勇於嘗試、營商創富的企業家精神。更加令人出乎意料的是，令他們可以揚名立萬的地方，最終又非他們飄洋的客居地，而是回到中華大地——尤其是與家鄉竹秀園鄉一衣帶水，但已割讓為英國殖民地的香港。

第四章

拼香港也拼上海

引言

　　經歷多年在悉尼、檀香山、麼里埠及斐濟等地的營商與生活，當然還有每次出埠時必經之地的香港，郭氏諸兄弟們對於不同城市的營商條件與發展事業空間，顯然有深入和透徹的了解。由於受澳洲排外浪潮波及，郭氏兄弟需要另尋一個新舞台來打拼事業。最後能吸引他們視野而雀屏中選的落腳點，是與家鄉竹秀園一衣帶水的香港。郭氏兄弟商討後決定，由剛進入而立之年的郭泉作先頭部隊，於 1907 年「賦歸」香港。

　　到底郭氏兄弟為何選擇香港，並投資在當時他們並非最熟悉的百貨業？我們雖然未能找到他們做出此決定的紀錄，也不清楚他們做了哪些前期擘劃，不過，香港有經濟活躍、社會穩定及與家鄉相近等因素，加上有馬應彪等早年在香港開設先施公司作試腳石，相信都有助促成他們落腳香港的決定。郭氏兄弟的營商經驗始終豐富，並非吳下阿蒙，而郭泉在海外不同地方生活及營商已有近十年經歷，由他作先頭部隊，在香港建立家族百貨生意的橋頭堡，應該是經過眾兄弟的精密計算與通盤考慮，亦應曾與身體壯健的父母商議並獲得支持。而他們初試啼聲在香港開設的，就是日後聞名的永安公司（Wing On Company）。

香港開業的一鳴驚人

　　其實，在澳洲「賦歸」後落腳香港，然後開辦百貨公司的先行者，並非郭氏兄弟，而是馬應彪、馬永燦和蔡興等人，該家名為先

施公司（Sincere Company）的百貨公司，於 1900 年 1 月 8 日在馬應彪主持下在香港皇后大道中開幕，當時的啟動資本為 2.5 萬港元，公司的營運模式，以澳洲最大規模百貨公司 —— 賀德恩父子公司（Anthony Hordern& Son）[1] —— 為藍本或學習對象。雖然先施公司開了華人百貨公司的風氣之先，轟動社會，惟因投入資本不足，營業方式則太新穎，一時未能為普羅民眾所接受，當然亦與公司核心股東之間未能如一家人般同心同德，反而出現不少矛盾有關，所以令公司未能邁出健康發展的步伐（Chan, 1996: 145-146）。

有了馬應彪等人創立先施百貨公司，推出新模式營運卻碰到不少問題的經驗，晚行一步看似落後形勢的郭氏兄弟，反而可以採取具針對性措施，對各種問題作出應對調整。到底永安公司的開業有何特別之處呢？對於公司籌組草創過程，郭泉本人有以下扼要補充：「溯自一九零七年，余由澳洲返港，籌設香港永安公司，越一月籌備完成，八月廿八日開幕，進行之順利，可以想見。」至於他在書中另一處則指「資本為港幣一十六萬元。公司初開設於皇后大道中，時郭獻文、梁歡南諸君均來勸助，策劃一切」（郭泉，1961：6 及 32）。

即是說，永安公司的籌組過程十分順利，只用一個月的籌備時間，便完成所有工作，包括公司登記、尋覓舖址、裝修佈置、貨物採購、服務員招聘等複雜繁瑣的事項，並可以在 1907 年 8 月 28 日開業營運。這一方面是香港長久以來作為自由貿易港，創業手續簡便的有力說明，亦反映他們組織力強、營商網絡廣。當時百貨公司的

1　《上海永安公司的產生、發展和改變》（1981：55）一書中用「英地海登」大百貨公司，應是 Anthony Hordern 英文的音譯。

德輔道中與林士街交界，約 1930 年。左方新亞酒店樓下是嘉華銀行。
右方是新世界戲院和永安公司。（鄭寶鴻提供）

機利文街望德輔道中。圖右見華美和代月電器行，其西面不遠即見三大公司：
大新、先施和永安百貨。（許日彤提供）

二十年代的永安百貨公司。（許日彤提供）

舖址選擇在人流如鯽、商業交易買賣活躍的香港商業中心地段——
皇后大道中，與先施公司相距不遠。但是，不可不知的是，永安公
司的啟動資本，卻遠多於先施公司，總金額達 16 萬港元（郭泉，
1961：6；Chan, 1996）。

　　且不用說永安公司開業後轟動社會，引來無數中上階層市民垂
青光顧，不少人或者會好奇地問：到底那時的 16 萬港元是一個怎
樣的概念呢？從資料上看，在 1907 年，殖民地政府的財政收入為
6,602,280 港元，若以永安投資佔當時政府財政收入比例計算，則為
2.42%，佔比其實不少。若以今時今日（2018 年）政府財政收入達
6,000 多億港元計，2.42% 的佔比則達百多億港元。當然，今時今日
政府財政收入與昔日已大大不同，但就算大貶百倍，亦約有今天社
會近億元水平。

　　另一方法是如上一章中以家庭傭工的工資作估算。1910 年時，在歐洲人家庭工作的傭工，每年工資由 60 元至 240 元不等，[2] 若以簡單的平均工資 150 元計算，16 萬元約可支付 1,067 名家庭傭工一年工資。用今天每名家庭外傭年薪約 6 萬元計算，約為 6,400 萬元。即是說，無論採用哪一種計算方法，那時 16 萬元投資，實在屬於不少數目，此點間接說明那時的永安公司，實在屬於財力雄厚的企業了。此點與上一章中提及永安果欄創立時，其實財力不少的情況並沒二致。

　　具體地說，核心業務集中於百貨生意的永安公司，所在地為皇后大道中 167 號，公司在 8 月 28 日開幕，顯然有廣東人那種爭取「發易發」吉兆的意味，因此引來市場不少注視目光，實屬意料之內。當時的員工約有十餘人，採用的方法是「不二價」及環球百貨種類繁多作招徠。至於開業後的生意，用郭泉相對保守的說法則是「尚稱順利」（郭泉，1961：61），顯示永安公司並沒遭遇到先施公司開業初期的問題，並能在預料之中的軌道中穩健前進。

　　不可不知的是，1907 年時，香港總人口大約為 30 多萬人，到 1911 年尚未超過 50 萬人，而且絕大多數集中居住於香港島北部（*Hong Kong Census Reports, 1841-1941*, n.d.）。此數目與今天社會當然有很大距離，但在當時社會而言亦不算少，尤其必須注意的是那時香港人口的購買力或消費水平，遠比華南沿岸的鄉村高。即是說，當

2　值得指出的是，當時在歐洲家庭當傭工的工資很高，可能因為需要懂得英文，並要留在僱主家中之故。政府公佈的資料顯示，一般華人工人年薪在 96 元至 108 元（包住宿）之間，而受聘於歐洲人的非技術體力工人，同樣提供住宿者的年薪為 108 元至 120 元（*Hong Kong Blue Book*, 1910: U2）。由此可見，在歐洲人家庭中當傭工的工資，倍多於一般體力工人，這與當前家庭傭工工資大幅低於體力工人截然不同，原因之一與家庭外傭工資受管制有關。

時的香港，本地市場已具備不容低估的消費力，當然亦不應忽略那時
不少香港市民，會選擇在香港購買百貨拿回家鄉轉送親友，所以亦壯
大了香港社會本身的購買力，令百貨業有了巨大發展空間。

　　從公司註冊處的資料看，在 1907 年開業時的永安公司，並非以
有限債務公司的形式註冊，相信一開始時可能為求更方便，故選擇
以無限債務責任方法進行，這亦是不少草創企業的做法。由於業務
發展十分理想，兩年後的 1909 年，由於「營業尚稱順利」，成功摸
索出發展道路，店舖由佔地較小的皇后大道中遷至德輔道中佔地較
大的現址，初時的舖面當然沒今天般大。就在那一年，一直留在悉
尼統領永安果欄（日後稱為雪梨永安公司）的郭樂終於回到香港，
「策劃一切」，悉尼生意則交由堂弟郭朝（即郭聘勳之子）打理（郭
沛勳，1929）。

　　必須指出的是，創業初期的永安公司，其啟動資本相信一如雪
梨永安公司一樣，由多名合夥人供股組成，郭氏兄弟則屬大股東，
所以由郭樂擔任總監，統領企業發展大旗，郭泉則出任正司理，主
理日常事務，副司理為楊輝庭，司庫為郭幹勳。至於這個以「兄弟
班」血緣為核心，再有同鄉地緣為輔弼的發展團隊，加上大家都有飄
洋海外、見過世面的共同經歷，亦有相同信奉基督的宗教信仰，所
以能在理念、目標和行動上高度一致，成為企業發展的重大力量（何
佩然，1999；連玲玲，2005）。

　　進一步看，郭樂自悉尼返港顯然有大展拳腳的綢繆，但不可不
知的現實問題是，在邁出發展腳步之初，無論是店舖裝修、租金按
金、設備添置、採購貨物等等，均需要大量資本投入，令原來的投

資顯得如杯水車薪、不敷應用。正因如此，尋覓更強大甚至源源不絕資本支持──在那個年代而言自然是銀行，自然成為生意能否更上層樓的決定性因素。至於郭氏家族在香港擁有一定人脈關係，又享有一定名聲和信譽，則成為永安公司得以取得突破的關鍵所在。

據郭泉所言，永安公司開業後，香港主要大銀行都願意為他們提供借貸，這在那個年代而言是十分少見的──除非股東或公司在社會中擁有極響亮名聲，或在行業中又極有實力。郭泉這樣寫：

> 當港公司開幕時，頗需巨款，幸獲各界過信，每一銀行均可透支二三十萬元，而滙豐可透支二百萬元，渣打亦可透支達一百萬元。回溯最初一次與銀行來往，係由何東爵紳介紹，即在滙豐透支六十萬元，此為透支最多時，但不久即全數清還。（郭泉，1961：6）

在那個年代，永安公司能夠向「每一銀行均可透支二三十萬元」，同樣屬於不少的數目，滙豐銀行能提供 200 萬元透支更屬天文數字，不是一般公司能夠有那份「能量」的，而公司能獲龍頭大行滙豐銀行的支持，關鍵是與被譽為「香港首富」的何東有關，而何東的過繼子何世榮乃滙豐銀行買辦（鄭宏泰、黃紹倫，2007），他為郭氏家族做介紹人或中間人，他們才能透支 60 萬港元。此事亦反映郭氏家族曾經利用了借貸以擴張業務，而此筆資金部分可能用於添置設備，部分則用於收購店舖地皮之上（詳見下文討論），為公司注入重要發展力量。

儘管郭氏兄弟在悉尼時已有經營百貨的經驗，但要在香港興辦大型新百貨生意，畢竟仍屬新鮮事物，當中困難與風險不容低估，

他們能夠在 1907 年試業成功，然後可以在兩年後再邁出穩健的另一
步，無疑十分難得，揭示他們具有突出領導與營運能力，商業眼光
亦十分精準。更令人驚奇的是，那怕他們過去一直在悉尼經營，但
在香港卻擁有深厚人脈網絡，信譽與名聲亦強，所以能夠輕易獲得
銀行體系的強大資本支持。為何他們具有這樣的商業實力？這是很
少人探討但卻值得深入分析的問題。

聚財與才以求發展業務

　　成功的企業或領導人，總是具有那種如磁力場般的力量，既能
吸納四方資本（錢財），亦能招徠社會各階層精英（人才），為其所
用、作出貢獻。經過初步摸索的永安公司，尤其在確認百貨業的巨
大潛能後，在進入二十世紀第二個十年時，乃進一步擴大投資、壯
大業務，作更長遠發展佈局，其中籌劃將公司改為「有限債務責任」
模式註冊，同時再吸納新股資本，則屬重要舉動之一。

　　從公司註冊處的資料上看，永安提交有限公司註冊的文件在
1912 年，按郭泉（1961：13）的說法是「此時註冊為私家有限公司」，
即今時今日我們熟悉的「有限公司」（limited company）。正如第一
章中提及，有限公司制度的引入，有助刺激商業投資與經營，因為
這種模式的公司組織，由於屬於獨立法人，股東享有「有限債務責
任」的保障，能有效管控投資者的債務風險，但同時必須接受政府
較嚴格的規管，郭氏兄弟及股東們明顯能更深刻地看到這種制度優
勢，於是便採取了相關註冊安排。

那一年，公司不但採取了有限債務責任模式進行註冊，完善企業結構，更增加了資本額，由 1907 年的 16 萬港元大幅增加至 1912 年的 60 萬港元，公司員工亦大幅上升至 60 多人，至於舖面則已有 4 間（表 4.1）。即是說，公司創立的第一個五年間，取得不錯發展，業務蒸蒸日上，規模不斷壯大，可算是摸索出生意成功的竅門了。

表 4.1：香港永安公司創立初期發展變化

年份	資本額（港元）	員工	舖址及發展重點
1907	16 萬	10 餘人	皇后大道中 167 號，一般公司註冊，舖面 1 間
1912	60 萬	60 餘人	已遷址至德輔道中，舖面增至 4 間，註冊為「私家有限公司」
1916	200 萬		轉為「公共有限公司」
1930	400 萬		
1931	630 萬		舖面 30 間
1942	800 萬		

資料來源：香港永安有限公司，1932：1-3；郭泉，1961：13；上海社會科學院經濟研究所，1981：7

從當時永安有限公司（Wing On Company Limited）的《公司組織章程》（*Memorandum and Article of Association*）的註冊文件中，可發現當時公司以每股 1,000 港元的價格，集資 60 萬港元，即是合共發行 600 股。至於主要股東，其實認購並不很多。簡單而言，七個登記的主要股東，所認購的股份只有 119 股（見表 4.2），即約佔 60 萬港元資本的不足兩成（19.8%）而已。

表 4.2 是那七名主要股東的認購股份及簡單資料。當中郭樂、郭泉兩兄弟擁有較多股份，其次是杜澤文。其他諸如孫志興、楊輝庭、李彥祥及李根持有的股份數量不多，但他們與郭家不但有血緣

或半血緣關係，更有地緣，甚至有共同飄洋經歷與宗教信仰，所以
能如同胞兄弟般凝聚成一個強而有力的管理團隊，保持大股東的地
位，可以穩穩地掌控着永安有限公司。可見郭氏兄弟已先人一步，
了解到現代企業組織以小控大的竅門，並能活學活用，融會貫通，
實在乃一時商業奇才。

表 4.2：1912 年永安有限公司註冊時主要股東認購股票資料

股東	登記地址及身份	認購數量（股）
郭樂	德輔道中 209 號，商人	40
郭泉	干諾道中 113 號，商人	26
楊輝庭	德輔道中 28A 號，商人	8
杜澤民 *	德輔道中 225 號，商人	21
孫志興	樓梯街 3 號，商人	9
李根	德輔道中 213 號，商人	7
李彥祥 *	德輔道中 211 號，商人	8

**杜澤民即杜澤文，李彥祥應是李以祥，兩人均與郭氏家族有姻親關係*
資料來源：*Memorandum and Article of Association:The Wing On Company Limited*, 1915, p.8.

到了 1916 年，精通以小資本控制大資本竅門的郭樂、郭泉等，
再將永安公司由原來的「私家有限公司」，「改為公共有限公司」（郭
泉，1961：13），即是今時今日的上市公司，令公司的股份可以如貨
物般在證券交易所（股票市場）買賣。這樣不但能吸納公眾資金，為
進一步擴展業務儲備能量外，更有助大大提升公司名聲與形象，因
為當時能在交易所掛牌的公司，總是被社會與普羅投資者視為有雄
厚實力的大型企業（鄭宏泰、黃紹倫，2006）。而上市後，永安公司
的資本由原來的 60 萬港元大幅增加至 200 萬港元，算是當時香港其
中一家甚有規模的企業了，在華人資本中尤其突出（Chan, 1996；何

當年永安在香港的公司註冊證書。

佩然，1999）。郭氏兄弟的做法，反映他們對有限公司制度好處的充分了解，也對股票市場有助企業發展了然於心，再次證明他們商業眼光的精確。

　　一個更為突出的發展里程碑是 1931 年——即公司成立四分一個世紀之時。在該年，公司的資本進一步攀升至 630 萬港元（表 4.1）。尤其令人艷羨的是，公司不但擁有多家附屬企業（詳見其他章節討論），亦在港島及九龍半島等地購入不少地皮，作為長遠投資。其中最關鍵的，當然是德輔道中 107-235 號現為永安大廈的地皮，該「東至冧士街，西至文華街，南由德輔道中門牌一零七號至二三五號，北達康樂道中門牌一零四號至一一八號，前後舖位共 30 間，佔地約四萬方尺」物業（香港永安有限公司，1932：3），日後成為家族及

企業發展的重要基礎（郭泉，1961：34-37）。

　　任何企業或事業的發展，除了錢財，當然還需要人才，兩者缺一不可，亦不能偏廢。無論是利用自己的財富積累，經營盈利滾存，銀行借貸，乃至公私模式的股東集資，自創業以後，郭氏兄弟顯然能憑着其個人能量與網絡，按公司發展需要不斷取得金錢資本的支持，因而可說是有了雄厚的資本力量。與此同時，他們又能在不同時期吸納具能力與視野的人才為公司作出貢獻，而這些人才基本上又與血緣和地緣相重疊，當然亦有前文提及曾經飄洋與共同信仰基督等特點。舉例說，自 1907 年創業並走出成功步伐後，郭浩、郭幹勳、梁創、楊輝庭、歐陽民慶、歐陽品、秦暢偉、李國超、葉炳南、林弼南、林允樞、劉貢三、蔡永亨等人，「陸續歸來，群策群力」，他們不少人被安排到永安有限公司的各個部門中，或是一些附屬公司中（詳見下一節討論），獨當一面，成為帶領集團不斷發展的核心力量（郭泉，1961：33）。

　　另外，永安公司亦開始完善其組織與制度的發展。簡單而言，當公司規模不斷在壯大，營業額在不斷提升之時，公司組織、營運和管理等能否走向制度化，令各個層面可相互配合，支持公司健康發展。據郭泉（1961：13）的介紹，隨着生意發展，他同時亦逐步完善公司的組織及制度，其中的重點，則是按不同業務類別與功能，分門別類地組織了 26 個營業部門：氈被、電器、傢俬、玻璃瓷器、金器、伙食等等。同時又針對非營業方面，組織了 16 個部門：總務、會計、進貨（採購）、收支、租務、送貨等等。此外，由於公司開始發展百貨周邊或相連業務，例如貨倉、金山莊貿易、酒店、保險及銀號等，於是便設有附屬公司，獨立經營，避免造成業務與帳

目混亂。至於不同人才的加入，並因其才能或專業被調派到不同崗位上，則既讓其可以更好發展，亦促進了公司的更好發展。正因公司領導具有很高的組織能力，業務發展自然有條不紊，經營效率自然得以提高（香港永安有限公司，1932；上海社會科學院經濟研究所，1981）。

可以很具體地說，由於公司領導具遠大目光和無比魄力，加上善用現代商業社會的公司與金融制度，又掌握了聘用人才並安排到合適崗位的用人之道，因此能夠既吸納資金，又可更有效地運用資源，加上具有很強的組織能力，企業營運自然能夠維持很高效率，令企業自投入營運之後不但能令業務蒸蒸日上，更能東征西討、不斷擴展。

籌劃拓展新市場

具強烈企業家精神的創業者，總不會滿足於企業取得的階段性成果，那怕那成果有多豐盛，仍會時刻想着不斷創新求變、開拓更大商機，謀取更多亮麗成績（Schumpeter, 1934）。郭氏兄弟顯然具有企業家特質，所以儘管他們自 1907 年在香港創業後已取得了驕人的成績，仍是不以此為滿足，繼續尋求更上層樓、更大生意空間。至於自開放為五口通商貿易港之一後迅速發展，地理及幅員又比香港優越，發展又更為繁盛的上海，則成為郭氏兄弟渴望進一步拓展業務、大展所長的另一個重大舞台。

毫無疑問，位處長江口，面向太平洋的上海，實在擁有發展成

為國際大都會的得天獨厚優良條件，因為其位置居於中華大地由北
至南海岸線中端，擁有天然深水港口，南接杭州、西接蘇州，並有
浙江、江蘇等富饒省市作腹地，既有支撐其發展的無窮盡資源，亦
有刺激市場消費的巨大人口，所以自簽訂《南京條約》而開埠後迅速
發展起來，不但洋人外商湧入，五湖四海的華人亦視之為「冒險家樂
園」，其中來自廣東——尤其中山一帶的商人及移民——所佔比例
實在不少（白吉爾，2005）。

之所以如此，是因為上海在滿清時期已淪為歐美列強的半殖民
地，成為列強紛紛進駐的樂土，所以闢有英租界、法租界及公共租
界等不同租界。由於租界內採用了所屬國家的法制，市民生活較平
穩，營商也較受法例保障。至於推翻滿清成立中華民國後，由於國
力仍弱，國民政府仍無力收回租界，所以上海租界的營商環境或發
展空間，仍如晚清時期般沒有太多改變，充滿商機，十里洋場仍然
繁華如昔（盧漢超，2004）。

有趣的是，與回香港開始百貨公司的情節相同，郭氏進軍上海也
是跟隨着馬應彪的步伐。原來作為百貨業先驅的馬應彪，雖說在港開
創先施百貨初期的營業狀況欠理想，但經歷一段摸索期後公司運作漸
上軌跡，他也開始不滿足現狀，決定向更大的市場進軍，而他的新焦
點便是到中華大地，並在 1912 年及 1917 年先後在廣州及上海兩地同
樣創立了先施百貨，與香港先施百貨成鼎足而立之勢（Chan, 1996;
何佩然，1999）。馬氏的發展局面，自然讓郭氏兄弟看在眼裏、急在
心裏，亦必然會從對方摸索前進中學習，期望後發先至。

可以想像，自香港永安公司的業務已經可以穩步向前後，郭

樂、郭泉等人可以不斷增加股本投入，激起業務發展，關鍵所在是
因為利用了向外集資的竅門——初時是「私家有限公司」，之後是
「公共有限公司」。促使他們這樣做的原因，是他們明顯察覺到利用
「私家」網絡集資，始終存在很大局限，反而向社會公眾伸手要錢則
無窮無盡，所以便有了 1916 年將永安有限公司改組為「公共有限公
司」的舉動。

　　由於利用了公共公司（上市公司）的制度——即是能夠利用股
票市場集資後，低成本的資本可以源源不絕供應，郭氏兄弟自然隨
即可以仿效馬應彪的擴張策略。而他們評估過後，認為應先將焦點
集中於「十里洋場」的上海，然後再發展廣州，一步一步來，重點是
利用「公共有限公司」的集資模式，吸納那些對他們發展生意有信心
的投資者，全力發展百貨及不同投資與業務（上海社會科學院經濟研
究所，1981）。

　　據郭泉憶述，他於 1915 年時已萌生如何拓展上海業務的想法。
那時，其胞弟郭葵 —— 當年與郭樂力主郭泉應回港發展百貨業的
核心人物之一——由悉尼返港，他們隨即一同親赴上海，擘劃如何
開拓當地業務，特別是選址的問題。原來經過多番上海市場的考察
與評估，郭氏兄弟最終看中了猶太巨富哈同（Aaron Hardoon）位於
南京路一個人流甚旺的物業，作為開設永安公司百貨店的舖址。但
在和對方商討租金和租約等事情時，商業頭腦精明又錙銖必較的哈
同，似已看穿郭氏兄弟對該物業事在必得，堅持苛刻條件不動搖。
由於郭泉認定那個位置乃不二之選，於是只好保持耐性繼續洽談（上
海社會科學院經濟研究所，1981）。

經過連番寸金不讓的艱難洽談，到了 1916 年 4 月，雙方終於達成協議簽訂合約，哈同同意將該位於南京路地皮租給上海永安公司，租期為 30 年，每年租金為白銀 5 萬兩，另外，永安公司須負責興建百貨大樓，[3] 建造費不得少於 15 萬兩，而當租賃期屆滿後，這些物業建築全歸哈同所有（陸文達，1999；鄭宏泰、呂文淵、黃紹倫，2015）。

對於這一罕見商業合約的苛刻條件，不少人覺得郭氏兄弟似乎精明一世，愚笨一時，是敗於猶太商人之手。有人甚至嘲笑指：「廣東人不會做生意，租地三十年，將來連自己造的商場大樓也要還給哈同，是賠本買賣。」（上海社會科學院經濟研究所，1981：14）但郭氏兄弟不為所動，以行動作證明，最後還是證明所做的決定正確，郭氏兄弟與永安公司最後在上海揚名立萬，而且賺得盆滿鉢滿（上海社會科學院經濟研究所，1981；連玲玲，2005；Chan, 1996）。

可惜，在租約拉鋸期間，郭葵翌年在上海染病，家人雖立即將他送回香港醫治，惟藥石無靈，並不幸於 1916 年去世，[4] 令郭樂、郭泉有「痛失臂助、良可哀已」之嘆，家人在墓誌銘上簡單地指他：「以謀上海永安公司營業，事返港，旋卒。」（鄧家宙，2012）。

原本郭氏兄弟打算把上海生意的日常經營交由郭葵負責，但他

3　這些店舖物業分三期完成。第一期於 1918 年完成，第二期到 1920 年完成，而第三期則要遲至 1924 年才完成（上海社會科學院經濟研究所，1981）。

4　綜合《郭氏家譜》及郭葵墓誌銘等資料，可見郭葵妻子為順德霍氏，去世時只有 46 歲，育有二子（郭棣活、郭棣昭）五女（郭麗蓮、郭麗嬋、郭麗金、郭麗華、郭麗平）。郭葵臨終前（1916 年 9 月 20 日）立下遺囑，由三位兄弟郭樂、郭泉及郭順為遺囑執行人，名下財產除喪葬外，交予妻兒。

突然離世，家族眾人除極為悲痛外，亦要將工作崗位重新安排，因為拓業上海生意一事已如箭在弦，不能中斷了。他們的應變之道，是郭樂親自到上海前線披甲上陣，同時繼續統領上海、香港、悉尼等地業務，對家族企業作宏觀調控。不過由於上海後來的業務拓展極急速，反映他將主要的精力留在上海了。至於香港永安仍由郭泉統領（郭泉，1961；上海社會科學院經濟研究所，1981；Chan, 1996）。

　　總括而言，一來是有了別人摸索前進的經驗，二來是發現了利用有限公司與股票市場四兩撥千斤，藉吸納公眾資本為我所用的神奇力量，三來是本身具有強烈企業家精神、成就動機，郭氏諸兄弟在香港生意已經完全上軌道後，又籌劃開闢新戰線，挑戰新的的商業舞台。而他們選擇進軍上海的做法，亦與在香港開始百貨公司一樣，是跟隨馬應彪腳步，此舉雖說可能是「英雄所見略同」，但同樣給人「不做先行者」，打算「後發先至」的印象。然後在經歷一段細心籌劃與尋覓舖址後，最終敲定人流如鯽的南京路，並細心策劃各項工作，準備在上海再展身手。

上海開業先聲奪人

　　相對當年在香港只用了一個月時間作籌備便能迅即開張，上海永安店的準備工作顯然較久，租約洽談花了較長時間固然是原因之一，但更重要的是上海店的投資其實遠比在香港開業時大，單就資本投入而言，上海永安投入資金多達 250 萬港元，這些投資雖然分期進行，但規模大小始終影響到籌備時間，更不用說上海的店舖是全新興建，所以便花了較長的時間。

在了解上海永安百貨開業狀況與發展之前，且先就前文提及資本組成與籌集的問題作進一步補充，說明郭氏兄弟如何能在短時間內可以斥巨資開闢新戰線。表 4.3 是 1919 年上海永安有限公司資金分佈狀況，可一目瞭然地看到總計 250 萬港元的投資，其實六成多（62.6%）來自小投資者，一成多（11.8%）估計來自友好親屬的策略性股東，實質以郭氏家族名義持股的只有 5.6%，另外 20.0% 則由香港永安有限公司持有。

表 4.3：1919 年上海永安有限公司投資分佈

投資者	股東數目	投資金額（港元）	佔股比例（%）
千元或以下細小股東	1,175	847,000	33.9
千元以上萬元以下小股東	281	717,500	28.7
萬元或以上中股東	19	295,000	11.8
郭氏家族	1	140,500	5.6
香港永安有限公司 *	1	295,000	20.0
總計		2,500,000	100.0

* 按前文所述，若郭氏家族只控有香港永安有限公司約二成股份而已，則他們掌控上海永安有限公司的股份比例更少

資料來源：上海社會科學院經濟研究所，1981：11

上海永安的股權分佈帶出一些值得深思的地方：企業家開拓市場的大計，必須有資本的後台作支撐，若然資本只來自個人或直系家屬，則始終十分有限，難作大規模投資，亦不能作持久戰。但銀行借貸一來成本（利息）高，又要抵押品，二來風險大，靠不住，因為銀行習慣「落雨收遮」，三來就算想借錢，很多時亦並不容易獲批，數額亦未必如預期般多。因此，有限公司制度與股票市場的結合，可成為那些能力信譽俱佳企業的犀利武器，有助他們開疆闢土（〈訪問郭棣活談話記錄〉，1981 年 5 月 28 日及 6 月 4 日）。

　　具體地說，利用股票市場集資，那怕郭氏家族本身直接投入的資本不很多（5.6%），但因其掌控了香港永安有限公司 20.0% 控股權，所以屬於單一最大股東，管理地位難被挑戰，因此成為公司的管治核心。在核心外圍，是持有一成多股權的友好親屬，他們之中既有姻親，亦有同鄉，更有同一教會的多年知交或生意夥伴，所以屬於獲邀請的、可以信賴的策略性大股東，彼此結成管治聯盟，亦分享一定管治權力與利益。至於那些小及細小股東則因零星分散之故，必然沒法參與公司管理和運作，只能分享公司股息與股價上落了。可以這樣說，由於看到股票市場的這一吸納公眾資本為我所用的神奇力量，又能靈活加以利用，郭氏兄弟的生意便能如水銀瀉地般迅速發展起來。

　　回到有關上海永安百貨開業的問題上。經過一年多時間興建店舖、裝修及開業準備後，到了 1918 年，終於完成第一期工程並可以開始營運了。對於這一重大日子的開幕儀式，郭氏兄弟明顯有一番心思慎密的綢繆。據上海社會科學院經濟研究所（1981）在《上海永安公司的產生、發展和改造》一書中的介紹，上海永安公司訂於 1918 年農曆八月一日（即 1918 年 9 月 5 日）隆重開幕，而開幕前於報章當眼的版面上，連續刊登了兩星期的「開幕預告」，透過廣告大肆宣傳，引起市民的興趣。

　　郭氏兄弟這裏所採用的廣告招數，自然是抓緊消費者貪新鮮、熱切期待的心理，因為在「開幕預告」的連串廣告中，常有商場外觀、新穎佈置、特殊設計、貨品種類等插畫出現，目的自然是想讓市民大眾對商場中的各種新鮮事物產生好奇與期待，吸引市場注意，塑造萬眾期待，彼此爭相談論，甚至相約光顧的效果。另一方

面，郭氏家族又廣發請帖，邀請一些在社會及娛樂圈甚有知名度的達官貴人、社會名流和演藝名星等，在開幕時前往參觀。當那些名人現身時，又很自然地吸引了傳媒的鎂燈光，大肆報道，間接又為永安百貨做宣傳。

當然，對於普羅消費者而言，論最大吸引力的，首推開幕時推出的若干以「超低價」發售的貨品，因為這樣可使他們直接獲益，「撿到便宜貨」，例如在當時而言則屬「火腿只賣一元大洋一隻」一事最有噱頭，[5] 因此吸引無數市民一早已到商場門前大排長龍。結果，在百貨公司開幕那一天，永安百貨由門前到店內的每個角落，均人頭湧湧、人山人海，時刻均將整間永安百貨擠得水泄不通，轟動社會（《申報》，1918 年 8 月 2-4 日）。

自開幕後，營業額「平均達港幣一萬幾千元，以當時的社會購買力來看，這個數目是非常可觀的了」（上海社會科學院經濟研究所，1981：17）。由於市場反應極為熱烈，原來的存貨很快便賣清光。為此，公司一方面需到香港調派貨品到來應急，另一方面又需加快向歐美等地採購，惟因歐美等地交通需時甚久，遠水救不了近火，商場又不能貨架空空，「沒貨賣」，於是改為到日本採購，這點在日後「罷買日貨」運動時雖受到一定影響，但畢竟是擴大了貨品源頭。

可以這樣說，由於吸納了馬應彪等人在上海先行一步時的發展經驗，在籌劃開業前又做了大量細心思慮、多方計算，尤其在找到了

5　這一促銷招式，在今時今日社會仍很流行，不少酒家食市尤其會用「一元一隻雞」的方式吸引顧客光顧，而且必然收效。

1918年上海永安公司櫥窗。

最理想開店地址——南京路口後，曾經做了詳細的遊人流量統計，加上商舖設計新穎，宣傳手法別出心裁，能夠緊抓消費者心理，投入服務後的上海永安百貨，自然產生了先聲奪人的極佳效果，不但令生意興旺，商場門前時刻人流如鯽，永安百貨及郭氏家族的名字亦在上海、甚至整個中華大地響亮起來。

商業發展的合縱連橫

　　成功的商業經營，總有愈做愈大，如有神助的特殊效果。郭樂、郭泉諸兄弟自創立香港永安公司，然後把生意擴展到上海，同

樣取得突出成績的進程，家族企業猶如火乘風勢，迅速發展，郭氏
兄弟的名聲亦隨財富增長愈滾愈大。若果細看他們能夠在香港及上
海迅速打響名堂，令生意其門如市的核心原因，除了運用股票市場
以獲取雄厚資本及本身具有強烈企業家精神，營銷策略得宜、貨品
齊全、品質優良及服務周到等因素，實在亦十分重要。至於他們
吸納西方現代事物與經驗之餘，能結合中華文化傳統與實際社會環
境，亦屬不容低估的成功因素。

毫無疑問，促使企業得以成功發展的因素是可以紛陳多樣的，
不一而足。除了上文提及的諸多因由外，郭氏兄弟深明企業與市場
「肥水不流別人田」、「分甘同味」及「資源共享」等商業原則，尤其
是充分利用經濟及商業理論中的「規模經濟」（economy of scale）與
「垂直及平衡整合」（vertical and horizontal integration）等方法，令
公司可以更有效地發展，並能不斷取得突破。

更具體地說，做生意、創事業就如打江山，除了有好的班子、
充足糧草與槍彈，亦要有好的策略。「規模經濟」與「垂直及平衡整
合」等則長期以來被視為生意上合縱連橫的良好策略，能為企業開疆
闢土帶來意想不到的上佳效果。永安百貨由香港而上海，日後在香
港的業務又擴展至九龍其他地方，門店愈開愈多，自然令其百貨生
意可以發揮規模經濟及各方面業務整合的經濟效果，降低成本、增
加市場佔有率與盈利。另一方面，正如前文提及，當郭氏兄弟在香
港開創永安公司，進軍百貨業時，他們已先後啟動了包括金山莊（出
入口）、酒店、銀號及保險等互有關連的業務，且能產生更多協同效
應的生意（有關這方面的深入討論，下一章將有獨立分析）。

　　到上海開設具規模的百貨公司後，由於與當地工商界人士有了更深入接觸，亦對當地大小生意機遇和潛能漸有準確掌握，郭氏兄弟顯然很快便嗅到了新的發展機會，這便是長期為上海人壟斷，乃工業龍頭產業的紡紗業。眾所周知，市民日常生活必需品「衣食住行」的四大範疇中，「衣」居於首位，在現代商業社會下，衣服一般稱為時裝。事實上，不止衣服，還有被、氈、襪、帽等各式各樣的不同類別紡織品，而這些東西的生產原料，必來自紗線，可見紡織市場之巨大。自工業革命後，由於引入機械方式進行紡紗織布，紡織業自然出現了翻天覆地的變化。由於擁有江蘇、浙江等盛產棉花的腹地，早在十九世紀末葉，上海已發展成為紡織業重鎮，惟大型工廠或資本，必屬洋人洋商所有，渣甸洋行擁有的怡和沙廠，便是其中之一（王菊，2004）。

　　對於外國資本掌握中國紡織工業的這種局面，亦深刻地看到紡織業的巨大利潤，對西方事物有親身經歷和認識的郭氏兄弟，乃於1921年宣佈在上海成立永安紡織公司，並着手興建紗廠，毅然投身過去一直沒有接觸的紡織業。回首當年這個決定與行動，郭泉在憶述時這樣寫：「一九二一年，余赴滬考察紡織工業，懍於我國實業之不振，利權之外溢，乃與二兄鸞輝籌設紗廠，以挽回利權。」（郭泉，1961：10）

　　儘管「挽回利權」乃郭泉口中創立永安紡織公司的主要原因，但我們卻不能忽略私營企業最關鍵的利潤主導或掛帥的核心原則與動機。由於設廠及添置生產設備需要吸納的資本不少，按郭泉本人的說法是原定資本總額高達「六百萬元」，才剛在1918年間投入250萬元於百貨生意的郭氏兄弟，到底又如何能在短時間內再次籌得巨額資金呢？上文提及利用股票市場公開集資的方法，自然成為最重

要的「絕招」，至於百貨生意走俏，每日有強大資金回流，而那時採購貨品往往則有約一個月的結數期，很明顯又能配合紡織廠的籌建與購買生產設備的資本投入，這又屬於旗下生意能夠合縱連橫的其中一項有利因素。

雖然郭氏兄弟對紡織業並不完全認識，亦沒掌握生產技術，但那時卻敢於毫不猶豫地投身其中，背後的原因，除了是企業家精神的不怕冒險，其實很可能與家族人丁眾多有關（參考郭氏家族的「家族世系圖」）。郭氏子孫自進入二十世紀二十年代起已日漸長大成人，有些更已學成歸來，可以投入家族企業，參與管理，成為新力軍，例如郭泉年紀較長的兒子郭琳爽、郭琳珊等；有些則開始升讀大學，必須思考所學專業等問題，例如郭葵兒子郭棣活、郭棣昭、郭順兒子郭植芳等。沿着這方向思考，開闢一門具技術含量的生意，既可與百貨生意相配合，互補長短，又能吸納家族新一代貢獻，自然具有一箭多鵰的多種作用，這便解釋了為甚麼那時的郭氏兄弟對於創辦紡織廠一事會表現得那麼毫不猶豫了。

可以想像，擁有雄厚資本及商業能量的郭氏家族，開設的永安紡織廠，自然不是一般民間資本的山寨廠，規模細小、設備簡陋。據郭泉本人回憶，永安紡織廠的第一廠坐落在楊樹浦區。雖然引入先進設備，但工程技術仍需依靠非家族的工程師，令其時刻小心提防（〈訪問郭棣活談話記錄〉，1981 年 5 月 28 日及 6 月 4 日）。雖則如此，投入營運的頭三年，「尚覺平穩」，即是能成功完成了那個學習階段（郭泉，1961）。

隨後，家族明顯加速了在這方面的投資，先後在吳淞口開設永

安紡織第二廠，然後有麥根路（蘇州河）的第三廠，後來又再於吳淞設第四廠、楊樹浦設第五廠等，生意與規模不斷擴充。至上海解放前，永安紡織廠名下合共已擁有紗錠 25 萬枚，63 個廠，聘用職工達 13,000 多名（〈訪問郭棣活談話記錄〉，1981 年 5 月 28 日及 6 月 4 日），規模之大可見一斑。順便補充的是，在設立了第五廠之後，郭氏兄弟又在楊樹浦廣州路設印染廠，進一步推廣其商業投資上的合縱連橫，提升旗下業務的協同效應，所以永安紡織廠亦稱為永安紡織漂染廠（王珏麟，2014）。

由水果批發至百貨業，再進一步開辦紡織與印染廠，有些人可能覺得郭氏家族的投資相當冒險，但若細心分析，他們的策略其實十分謹慎，總是謀定而後動，投資前會做相當多的研究及評估，從投資紡織業便可見一班。一開始由於未能完全掌握相關技術，只好依賴外人，但在小心提防之餘又細心學習觀察，更會安排學習能力較高的年輕子孫參與其中。到子孫能掌握技術後，則逐步將重任交託到他們手上。如郭棣昭、郭琳褒、郭植芳、郭琳焯等均先後學習紡織工業技術，並陸續加入永安紡織廠（郭泉，1961）。當愈來愈多年輕一輩有能力營運時，家族又會進一步增加投資，擴大生產規模，從而享受規模經濟的成果，主導市場。

利用合縱連橫拓展生意的同時，郭氏兄弟還目光銳利地察覺到物業地產具備保值能力，又可用於支持企業發展，以及作為融資重要後盾等多重特性，因此將部分盈利投放到具潛質的物業地皮之中（郭泉，1961）。到了三十年代初，即香港永安公司創立四分一世紀之時，公司在香港已擁有「自置物業凡二百餘座」，散佈在港九各黃金地段，例如香港的中環德輔道中、跑馬地鳳輝台、中環干諾道、

上海永安公司添建中的新行圖像。

灣仔阿布連道、西環吉席街及九龍半島的油麻地彌敦道、旺角花園街及何文田統一台等（香港永安有限公司，1932）。

　　相對而言，在上海方面，無論是南京路永安百貨公司大樓的地皮，或是永安紗廠一至三廠的地皮——即楊樹浦蘭道第一廠、吳淞鎮蘊藻濱第二廠及麥根道第三廠，甚至是闢作當地職工宿舍的不少地皮等（香港永安有限公司，1932），由於佔地面積遠比香港的物業或地皮大很多，所以都是以長租約的方式租用，日後才因應需要或是價值考慮而將部分地皮轉租為買，例如南京路永安百貨公司大樓的地皮。這種情況，一方面揭示當時手上資金不足的問題，另一方面則揭示家族當時仍視香港為生意投資的長遠扎根之地。

　　長期以來，中外社會對於創造財富企業家的風光表面，總是投以好奇與羨慕的目光，對深入

了解企業家的背景與特質等，不少人卻興趣缺缺，或單純以訛傳訛。其實，古典企業家理論提到一個常被社會忽略的特點：企業家往往來自社會的「邊緣群體」（marginality），而衡量是否企業家的標準，亦不一定是創造性，將已有之物用全新方法呈現或推出市場，令消費者耳目一新，樂於購買，其實亦呈現了企業家的能量（Schumpeter, 1947; Berger, 1991）。

　　即是說，一來有些企業家其實出身卑微，他們讀書不多、沒有專業，甚至出身不好等，但是正因這種卑微身份，促使他們發奮圖強，不要給人家看扁，因此有了巨大奮鬥能量；二來因為沒有學歷和專業，反而能夠不受「專業」所限，沒有身份高尚等盲點，更能融入組織與社會之中，憑生活經驗、社會或市場所需，作出最直接、最適合普羅消費者需求的應變，所以更能令企業在正確的道路上走，取得成功。在父母捨耕種而重商業心態影響下，郭氏兄弟雖然讀書不多，但年紀輕輕已飄洋海外，閱歷不少，又學習了西方經營知識，無論開創百貨業生意、進軍紡織業生意，或是將所得盈利投入到回報更為穩定吸引的香港房地產等，均讓人看到他們明顯擁有敏銳的企業家目光及豐富的生活經驗，所以能夠掌握社會或市場所需，從現實角度思考問題，開拓商機、發展企業，最終能夠突圍而出，取得成功。

結語

　　當郭樂、郭泉諸兄弟年紀輕輕飄洋海外時，他們或者沒有想到最後讓他們揚名立萬、大展所長的商業舞台，還是自己的地方、自

二十世紀二十年代的上海明信片。南京路上，可見上海最大的兩家百貨司先施公司（右）和永安公司（左）。

己的國家。或者這樣說，他們在悉尼創立永安果欄後，生意愈做愈大，亦同樣採取了多方向的市場、生產與供應等不同層面的整合。若果不是碰到當地出現排華浪潮，令他們心灰意冷，覺得發展條件與前景受到很大限制，所以做出了「賦歸」決定，他們的傳奇故事相信會大大改寫。

不過，飄洋海外，在悉尼等地的多年營商經歷，令他們大開眼界，不但學習到西方現代化的營銷管理等知識，了解到現代資本主義及商業制度的特點與優勢，以及體驗到各種各樣可以豐富人民物質生活的新事物。如此種種，當他們融會貫通後，便將所學所想發揮出來，令他們在香港及上海等地組織的環球百貨公司、紡織廠及其他業務等，均能呼應兩地日漸走向城市化、國際化和現代化的民生與社會所需，因此令永安百貨成為香港及上海兩地數代人琅琅上口的名字，郭氏家族亦因此躍升為一個名揚中外的大家族。

第五章

辦保險亦辦銀行

與日本比較，華人家族企業的其中一個特點，是生意投資往往較為多元化，甚少世世代代只集中於單一生意，較難凝聚或孕育出工匠精神，至於導致兩國企業發展模式出現這種巨大差異的其中一些原因，除了文化與制度的不同制約，還有所追求的家族理想各有不同之故，因為中國家族理想是百子千孫、兒女成群，日本則貴精不貴多，以「一姬兩太郎」為尚（李卓，2004）。正因如此，子孫眾多的華人家族企業，明顯有較重視多元業務與投資的內部需要，尤其當子孫日漸長大成人，需要思考事業與專業等問題時，這種做法既可安排子孫日後在與家族企業有關的不同領域上各展所長，亦能避免太多子孫集中於單一生意之中，引來「將所有雞蛋放在同一籃子中」的各種問題和風險。

　　很可能是基於以上的考慮，當郭泉隻身由悉尼返港創立永安公司時，已隨即着手籌劃創立金山莊（出入口貿易），此舉很可能是要配合洋貨採購工作。到百貨生意逐步上軌道，尤其上海百貨生意亦已取得不錯成績時，郭樂、郭泉諸兄弟那種開拓新戰場、尋找新商機的心思自然更旺，至於作為支撐商業經濟發展核心力量的保險和銀行生意，相繼成為他們銳意進攻開拓的主要方向。期間若找到其他發展門路，只要證明具有盈利潛能，他們亦不會輕易放棄。正是基於這種盈利為本的現實考慮，在二三十年代，郭氏家族便如水銀瀉地般把生意層面逐漸伸延至紡織、酒店、保險、銀行、物業等不同層面。而開始踏足社會的郭氏家族第三代，便在這些生意中擔任重要角色。

由水火保險到人壽保險

在人類歷史上，雖然分散或降低風險的行為古已有之，例如在古代中國社會，穀物收成時，儲起部分糧食，留待收成不好時食用，或是興建糧倉儲糧以備荒年，而糧倉則不會集中於單一地方，總是分散各地等，均屬減少風險的方法；又例如，民間利用河道運輸貨物時，多會用小船而非大船，因為河道風險大，用小船在出事時可以減少損失；至於將士上陣殺敵必穿上鎧甲，保護身體，免受敵人攻擊，亦是出於降低風險、保障生命的考慮。

當然，將分散風險或減低風險的行為，推陳出新，變成一門生意，則可追溯到十四世紀的意大利。當時的義大利商人到遠洋地方進行貿易，自然擔心「行船跑馬三分險」，一旦出事會血本無歸。有船公司提出方案，在總航運費中加入若干比例的附加費，若然貨船在海上出事，船主照貨價賠償。由於投保者可買個安心，確保投資不會化為烏有；受保者能透過「集眾人之小力，以保個別之大損失」來賺取利潤，結果大受歡迎，雙方各取所需。而這種行為便開啟了保險業——主要是「洋面保險」（marine insurance），俗稱水保險或簡稱水險——的生意。之後的十七八世紀，英國迅速崛起為世界霸主，因應商業發展過程中碰到諸如火災及人命安危等問題，為免令商戶或家族蒙受巨大損失，火險及人壽險等業務便相繼出現。

進入十九世紀，歐洲商人遠渡東來，增加對華貿易，自然會碰到不少海上航行的風險，所以亦把保險制度引入中國。第一家在華出現的保險公司，是於 1805 年成立的「諫當保險」（Canton Insurance），此公司主要承包水險生意，主要資本則來自英國商人。

在那個年代，只要牽涉海洋運輸，必然購買保險，令水險生意甚為
興旺（馮邦彥、饒美蛟，2009）。

　　毫無疑問，由於郭氏兄弟曾經飄洋海外，經營的生意又多涉及
遠洋運輸，如將斐濟採購的水果運回悉尼出售、運送中國國貨到澳
洲及斐濟等地以供應當地華人所需等，必然繳交了不少保險費，對
水火保險生意極為了解，亦明白到當中的生意潛能，尤其是可以配
合其他生意發展──即是上一章中提及的「肥水不流別人田」考慮，
因為永安公司每年採購的貨品都需海陸運輸、存倉等，均需購買保
險，可見單是公司內部的生意已足以維持一間保險公司的營運了。

　　從資料看，永安水火保險有限公司創立於 1915 年，即香港永安
百貨開業八年、註冊為永安（私家）有限公司的三年後，初期資本為
61 萬元。當創立水火保險公司之後一年，家族又在上海投下巨資，
創立上海永安百貨業務。由於當時尚未成為公共有限公司，連串重
大舉動的資金，相信主要來自同鄉友好及生意夥伴，家族應如其他
生意般採用以小控大的模式掌控公司的運作。

　　不過，按郭泉所言，由於當時市場對水火保險的生意未有太多
認識，不習慣購買保險分散風險，亦尚未明白利用保險方式以降低
風險對投資和生意的重要性，所以初期生意欠佳。當然，亦可能與
公司歷史短，財力弱有關，因為保險生意其實很強調受保者的實力
和可信任度，新成立的華資保險公司，必然較難突圍。郭泉這樣寫：

回溯當年草創伊始，慘淡經營，業務既屬雛型，資金亦僅六十一
萬元，加以當時社會風氣未開，保險事業，尚未為社會人士所

熟習，以是對於展拓工作，倍感困難。（郭泉，1961：14）

　　企業家的目光，有時較社會大眾更為敏銳，所以能夠先人一步地察覺到潮流與新興事物。但有時亦因他們的觸覺太敏銳，普羅民眾未能跟得上，所以難免會曲高和寡，出現如坊間所說「先行者總是孤獨」的現象，更因為跟隨者少，初期的生意難免會「慘淡經營」。這樣的困局對企業家而言實在是極大的挑戰：應否相信自己的眼光、是否要鍥而不捨繼續堅持，還是應退一步再待天時……種種可能性均考驗着企業家的能耐，當然亦考驗其財政能力支援，並影響到最終的成和敗。

　　由於郭氏兄弟兼備能力與財力兩方面能耐，加上其他生意不斷擴張，各項業務蒸蒸日上，對保險的需求日增，單是家族內部的各種生意已可源源不絕地提供「肥料」，為保險這片農田提供充裕的養分和成長條件。外來客戶眼見永安保險發展蓬勃，規模又愈做愈大，自然對公司的信心增加，樂於投保，所以保險生意不久即能走出低谷。難怪郭泉（1961：14）筆鋒一轉，指出經過一段時間摸索，保險生意最後出現了「分行且遍設全國及東南亞各地」的局面。

　　在摸索經營水火保險的過程中，由於郭氏兄弟察覺到人壽保險其實也有巨大潛能，故他們在 1925 年又集資 200 萬元，進軍相關市場。他們的主要原則或思考脈絡，顯然仍是上一章中提及商業合縱連橫策略。有關這一創業過程，郭泉這樣說：

人壽保險事業，在歐美諸先進國，乃為安定社會經濟，協助發展工商事業，開拓國家富源之重要企業，足以富國利民，同臻

> 康樂之境域。余乃遠在一九二五年前集股港幣五百萬元，實收
> 二百萬元，羅致壽險界專門人材，加緊籌備，於一九二五年間
> 成立永安人壽保險有限公司於香港。（郭泉，1961：15）

同樣地，人壽保險也遭遇到「當時僑胞對華資壽險公司認識未深，每多趨向外資公司投保」的問題，令其推展業務是「倍感困難」（郭泉，1961：15），促使他們必須作出更大努力，才能逐步開拓市場。

一個有趣現象是永安保險的生意主要集中於通商口岸及海外華人社會。原因相信與當地華人較富裕，有餘錢可以用於既有投資又有保障家人的產品上。而且他們身處外國，對保險產品的作用有較多認識，知道其重要性。而且海外華人身在異地，較擔心若然自己遭遇不測家鄉親人難有保障，所以有較強烈購買保險動機。永安保險的市場推廣聚焦於此，期望可以收到更理想的效果。

在三十年代，永安旗下無論水火保險或人壽保險，基本上保持持續發展之勢，例如在水火保險方面，業務便增加了洋面勞工汽車保險，擴大市場層面。其次，又以保險模式收取客戶存款，金額「逾伍百萬元」，再利用此資金「放出按揭」，賺取當中的利息差距。除此之外，更利用保險收入投資物業，購置了「康樂」大廈，從租金中收取更高回報（郭泉，1961：14）。可以這樣說，由於具有敏銳生意目光，加上善於經營，在郭樂、郭泉諸兄弟經營下的永安保險，亦一步一腳印地穩健前進。

1933 年永安公司。圖中可見，當時永安已建立永安人壽保險公司。（許日彤提供）

酒店、旅社與貨倉的業務擴展

由於本身曾經飄洋海外，在開拓市場、洽談生意時又常會四出奔走，郭氏諸兄弟及主要股東們自然對於旅遊生意——包括酒店、旅行社、貨幣兌換及匯款等——甚有認識，本身亦有很大需求，例如其數目龐大的管理團隊與職工們，常會在悉尼、香港、中山、上海等地來來往往，加上那種前文提及的「肥水不流別人田」與生意業務合縱連橫的思想，乃有向酒店、旅行社，甚至貨倉（儲存）等不同

業務作多元擴張的舉動。

正如第三、四章中粗略提及，在悉尼創立永安果欄時，雖然主要業務乃水果批發，但不久即擴張至斐濟的水果出入口與種植。與此同時，永安果欄亦涉獵百貨及匯兌業務，這主要是當地華工——尤其來自同一地域與方言的族群——往往會聚居在一起，既因身在外地可互通聲氣、互相幫助的現實需要，亦有容易找到各種來自家鄉的音訊、貨物及各種服務—— 例如醫療、洗衣、餐館、理髮等等（Skinner, 1957; 陳樹森，1994），因此亦創造了商機，而且成為郭氏諸兄弟日後不斷擴大生意、尋找資金的核心力量源頭。

具體地說，海外華人社會一方面提供了生意機會，另一方面則提供了資金支援他們向不同市場與投資進發。所謂提供生意機會，是永安果欄為當地華僑提供各式來自家鄉的國貨，甚至代他們把工資積蓄匯兌回家鄉，養妻活兒、供奉父母，並可從中賺取利潤。有分析這樣介紹：

> 它（永安果欄）還採取送貨上門和賒帳的辦法，為華僑顧客提供許多方便。這樣，永安果欄同當地華僑的關係就越來越密切了。永安果欄在營業獲得了一定的發展以後，為了進一步在華僑中擴大影響，還主動為華僑辦理向國內家屬匯款的業務。（上海社會科學院經濟研究所，1981：4）

所謂提供資金支援，是指從這個服務華僑、經營匯款的生意中，既掌握了客戶的財政與家族狀況，又了解到他們的不同需求，並與他們建立了緊密關係。到郭氏兄弟計劃開拓新業務，需要尋求

新資本時，那些將血汗工錢積下來，有了一定實力的華僑，便成為
他們推廣入手的對象。由於當年的投資工具不多，加上對於金融運
作又未必太熟習，放在銀行或銀號中又只有微薄利息，華僑在親友
鄉里引介推薦下，以小股東方式入股郭氏兄弟籌組的公司，賺取較
佳股息，自然乃各取所需、各有獲利的不錯選擇。這直接解釋為何
永安集團旗下的各家公司，小股東與華僑資本各佔一個相當高比例
的公司股份。

　　從某個角度看，永安集團生意的發展，與海外華僑的各種所需
和輾轉發展緊密相連。除了從事水果批發、百貨及匯兌服務，加上
自身及華僑出差旅遊等需要，在進入二十世紀之初，郭氏兄弟還先
後開辦了酒店和旅行社生意，再之後又因應百貨生意日見壯大而開
設貨倉生意，至於這些生意無論資金來源或是創立理由，基本上與
前文提及開設紡織及保險等生意如出一轍——即是基於「肥水不流別
人田」的原則，而生意上的合縱連橫則能產生更大協同效應。

　　資料顯示，大東酒店於 1918 年創立，「地濱省港輪船碼頭，為
便利行旅計」，即是在現上環港澳碼頭位置，地理上無疑甚為方便，
至於酒店設施更是齊備先進：「傑閣層樓，窗明几淨，廳房雅潔，陳
設輝煌，風扇電梯，浴房水廁」。除了香港，酒店還先後在廣州及上
海創立同級別酒店，「聯絡一氣」（香港永安有限公司，1932：10）。
酒店由梁星橋掌管日常營運，之後再由馬興燦、歐陽品等人接任，
由於酒店能打造為高級酒店，所以吸引了不少政經界名人入住，名
噪一時（郭泉，1961）。

　　與大東酒店相配合的，是大東旅社，這家旅行社由郭燦勳和

郭照均等主持日常營運，所提供的服務，除了安排觀光行程，帶顧客遊山玩水外，還有代訂船票、機票及酒店住宿等。無論是大東酒店，或是大東旅社，生意發展基本相當平穩，沒有大起大落的出人意外經歷。

正如前述，因為百貨業務需要，加上業務不斷發展，令貨倉需求顯得異常殷切，在二十年代，郭氏兄弟乃決定進軍貨倉業務，其發展理念為「貨倉之設，非僅以供囤積，亦以殖財利」，並指出本身的永安百貨「以年逾千萬之出入口貨，苟無固定之貨倉，徒納巨量倉租，任人操縱，寧非為他人作嫁」（香港永安有限公司，1932：11）。

為此，永安集團乃先後在香港及上海成立永安貨倉公司，由郭定垣、郭華芬負責實務管理。要特別指出的是，針對貨倉業，郭氏兄弟特別籌集巨資購入地皮，興建貨倉。舉例說，在香港，他們於1921年購入干諾道西地皮，興建永安一號及二號貨倉，其中二號貨倉設計新穎，樓高五層，於1926年落成，大大提升了公司的競爭力（*South China Morning Post,* 30 August 1926; 香港永安有限公司，1932：11）。

在上海方面，永安貨倉同樣十分進取，於二十年代斥巨資分別購入黃浦灘旁樓高六層的貨倉大樓，然後又「於蘇州河畔自置貨倉一所，皆佔地廣袤」（郭泉，1961：36）。正因這種自置地皮興建貨倉的投資策略，不但生意經營上有所獲利，地皮長期升值，貨倉本來位置所在日後變成核心商業區，又令地皮升值更大，所以能夠產生極佳的投資效果，帶來令人意想不到的豐厚回報。

1948 年，香港西環永安倉庫發生大火時情形，圖中可見「永安人壽保險有限公司」字樣。

　　還有一點必須補充的是，因應百貨採購及分散物業投資的需要，郭氏兄弟在三十年代還先後在紐約及三藩市設立另外兩家永安公司，而這兩家公司的業務，除了物業投資還有原來的「金山莊」進出口貿易，這顯然又與永安百貨採購及運輸有關，至於紐約永安公司由郭琳弼、郭志雄負責，三藩市永安公司則由郭琳驤、郭文昌負責。

　　一個粗略的圖像是：自 1897 年在悉尼設立永安果欄——即日後的雪梨永安公司（自郭樂於 1909 年返華，全力投入在華其他業務後，悉尼的業務主要由郭聘勳兒子郭朝負責打理，日後由郭桂芳接任），然後在二十世紀一、二十年代擴散至香港永安公司、上海永安公司，乃至三十年代又在紐約及三藩市兩地均創立永安公司，加

上永安保險及日後的銀行（見下一節）在東南亞不少地方設立辦事
處，在大約三十年間，郭氏諸兄弟已建立起一個真正的跨地域商業
王國，生意覆蓋百貨、保險、銀行、貨倉、酒店、旅行社等等，可
謂十分多元化，實屬當時社會少數甚具實力的華資公司。

由銀號到銀行

　　金融可說是現代資本主義的靈魂，銀行則是金融的核心，因為
工商百業發展和人民生活，必然牽涉銀行。在中國，儘管票號、錢
莊、銀號等傳統金融組織在明清兩朝已經出現，且曾盛極一時（周
亮全，1997；劉建生、劉鵬生、燕紅忠，2005），但畢竟未能如西方
社會般發展出現代銀行業。現代銀行能透過向普羅大眾吸納存款，
然後利用存款進行各種借貸等投資功能，對商業社會的發展尤為重
要，而在香港經營相關生意，具健全金融及社會法律制度的保障，
商業目光銳利的郭氏兄弟，自然不會輕易放過這項極具潛力的生意。

　　資料顯示，郭樂、郭泉諸兄弟相信很早便已涉獵與銀行業務相
近的銀號與僑匯生意（王珏麟，2014）。在《上海永安公司的產生、
發展和改造》一書中，有如下的背景介紹：

　　當時華僑文化程度一般比較低，經銀行匯款辦手續有困難，而
　　且假日進城，銀行業又不營業，所以甚感不便。另一方面，華
　　僑家屬多散居在廣東鄉下，又多不識字，進城領取匯款也有困
　　難。永安果欄針對這種情況，就代華僑到銀行匯款，並託廣東
　　中山縣的福和盛銀號把匯款送下鄉去。以後，它自己在中山縣

設立永安銀號，辦理代送業務，收取手續費。由於永安果欄在華僑中的信譽日增，後來華僑有了積蓄，不去存銀行，寧可少拿點利息而存在永安果欄裡。結果，永安果欄不僅利用了華僑的滙款，又利用了華僑的存款，並在利息上佔了很大便宜。（上海社會科學院經濟研究所，1981：4）

雖然郭樂、郭泉很早已接觸銀號與匯兌生意，亦經營了一所頗具規模的銀號，對這一生意的巨大潛能和利潤又必然知之甚詳，但令人不解的是，他們卻一直沒有邁出創立正式銀行的腳步，直至三十年代初才作出了在銀行業中「插」上永安大旗的舉動。資料顯示，1931 年底，永安商業儲蓄銀行正式註冊成立，「額定資本一千萬元」（香港永安有限公司，1932：10；*South China Morning Post,* 20 September 1934）。對於這一舉動，郭泉這樣寫：

永安系統之事業範圍中，銀行業務之經營，係屬較後期發展，是以歷史亦較其他為淺。自百貨業創設開始以至於水火、人壽保險，與及紡織工業紛紛創立後，余鑒於銀行事業不特與吾人屬下各業有密切關連，且係社會金融事業之樞紐，其範圍無可限量，乃籌謀組織永安銀行，於一九三一年註冊成立，法定資本港幣五百萬元，同時亦在南京國民政府註冊國幣五百萬元（此即指「額定資本一千萬元」）。（郭泉，1961：17）

郭樂、郭泉諸兄弟較遲才進入銀行業，明顯不是對行業不感興趣，亦不是如前文提及不知其巨大商業潛能，相信只是一直在摸索開立門路而已。事實上，過去一直成為其學習模仿對象的馬應彪與先施公司，早於 1921 年已斥資 200 萬元在香港創立了國民商業儲蓄

銀行，營業亦算成功，[1] 照道理郭氏兄弟不應花很長時間於摸索之上，便應可以輕易掌握當中的經營竅門，更不用說以他們那時的號召力，實在可以聘請專業人才輔助了。

受資料所限，我們現時未能準確掌握他們遲至 1931 年才創立永安銀行的真正原因，但相信與他們在整個二十年代已創立了多家公司，有些更牽涉曠日持久的建築工程有關，加上 1928 及 1929 年其母劉氏與父郭沛勳先後去世，相信可能亦影響了他們的綢繆和發展步伐。

一如其他生意一樣，與同鄉親屬友好馬應彪與蔡興等人相比雖然起步較晚，但郭氏兄弟的老謀深算與後勁，卻又總能令他們後發先至，銀行生意亦是如此，其中創立股本在香港及上海各有五百萬元（即合共一千萬元）便是很好的說明。據郭泉本人憶述，銀行雖於 1931 年註冊，但投入營運的時間則是 1934 年，至於延開投入營運的原因是「惟以世界不景，經濟金融，兩受影響，不得不慎重進行，此固適應環境者，不得不爾也」（香港永安有限公司，1932：10）。

到 1934 年投入營運、開門接客時，總行設於德輔道中 26 號，業務牽涉往來儲蓄、票據匯兌等，創行時，董事局主席為郭樂，董事包括郭泉、郭順、郭興文、郭瑞祥、孫志興、李根等，總經理由郭泉兼任，副總經理為郭琳弼和李樹芳，職工則只有 20 多人（郭泉，1961；*South China Morning Post*, 19 September 1934）。順帶一提的是，銀行開業時，外圍營商環境仍然低迷，身在上海的郭樂據說曾

1　可惜，此銀行在 1935 年碰到擠提，最終因資金周轉不過來而倒閉（上海社會科學院經濟研究所，1981：129）。

在 1934 年 8 月 11 日致函香港，對於銀行的經營提出了方向性指示：

> 惟銀根方面，務須時時準備充足，以備不虞，因邇後來時局無定，稍有疏忽，即能引起風潮，不得不事先預防之……至於銀行生意，首要基址堅固，方足取信社會。行中款項，無論何人，非有相當抵押品，不得掛借，是為至要。（上海社會科學院經濟研究所，1981：129）

　　由於堅持這種穩健作風，加上家族名聲日隆，就算是 1935 年曾經出現銀行擠提，以馬應彪為首的國民商業儲蓄銀行因遭遇擠提旋即倒弊（*South China Morning Post*, 30 September 1935），但永安銀行雖說新開業不久、根基未穩，卻能順利過渡，繼續發展，不受波及與影響。可見目光銳利的郭樂，在 1934 年的及時提點和指示實在極為重要，具不容低估的作用。到了 1936 年，客戶存款據說已達 200 萬元，這在當時而言無疑屬於不少數目，而那年的盈利已有「十數萬元」之巨，成績實在不錯。或者因為覺得已站穩腳步，銀行於同年斥巨資購入德輔道中 26 號物業，作為基業（郭泉，1961），此舉標誌了銀行在發展上又邁上了更重要的台階，可以有更好發展。

　　自購入總行物業後，永安銀行在開拓業務 —— 尤其爭取市民大眾存款方面 —— 表現得更為進取，並於 1937 年在九龍油麻地開設分行，以應對九龍區人口日多、商業日見活躍，但銀行服務則甚缺的需求（郭泉，1961）。在九龍半島開設分行那年，抗日戰爭爆發，雖然人民因此流離失所，生活朝不保夕，但因資金及移民自中華大地不斷湧入相對安全的上海和香港，故永安集團在當地的各項生意，包括銀行及百貨等仍一片興旺，甚至到了應接不暇的地步。

　　但是，到了 1941 年，當日軍自以為無堅不摧，向他發動抵抗的民族均屬不自量力的低等民族，因此擴大侵略面，揮軍偷襲美國珍珠港，然後侵佔上海租界、香港、新加坡及東南亞等地後，力圖發展的永安集團及郭氏家族，不但各項生意大受打擊，亦明白到對於侵略者的忍讓，只會如砧板上的肉，任由切割。可是，作為一介商人、一點生意，永安集團及郭氏家族，自然亦如無數家族般十分無助地任由日軍魚肉，掉進了顛沛流離的困局之中（有關這方面的經歷和遭遇，則留待下一章中再作深入討論）。

靈活運用現代金融集資與掌控「財技」

　　無論是在悉尼創立永安果欄之時，或是返到香港開創百貨、銀號、金山莊、保險之時，然後是到滬開拓紡織、貨倉、酒店及旅遊等生意，每一項生意均需大量資本投入，郭樂、郭泉諸兄弟看來卻「水源充足」，似是有用之不竭的資本。坊間不少分析只集中於他們如何經營，甚少人細想到底錢從何來。雖然不少論者指他們來自窮苦家庭，白手興家（上海社會科學院經濟研究所，1981；齊以正、林鴻籌，1986；朱龍湛，1988；連玲玲，2005），但這樣其實更凸顯了他們能夠獲得無窮無盡資本供應的有趣問題，值得探討。

　　正如第一至第四章中提及，郭樂、郭泉諸兄弟其實應該出身於大地主家族，所以擁有一定實力。即便如此，要他們在十九世紀末至二十世紀初的近三十多年間不斷注入資本，開拓業務，仍非易事。說實在的，在現代社會，要創立跨國大型商業集團，已經不能純粹依靠一人或一個家族的資本，因為這樣的力量必然有限，反而

郭樂照片。　　　　　　　郭泉照片。

應該運用一些現代化制度——尤其公司制度與股票市場制度——以集合眾人之力，這樣便可成就更大事業，創立更大企業。郭氏兄弟之所以能夠成功突圍，則與此有關。

扼要地說，香港開埠不久，即引入股票市場與有限公司制度。但是，對於這些制度，就算是洋人洋商，亦不是人人均能了解其重要內涵，掌握其奧妙，所以不是很多人願意採用。而且，那時的股票市場門檻甚高，一般人難以參與，有限公司亦沒如日後般細分為「私家有限公司」（一般稱為有限公司）或「公共有限公司」（一般稱為上市公司）兩大類別。經過一段時間適應和發展，尤其當愈來愈多人了解到有限公司制度的好處後，便開始湧現以有限公司模式註冊的公司，而這些公司日後又分為「私家」與「公共」兩類，其中的最大差異是，前者股東數目有上限，股份不能在股票市場掛牌交易，後者股東數目沒上限，股份可在股票市場掛牌交易（鄭宏泰、黃紹倫，2006）。

　　綜合各方資料顯示，郭樂、郭泉最初開創永安果欄時應是採用無限公司形式，簡單傳統，所以股東不多，都屬同鄉親友。到 1907 年在香港創立永安公司，進軍現代百貨業時，亦採用了同樣形式註冊。但到了 1912 年時，為了吸納更多資本，改為「私家有限公司」。四年後的 1916 年，再改為「公共有限公司」（香港永安有限公司，1932：12），主要目的顯然為了進一步集資。

　　這個由無限公司到「私家有限公司」（下文稱為有限公司），再到「公共有限公司」（下文稱上市公司）的三個不同階段中，郭氏兄弟顯然了解到現代公司組織與股票市場的重要內涵所在，於是在接着的日子能按業務發展需要靈活運用，辦保險、辦銀行，開拓紡織、酒店、旅遊及貨倉等等不同生意，令其投資可如水銀瀉地般向多元化發展，郭氏家族因此能由一間小小的私人公司，發展成為跨國且業務多元化的大企業。

　　利用有限公司與上市公司兩種安排可以更好地吸納他人資本，藉以開拓商機自然乃很好的事情，但就如錢幣有兩面，過多依靠他人資本，家族的股份被稀釋，對公司的掌控程度必然被削弱，嚴重時甚至可能會令公司落入他人之手。這便帶出一個對無數家族企業極為關鍵的問題：家族如何維持對企業的有效掌控？

　　首先，我們不妨先簡單介紹公司的控股與管理。形象點說，公司股東的組合就如一個圓形，管理團隊則如一個三角形，圓形佔據三角形上端表示核心股東掌控了公司的管理與領導。圖 5.1 的 1A、1B、1C 則代表了不同模式家族或股東對公司的掌控情況。圖 1A 是一個百分百家族投資且由家族完全掌控的公司；圖 1B 是一個某些家

族佔有一定控股權，管理層亦吸納一些非家族成員，而企業仍由大股東家族掌控的公司；圖 1C 是一個沒有任何家族可以掌控公司，或控股家族選擇控股權與管理權分家的公司。

圖 5.1: 控股權與公司管理權的不同模型

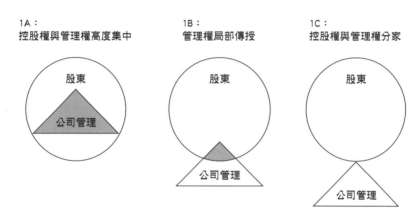

1A：
控股權與管理權高度集中

1B：
管理權局部傳授

1C：
控股權與管理權分家

股東

公司管理

股東

公司管理

股東

公司管理

資料來源：Zheng and Ho, 2012

　　郭樂、郭泉諸兄弟所擁有的多家公司——例如香港永安有限公司、上海永安有限公司、香港永安保險及香港永安銀行等，基本上如圖 1B，但他們本身直接出資其實不多，就算計算間接出資部分，也不算多。例如上海永安有限公司由郭氏家族直接出資者只有 5.6%，間接出資的香港永安有限公司出資 20.0%，兩者加在一起亦只有不到三成（參考第四章），可見如何能緊抓連串公司的掌控，必然是他們的核心考慮所在。

　　從早年創業的經歷中，郭樂、郭泉諸兄弟在籌集創業資本的過程中，必然會首先想到創業後如何能維持控制的問題，而從他們一

路走來的足跡中，則粗略可以整理出他們的應對之道，其關鍵之處則是組成一個以家族血緣為內核、半血緣姻親為外核，然後是地緣——同鄉同宗——內層，以及業緣——朋友及生意夥伴——外層的策略股東或管理團隊。

　　於是，我們不難看到，在郭氏兄弟創立的那些公司中，作為核心股東的郭氏諸兄弟（籠統地稱為郭氏家族），一般佔不多於兩成股份；姻親、同鄉親屬（宗親），以及多年生意夥伴與摯友，亦佔有約兩成股份，餘下的多數為細小分散的小股東。於是管理層必然是家族成員為公司董事會主席或總經理，姻親為副手或部門主管，然後是同鄉親屬與多年生意夥伴及摯友分散於中上層管理。透過這種股東結構及管理組織，大家形成了利益或命運共同體，郭氏家族因此能夠緊緊地掌控着永安集團旗下的大小公司。

　　從以上脈絡思考，有限公司制度及股票市場的現代營商工具，明顯成為郭氏兄弟東征西討的極重要法寶，令其有源源不絕的糧草和彈藥。至於開疆闢土、打下江山後如何穩守疆域、坐享天下，則採取了一種以中國傳統文化重視家族血脈、鄉里桑梓與親屬關係為依託的制度，並藉結合血緣、半血緣、地緣和業緣等元素，強化內部互信互助，讓家族與策略性股東組成利益或命運共同體，形成管理團隊，因而能夠緊緊地掌握着公司的發展大權。

「琳」字輩相繼加入與企業傳承蛻變

　　進入二十世紀二、三十年代，尤其在郭沛勳與劉氏去世之後，

郭樂、郭泉年紀已長，他們的子侄們──粗略地以「琳」字輩稱之，雖然有些成員並非以「琳」字排輩──則已長大成人，不少已在完成大學學業後加入公司，成為新力軍。此點既標誌着家族進入第一波傳承接班安排，亦間接說明為甚麼家族在那個年代需要進行業務投資多元化。

在深入分析之前，且先介紹各房子女的狀況與發展。根據《郭氏家譜》記載，郭樂、郭泉有兄弟六人，姐妹三人，其中長房郭開發去世時已 27 歲，但未婚無後，而家族又沒為他安排過繼，所以暫且不作討論。二房郭樂，元配馬氏，應該無所出，繼室楊秀珍，育有一子郭悅文，惟有關郭悅文的資料卻甚缺。論人丁眾多，則非三房郭泉莫屬，他娶妻馬燕清──馬應彪之妹，夫婦育有六子（郭琳爽、郭琳弼、郭琳褒、郭琳驤、郭琳珊、郭軒鼇）三女（郭華章、郭惠容、郭惠珍），其中郭軒鼇及郭惠容早殤。

四房郭葵，他娶妻霍氏，育有二子（郭棣活、郭棣昭）五女（郭麗蓮、郭麗嬋、郭麗金、郭麗華、郭麗平）。五房郭浩，他娶元配雷氏，再室馬氏，繼室黃氏，共育有七子（郭琳慶、郭琳昭、郭琳焯、郭琳靄、郭琳瑞、郭琳德、郭琳芳），女兒數目不詳，亦是人丁眾多，其中郭琳慶、郭琳靄早殤。六房郭順，他娶妻李氏，育有四子（郭植芳、郭蘭芳、郭自芳、郭勵民）三女（名字不詳）（見家族世系圖）。

撇開一些資料不詳者不談，從可掌握的層面看，郭樂、郭泉諸兄弟無論年齡、性格均有差距，但在維持家族利益、發展家族事業方面，卻能做到郭泉（1961：40）所說的「同心同德，各無二心」。

例如在年齡方面，年長的郭樂和年幼的郭順年齡差距約為 11 歲，到他們子侄輩時，年齡差距又進一步擴大。在性格方面，他們之間又甚有差異。舉例說，帶領家族揚名立萬的領導人郭樂和郭泉兩兄弟，據曾與他倆有接觸人士回憶，便性格迥異：

> 他們個性不同，然而是互補的，郭樂是個強硬的，具有無可爭辯的才能的企業家。郭泉是個聲音柔和、平穩、才華橫溢的管理人員。郭樂勇於冒險，並提出令人驚訝的想法，而郭泉實現了這些想法。他們個性的互補因互相信任、互相合作的手足之情而加強；他們能力的互補，因企業規模的不斷擴大而充份發揮。（王珏麟，2014：沒頁碼）

至於郭浩郭順的性格也有不同，例如在郭浩的墓誌銘上，便曾提及他「沉默寡言」（鄧家宙，2012），郭順則較謙和，易與人相處。正如之前各章中提及，五兄弟在 1907 年先後自悉尼回到香港及上海，除郭葵不幸於 1916 年英年早逝，其他各人均被安排到不同地方打理不同業務。至於他們的子侄輩則在進入二十年代後，陸續加入公司，成為他們的左右手。

在「琳」字輩家族成員中，郭泉長子郭琳爽生於 1897 年，應是郭沛勳的長孫，故相信他在家族中的地位較突出，也備受重視。他於 1921 年在廣州嶺南大學農學院畢業後，[2] 旋即加入上海永安公司。

2　在那個年代，來自巨富家族的子孫，一般會修讀一些諸如律師、醫生、會計或建築師等較吃香的專業，甚少修讀農科。郭琳爽的舉動，未知與祖父乃竹秀園「大耕家」並悉尼永安公司及生安泰等從事水果批發及種植有否關係。

初期，他從中下層做起，積累經驗。到掌握公司運作後，才擢升至管理層，於 1925 年成為香港永安有限公司董事，翌年成為上海永安有限公司副總經理。到了 1930 年，郭琳爽出任上海永安有限公司總經理，副總經理則由生於 1905 年 11 月郭樂的獨子郭悅文擔任，顯然，郭琳爽和郭悅文均屬家族重點培養的接班人（詳見嗣後各章討論）。

順作補充的是，大約在 1924 年，郭琳爽迎娶香港永安公司股東兼副總經理杜澤文之女杜漢華（廣州真光中學畢業）為妻，組織他們的家庭，而郭杜兩家的結合，則進一步證明前文提及以半血緣為強化公司掌控外核的說法。另一方面，相信亦大約在數年後，郭悅文亦結婚了，他的妻子是 1910 年生於澳洲的梁美君（Liang May Kwan 之譯音）（Obituary: May Kwan Liang Kwok, 2016），梁美君父母相信應該亦如郭樂般乃早期飄洋悉尼的中山籍移民，更可能是早期創立永安果欄的股東之一，因此亦帶有藉婚姻強化公司掌控外核的色彩。

與郭琳爽年齡相差不很大的，是郭葵之子郭棣活，他於 1904 年在澳洲出生，年幼時返港生活求學，完成中小學課程後轉到廣州，入讀嶺南大學附中，1916 年父親郭葵突然去世後，他受到叔伯們的特別照料，在完成嶺南大學課程後，再被送到美國求學，入讀「牛必佛紡織學院」（New Bedford School），專攻紡織業，1926 年學成歸來後旋即加入上海永安紡織廠，逐步走向管理之職。1928 年，郭棣活迎娶馬應彪之女馬錦超為妻，令郭馬兩家更親上加親。

郭泉另外四子郭琳弼、郭琳褒、郭琳驤及郭琳珊亦在二、三十年代出身，亦先後加入公司。先說生於 1908 年的郭琳弼，他在廣州嶺南大學經濟系畢業後，曾遊歷歐洲和美國，後加入永安有限公司

及永安銀行。他曾自行創立 World Pencil Company（世界鉛筆公司），可見出生於商人家族的他，有一定的自立門戶傾向。他於三十年代初迎娶擁有美國明尼蘇達州大學（University of Minnesota）社會學碩士頭銜的李芙蓉為妻，李芙蓉的父親為李樹芳，李樹芳是永安銀行副總經理暨主要股東；祖父（李學柏）為著名茶葉與絲綢商人；叔伯則是著名醫生（李樹芬、李樹培）和商人（李樹梓），其中李樹芬乃香港養和醫院創立人之一，並掌控了這家香港著名的私家醫院，曾擔任立法局議員（South China Morning Post, 28 July 1941）。至於李樹培太太為李曹秀群，她乃殖民地時代首位女性華人立法局議員，她的女兒日後亦嫁入郭家，成為一時佳話。即是說，李芙蓉和郭琳弼的婚姻，同樣有強化本身與主要股東關係，以及與巨富大家族「強強結合」的濃濃色彩。

生於 1912 年的郭琳褒，與郭棣活一樣曾負笈海外，而且同樣修讀紡織專業，不過他的求學地點在英國而非美國，他在二十年代末畢業於英國曼徹斯特大學（University of Manchester），修讀紡織生產製造，學成後同樣加入永安紡織有限公司，同時亦參與集團其他業務的管理。他亦積極參與社會事務，尤其活躍於香港基督教青年會（YMCA）活動，乃該組織的領導。他的妻子為李月嫦（香港聖保羅男女校畢業），而李月嫦乃香港著名巨商李石朋（東亞銀行創辦人李冠春、李子方之父）幼女，郭琳褒與李月嫦的這段婚姻，同樣是巨富家族「強強結合」的突出例證。

生於 1914 年的郭琳驤及生於 1916 年的郭琳珊同樣曾負笈海外，前者在廣州嶺南大學商學院畢業，主修銀行業務，後者在史丹福大學（Stanford University）畢業，並取得工商管理碩士，兩人同樣一

畢業便返港加入永安集團旗下百貨、保險、銀行與貨倉生意，開始
參與公司管治，踏上接班之路，兩人的婚姻同樣屬「強強結合」，
例如郭琳驤妻子趙愛蓮乃美國南加州大學（University of Southern
California）畢業，家族顯赫；郭琳珊妻子為張滿怡，她擁有美國耶魯
大學（Yale University）文科碩士學位（郭泉，1961），其父為江西九
江大族，生意不少，而張滿怡的胞姐張樂怡乃宋慶齡、宋美齡之弟
宋子文之妻，郭琳珊與張滿怡的婚姻不只是「強強結合」，更可說是
金錢與權力聯盟的上佳例子。

　　由於有關郭浩、郭順及其他年紀較幼的「琳」字輩家族成員的
資料紀錄不多，能夠掌的動向與發展軌跡甚少，但單從那些較為年
長又較活躍成員的發展格局看，他們一來教育水平迅速提升，當中
更有不少成員曾負笈海外，又多修讀與家族生意有關的專業，例如
紡織、銀行及工商管理；二來他們的婚姻呈現一個「強強結合」的圖
像，即是與不少門當戶對的世家大族結合，或是和生意夥伴與主要
股東的子女組成「婚姻聯盟」，背後的思考，很明顯是要維持本身對
永安集團各項生意的掌控；三來是自那時開始，家族已進行傳承接
班的部署，至於家族人多勢眾，則促使他們進行了業務多元發展，
這亦間接解釋就算到了三十年代當郭樂、郭順已經進入甲子之年，
仍然表現得十分進取，要創立永安銀行，可見多元化發展策略，其
實是為了讓諸子侄們向不同方向努力，避免家族成員太集中而產生
不同矛盾和爭執。

結 語

　　從產業性質層次而言，生安泰的水果種植屬於一級農業生產，永安紡織由綿花紡織成紗線屬於二級工業生產；永安果欄批發、永安百貨的零售、「金山莊」的出入口貿易、酒店及旅行社的服務，以及保險銀行的金融均屬三級產業，惟後者在經濟體系中的角色又明顯較為吃重，因為保險及銀行的金融業屬於「錢搵錢」的生意，對其他產業或是整體經濟具有主導性作用，見慣世面且具突出商業才能的郭氏兄弟，很明顯是看到這個特點，因此會毫不猶豫地在 1915 年投身其中。

　　正因保險與銀行的金融生意居於經濟核心位置，要經營成功，順利發展，自然必須具備極佳信譽，更不用說要具備優良管理制度，以及發展腳步的行穩致遠。在打江山、拼事業的道路上，郭樂、郭泉一代很明顯看到的以上多項因素，對於保險和銀行生意的重要性，因此一直戰戰兢兢，戮力為之，因此令生意可以不斷發展。可惜，當生意傳到嗣後世代時，當他們忽略了以上因素時，企業很難不走向敗亡之路。有關這方面的問題，留待本書其他章節再討論。

第六章

歷抗日又遇內戰

無論個人、家族，或是大小組織機構，在戰火面前，總是顯得徬徨無助，除了想到逃避，一走了之，很難再有其他路途可供選擇。問題是，並非面對所有戰爭時均能一走了之，因為那怕個人能走，資產、生意，乃至於親屬及人脈關係等不少東西，其實是走不動的。可見對於某些人或某些情況下而言，一走了之實在是下下之策，也不是一個符合現實的選項。

　　另一方面的現實問題是，社會前進必然會經歷改朝換代的變局，而一朝天子一朝臣又屬無可避免的現實，所以任何追求富過多代、持久發展的家族，必須就這些巨變作好充分準備，否則難免掉進困境。而永安集團在三四十年代便面對這情況，當時郭氏家族在香港以至中華大地的生意正如日中天，卻又遭逢連番戰亂和改朝換代，令家族和企業的發展，既蒙受了巨大損失，亦碰到了創立以來的巨大挑戰。

1931 年 日 軍 侵 華 的 損 失

　　儘管某些家族或企業可能會在戰亂之中乘時而起，獲得千載難逢的發展機會，火中取栗，取得更大財富，但永安集團的郭氏家族似乎沒有這種能耐和運氣，反而在這些災難面前顯得十分無助，亦總是遭到打擊，蒙受巨大損失，某些情況下更是幾乎沒頂，當中原因自然與本身生意業務主要建基於和平安逸環境下的辛勞經營，並非跟戰爭物資或是投機炒賣有關。

　　本來，隨着接受高深教育「琳」字輩家族成員先後加入管理團隊，各項生意又蒸蒸日上，永安集團進入三十年代的生意應可更上層樓，但日軍突然在 1931 年發動侵略，之後又在 1937 年擴大侵略規模，然後是全面抗戰。到抗戰勝利後，又再陷入另一輪國共內戰，並出現了國民黨敗走台灣，共產黨取得江山的局面。新中國成立後，宣佈實行社會主義，取消私有產權，連番戰火與巨大政治和社會變動，令永安集團和郭氏家族遭遇了前所未見的巨大打擊。

　　第一波受到戰火打擊，造成巨大損失的事件發生在 1932 年，原因是日軍在 1931 年 9 月 18 日在東北發動了不宣而戰的侵略——史稱「九・一八事變」。日本在取得該地大片土地後仍不甘心，並藉日本僧人在上海遭人襲擊為由，於 1932 年 1 月 28 日揮軍進侵上海華界，引起另一場武裝衝突，是為「一・二八」事變。至於遍設華界及租界不同地方的永安紡織廠及染廠等，亦無辜遭到日軍炮火襲擊，不但造成嚴重人命傷亡，廠房及生產設備亦毀於一旦，財物損失沉重。有分析這樣介紹：

> 1932 年「一・二八」事變爆發後，處於吳淞薀藻濱戰區的永安紡織印染公司二、四廠受到日軍炮擊、轟炸，損失達銀元 180 餘萬元，非戰區內的三廠也遭到日機轟炸，工人被炸死炸傷 19 人，上海永安公司開設在閘北永興路的房產也遭到破壞，損失約 28.7 萬元。（張昊，2000：38）

　　由於日軍轟炸的地方牽涉租界，各國紛紛指斥日軍所作所為有違國際法，並曾作出譴責，而日軍亦因東北地區仍然紛擾未定而暫時收斂氣焰，因而促成了同年 5 月 5 日簽訂的《淞滬停戰協定》，算

是為這次在上海的武裝衝突劃上句號（俞濟時，1981）。雖則如此，日軍對於炸毀永安紡織廠造成巨大人命傷亡及財產損失一事，卻沒給予甚麼賠償。

正如上一章中提及，在「肥水不流別人田」商業投資合縱連橫思想的主導下，永安百貨及永安紡織廠等的保險生意，相信全部由永安水火保險有限公司承保，這樣便無可避免地產生了連鎖反應，令永安紡織廠的損失牽連了永安保險甚至其他生意，這相信是郭泉（1961；15）指保險生意初期「對於展開業務工作，倍感困難」的原因之一。要到1938年左右，相關損失的影響才慢慢減退，保險生意才續上軌道：「猶幸我同人專心致志，努力從事，至一九三八年間，生意漸告開展。」

據《上海永安公司的產生、發展和改造》（1981）一書介紹，上海永安公司除了因日軍轟炸造成損失，同時生意又受戰火打擊而一落千丈。在1931至1937年間，因擔憂戰禍，上海出現人口大疏散，平民大戶都相繼離開，市面呈現一片蕭條景象。為此，包括先施及永安在內的不少零售公司，先後以減價形式刺激消費，惟作用似乎不大。

禍不單行的是，自1929年美國紐約爆發了特大股災後，世界經濟陷於低迷蕭條，而這一蕭條局面初期只困擾美歐等國，惟不久蔓延至亞洲，上海及香港亦受波及，百貨業則首當其衝，營業額在市場消沉、消費力薄弱的影響下輾轉下滑。據上海社會科學院經濟研究所（1981：122-123）在《上海永安公司的產生、發展和改造》一書中的統計，在1931年至1937年間，上海永安公司銷售額持續下

跌，由 1931 年的 1,428 萬元（大洋）下跌至 1937 年的 842 萬元（法幣）。以指數計，若將基準年設於 1931 年，指數定為 100，1937 年的指數跌至 59.0%，即是營業額蒸發了四成多。可以想像，當百貨生意的資金流銳減，永安系的其他投資和生意，自然又會牽一髮而動全身，全部都受到波及。

當經濟蕭條衰退時，利息總是高企，不少企業會因經營環境困難而碰到債務沉重與資金難以周轉的環環緊扣問題。那時的永安集團——包括百貨、紡織、酒店、保險和銀行在內眾多業務——亦受到影響，觸發點當然是紡織廠遭日軍炸毀，造成直接及保險損失，而戰爭的氣氛及世界經濟環境丕變，又窒礙了消費和投資等多重反應，令集團出現了資金緊絀的問題。

同樣據上海社會科學院經濟研究所（1981：126）的統計，在 1933 至 1935 這兩三年間，上海永安公司曾向上海銀行、東亞銀行、花旗銀行、中國銀行等多家銀行借貸多達 11 次，總金額則達 6,780,000 元，其中 2,900,000 元借貸來自花旗銀行，可見集團資金嚴重緊絀，而永安的借貸看來不集中於單一銀行，而是分開不同時間向不同銀行借貸，惟不知當中有否「債冚債」（即借一方以還另一方）的情況。對於這段時間的財政與經營困難，以下一段文字可謂十分鮮明地點出了其中的問題：

> 郭樂雖然經驗豐富，但這時也被這場風潮弄得焦頭爛額，手忙腳亂。到期的借款無力清償，只得另借新債，挖肉補瘡。他終日為資金周轉不靈、債台高築而苦惱。據永安職工回憶：「過去郭樂總是昂首闊步地巡視商場，但那幾年總是低着頭在想甚

慶心事。」（上海社會科學院經濟研究所，1981：125）

　　相對於上海，香港永安公司的業務在那段時間同樣受外圍因素影響，業績並不理想，但畢竟還是可以維持，只是本來計劃上馬的永安銀行一事需略作延後而已。當然，由於上海業務需要維持資金流動和支持，在商業投資採取合縱連橫策略的主旋律下，一方面必須採取薄利多銷等「促銷」模式，爭取現金回流，另一方面則要壓縮開支及重大項目投資，減少現金流失。從某個角度看，香港的生意能為上海的生意提供不少支援，讓其可以渡過難關。

　　商場就如大海，有時陽光普照、風平浪靜，但有時卻大浪滔滔，偶爾更會狂風大作。無論是日軍的突襲，或是世界經濟衰退浪潮淹至，這些均非郭樂、郭泉等以營商創富為人生最大目標者所能抗衡，他們在當時環境下可以做的，只能是適應環境變遷，找尋減少損失、提升銷售、改善盈利，從而讓企業可以持盈保泰，繼續生存。令人甚為唏噓的是，儘管他們最終克服了日軍在「一‧二八」事變中給永安集團帶來的損失，以及世界經濟衰退的衝擊，以為從此可以過好日子，但接着的日軍大舉侵華，又令他們掉進了另一深淵。三四十年代無疑是中華民族的苦難歲月，郭氏家族及永安集團只是其中的見證。

1937 年 抗 日 的 損 失

　　作為世界文明古國之一員，中華民族無疑歷盡起落滄桑，走過一條極不平凡的發展與生存之路。與帝制時期不同的是，過去雖

永安公司宣傳廣告。

遇有外族入侵，但以漢族為主體的中華民族，因為本身文化及制度等發展較為突出及成熟，總能將之吸納並轉為中華民族一員，令本身實力及內涵更豐富。但是，自歐洲人東來以船堅炮利打開國門，迫使清政府割地賠款，開放通商港口，令人清楚看到外國的現代化與侵佔野心，尤其像幅員與人口同樣龐大的文明古國印度同樣被壓迫，中國人難免毛骨悚然地想到，若自己再不思長進，亦會如印度等國般遭到殖民統治及百般蹂躪。

更讓國人憂心的問題是，過去曾學習中國文化、文字及制度等，且被視為倭寇的日本，自明治維新之後一躍成為強國，不但在甲午戰爭中打敗滿清，迫使其簽訂不平等條約，取得台灣等大片中國領土，然後又攫取了中國的藩屬朝鮮半島，使之成為其殖民地，接着還肆無忌憚地在中國領土上與沙俄開戰，更將其打敗，展示日本維新的成功及武力強大。到了 1931 年，日軍又不動聲色地侵佔領土遠超日本本土的東三省，同時還在 1932 年初襲擊上海，令國人看到日軍吞併中國的清晰意圖，中華民族可能即將遭遇「滅族」的巨大危機，因此不但激發了國人的民族意識，亦改變了政治力量的較量。

作為中國人，郭樂、郭泉兄弟在澳洲謀生營商時相信亦曾遭遇不少歧視，體會到國家積弱，無力為僑民出頭的苦況。所以儘管他們經營生意時大量採取了源自西方的現代化制度，甚至以「英商」的法定地位進行註冊，但在民族興亡之際，具有愛國熱忱的他們在面對「滅族」危機時，一樣會義憤填膺。但一如無數平民百姓般，個人的力量畢竟有限，可做的不多，他們最終只能把精力集中到生意經營之上，努力掙扎求存。事實上，當時永安集團的生意在戰火臨門下面對着不少困難，損失巨大。

日軍侵華時到底給永安集團與郭氏家族帶來哪些衝擊呢？從資料上看，1937 年 7 月 7 日日軍侵華而全面抗戰爆發後，擁有極先進武器和炮彈的日軍，曾誇下海口以三個月時間吞併整個中國。為了達到此一目標，日軍於 8 月 13 日向中國的商業心臟上海發動全面進攻，史稱「八‧一三」事件，以為這樣便能切斷一切商業活動，令各種貨品停止供應，迫使中國投降（郭廷以，1979）。

在日軍這次毫無預警進攻上海中，永安公司在上海華界內一座樓高 17 層的新廈遭到炮火轟炸，不但職工和民眾死傷嚴重，財物亦蒙受巨大損失（上海社會科學院經濟研究所，1981）。「門窗玻璃全部被震碎，公司商場的裝置、設備、商品等成為一片瓦礫，損失約法幣 40 多萬元，死難職工 15 人」（張昊，2000：38）。

由於永安有限公司是按「英商」資本及形式進行註冊，郭樂自然向英國政府尋求協助，向日軍交涉賠償。可是，英國政府在調查後卻指上海永安並非嚴格意義上的「英商」，因為無論創辦人的國籍、董事局及管理層組成等，都屬中國人，所以認定上海永安不屬「英商」，並「在 1937 年 10 月撤銷了上海永安公司的『英商』註冊」（張昊，2000：38），這樣令郭樂既憤怒又不滿，更擔憂日後公司失去保護。他亦再一次深刻體會到國家民族軟弱無法給其保護，依託外國又很不可靠等諸多問題。

郭樂一方面努力向英國爭取，但心中想已「打定輸數」，相信賠償無望；同時亦努力重整旗鼓，希望在戰火陰霾下找到救生筏。想不到接下來的情況卻峰迴路轉，1937 年後，永安集團無論在上海或香港的生意均錄得了前所未見的升幅，一洗 1931 至 1937 年間業務長

期低迷不振的頹風,令人大出意料。原來,抗日戰爭開展後,當中
國大部分沿海地區落入日軍之手時,上海(租界)及香港則因屬外國
勢力範圍得享和平,這兩個暫享安寧的「孤島」自然吸引了無數資金
和難民流入。就以人口為例,在上海,1936年時,租界人口約有167
萬,但到1938年下半年則暴增至450萬(唐振常、沈恒春,1963)。
在香港,1936年時,人口不足100萬,但到了1940年底已上升至約
150萬(*Hong Kong Blue Book,* 1941)。由於兩地人口急升,經濟及
投資市場(主要是股票市場和貴金屬買賣)變得火熱,出現了畸型繁
盛的特殊現象。

在這種環境下,當上海「孤島」生意一片興旺之時,郭樂居安思
危,想及公司「英商」地位不被承認,在亂局中缺乏有效保障,急需
尋找解決之道。但當時的國民政府單是應戰已自顧不暇,亦沒有能力
保護遠在上海的永安公司。在反覆思考後,他決定轉移目標,改為尋
求實力更強的美國保護,着手籌劃如何爭取註冊成為「美商」公司。

根據美國商務部規定,任何「美商」公司的董事局中,必須
過半數成員為美國人,公司總裁及司庫亦須由美籍人士出任。有鑑
於此,郭樂首先洽商慎昌洋行總經理吉利蘭兼任永安公司總裁,郭
樂自行降職為副總裁。其次,便是找前上海工部局總裁、美國人樊
克,由他出任永安公司秘書。再者則任命擁有美國籍身份的公司高
級職員李業棠和劉生初分任永安公司正、副司庫。經過這些大規模
公司重組,到了1938年3月,上海永安公司正式獲美國商務部確認
為「美商」,算是紓緩了公司缺乏國家力量給予保護的問題(上海社
會科學院經濟研究所,1981;張昊,2000)。

獲得了「美商」公司的地位後，相信郭樂「指示」身為永安公司總裁的吉利蘭與日軍交涉，要求收回那些日軍入侵上海華界時被沒收的資產，追討被炸毀財產的賠償。對此，日軍不但「不予理睬」，還要求郭樂「出面談判」，由於郭樂覺得帶有威脅成分，擔心人身安全，故有記述指他在「（1938 年）4 月份出走香港」，[1] 交涉一事仍由吉利蘭與日軍繼續進行。最後，日軍終於作出讓步展開談判，並在 1939 年 2 月達成協議，「永安紡織印染廠公司以大美公司名義與日商裕豐紗廠簽訂合作合約，與裕豐紗廠合作經營永安二、四廠」（張昊，2000：39）。

另一則記述則指出，上海永安公司獲得「美商」公司法律地位後，年過 65 歲的郭樂於 1939 年 2 月應邀赴美，出席美國舊金山的「金門博覽會」（上海社會科學院經濟研究所，1981），上海永安的大局改由郭順主持，實務管理則由郭琳爽負責。郭樂離華赴美後不久，由於戰局進一步發生變化，郭樂應該再沒回到上海，並在美國加州定居下來。他先後在紐約及三藩市成立了兩家同樣以永安為名的公司，除了投資，更承擔在當地採購百貨的工作。另一方面，自進入四十年代後，他的健康可能欠佳，所以要留在當地接受治療。[2] 而兒子郭悅文是否此時和郭樂一同離國，則未能找到相關資料（上海社會科學院經濟研究所，1981；張昊，2000）。

1　據連玲玲（2005：163）所述，1938 年初，日軍多次要求郭樂「合作」。為此，郭樂曾派出在日本出生且曾在日本經商的永安職員郭日根為代表，與日軍接觸，但郭日根當場被日軍扣留，並命令郭樂親自前往談判。這種舉動自然令郭樂大驚，先是避往租界，然後逃到香港，最後長居美國，不再返華。

2　在 1949 年前，郭樂據說曾兩度中風（連玲玲，2005：165）。

毫無疑問，抗日戰爭爆發至香港及上海變成「孤島」期間，兩地在一個十分特殊的環境下出現了畸型繁盛，這個「盛極一時」的狀況當然令永安集團獲利豐厚，一洗過去多年的頹風，但歌舞昇平的背後卻是礁石暗湧處處，應對稍有失當，均會令家族及企業陷於險境。商業觸覺極為敏銳的郭樂，無論是將上海永安公司以「英商」名義進行註冊，或是後來改為以「美商」名義註冊，雖給人一種「有奶便是娘」的印象（上海社會科學院經濟研究所，1981），但畢竟是因為民國政府無法給予更好的保護，他亦只能在外國庇護下委曲求存，這亦是無可奈何的選擇，無可厚非。

1941 年 太 平 洋 戰 爭 的 損 失

1937 年日軍對華發動全面侵略戰爭時，曾以為憑藉本身強大軍力可以在三個月內吞併全中國。但令日軍大感意外的是，儘管中國軍力薄弱，生產力低落，物質條件極差，軍民卻能將一己生命置諸度外，全面抗敵。在槍林彈雨，刀劍封喉下，儘管犧牲了無數性命，但國人仍義無反顧地前赴後繼，令戰事膠着，日軍進退維谷（郭廷以，1979）。面對那個局面，日軍不是反思本身侵略行徑，檢討自身低估中國人的抗敵鬥志，反而將戰事未能收到預期效果的問題遷怒美國，並於 1941 年 12 月偷襲美國珍珠港，擴大戰爭規模與層面。在與歐美陣營撕破臉後，日軍即揮軍入侵上海租界、香港及新加坡等東南亞地區。戰火終於燒至，永安集團自然大受影響。

具體地說，由於日軍與英美等同盟國開戰，上海租界亦失去偏安的條件。而當時上海永安公司既屬「美商」，資產立即變成「敵產」

被日軍接管，實行「軍管理」，這相信是郭樂早前花盡心血以改「華商」為「美商」時所預料不及。

在一個截然不同的政治與軍事環境下，永安領導層約於 1942 年 3 月議決撤銷美國公司的註冊，避免因為屬「美商」遭到「軍管理」。然後在日軍宣揚「中日親善」的口號下，以永安紡織三廠的名義與裕豐紗廠直接合作，甚至在大約半年後「組成永豐企業，向汪偽政府實業部註冊立案」。這家新成立的公司表面雖由郭順擔任董事長，但實際大權則落在日方代表谷川榮治郎之手。永安集團旗下的日華紗廠、同興紗廠紛紛以同樣方式與日資公司合作，改組成永華公司及永興公司等，一起經營紡織及漂染業務。表面上這些合組公司仍由郭氏家族成員擔任董事長，但可以肯定實質管理大權早已旁落，他們不過淪為日本人政治裝飾的工具罷了（張昊，2000：39）。

至 1943 年，母公司上海永安公司決定向汪偽政權實業部註冊，將資本性質改為「華商」，雖說董事會成員及管理層全屬華人，董事長一職由身在美國的郭樂出任，郭順及郭琳爽則掌管實務，但明眼人均知道，郭氏家族雖表面上管控着公司，但真正的「話事人」，仍是汪偽政府背後的日軍。相關做法惹來不少非議，認為郭氏家族的做法等同向敵人「投誠」，也有人認為公司猶如變色龍牆頭草，在「英商」、「美商」、「華商」間搖擺不定。但在政局不斷轉變的年代，上海永安資本性質屢變，實屬於無可奈何之舉，說到底是國家貧弱，無法保護自己人民的資本與財產，迫使他們需尋求外國庇護，仰人鼻息（張昊，2000）。

上海永安公司在日軍侵佔租界後遭到巨大困難之時，同樣淪陷

香港永安有限公司資產負債表

民國三十二年十二月卅一日

資產類	千百十萬千百十元錢	負債類	千百十萬千百十元錢
現金	一三九六八一三四	股本	二〇〇〇〇〇〇〇
存貨（廠或貨倉）	一二七六四七〇八	各號往來存款	八五九七九四八五
應收貨賬	一三六二五五六	聯號往來存款	一二八一一五三六七
銀行及各號往來欠款	二八二〇五二四八	應付貨賬	二三〇二一八
聯號往來及各號按揭	四三七九三一三	未兌禮券	一一六二七一一
營業用房地產（折實）	六一七六二〇四六	代理租項	一二四三九九
西環新貨倉（折實）	一六一六二一一五	存入保證金	二八四〇一五
房地產投資（折實）	五五六一一二五	職員養老金	二八五六一三
傢私裝修（折實）	一三五三八六二	暫記收款	一二九九一一二
附各公司股份	二〇七五三四〇三	未付利息	二九九〇〇四
預付貨款	二九八三一五四	未付股息餘利	四〇二三二九
存出保證金	一八四八七五	壞賬損失備撥	一九一二八九
暫記付款	六一二九〇五	統	
大來酒店各部股各項資產	四五〇〇〇〇	利	一三一二二三一六九
未收房租	二八一三五〇		
合計	五五八八二二四五四	合計	五五八八二二四五四

民國三十二年（1943）十二月三十一日香港永安有限公司資產負債表。

於日軍鐵蹄的香港永安亦在極艱難中掙扎。一方面日軍要求香港永安公司進行註冊登記，郭泉等公司領導為了讓生意可以繼續下去，[3] 亦只好照辦如儀。但在日軍鐵腕管治下，不少市民選擇返鄉避難，亦有部分是被遣送回鄉的，香港因此人口銳減，社會總消費力自然大減，各項業務本難以展開。儘管日軍管治初期永安公司尚能維持一些基本營運，但當海上補給線被盟軍切斷，出現了物資供應不繼等問題時，公司的各種生意自然難以維持。

事實上，香港的各種物資——包括糧食——其實一直仰賴外供，當海上運輸補給阻礙重重時，自然出現供應緊絀的問題，價格波動極大。以維持生命的糧食為例，一開始社會尚有貯糧時，尚且能以配給的方法安排，市民不致斷炊；但到了 1944 年，當貯存用盡時，對百姓死活視而不見的日佔政府根本不會有所作為，香港的糧食供應問題變得極為嚴峻，饑荒處處，「餓死人」成為司空見慣的景象（鄭宏泰、黃紹倫，2004）。

從資料上看，於 1940 年 7 月香港尚未淪陷前，郭泉妻子馬燕清

---

3 日治時期，永安公司由胡百全、冼秉熹律師事務所代為註冊，其文件顯示當時的郭泉仍住鳳輝台 14 號，股東除了郭泉，還有汪沛然、劉廉、郭源輝、郭銳、郭琳褒、林允樞、林弼南、楊輝庭、郭劍英、郭琳弼、李根、郭幹勳和郭獻文，他們的登記住址有些在廣東，有些在澳門，亦有些在香港。另有一點值得注意的是，1943 年底，永安公司的總資產為 558 萬元，但獲利則達 131 萬元，顯示當時生意盈利很好，這點與我們一般想像日治時期生意困難的情況有很大出入（《香港永安有限公司決算報告》，1943）。

去世，[4] 郭泉及眾子女自是極感傷痛。怎料剛辦理完妻子的後事，香港便旋即淪陷，他因此沒法及時逃離，只能一直留在香港維持着永安公司的業務。到了 1944 年，因香港情況變得極惡劣，市內糧食供應中斷，在生存受到威脅的情況下，他終於決定離開。他所選的目的地是與香港一衣帶水的澳門。當時葡萄牙人在戰爭中宣佈中立，所以澳門仍能在戰火中維持和平，因此成為不少香港人及華南百姓的避難所。郭泉在澳門一直保持低調，沒有參與甚麼商業活動，直至重光後返回香港。

在不少人的心目中，日軍在 1941 年底擴大戰線，在偷襲珍珠港後入侵上海租界、香港及東南亞等地的舉動，不但沒有自省本身錯誤的侵略行徑，還一錯再錯將戰爭擴大，傷及更多無辜、帶來更大破壞，這樣的做法不會增加其獲勝機會，反而會令其敗得更快、更慘。事實亦是如此，而 1944 年日軍已到了垂死掙扎地步，因為那些被侵略國家和人民的全面抵抗，最終迫使日軍不得不自動解除武裝，向全世界人民宣佈無條件投降。

再次內戰時期的損失

經過曠日持久的抗戰，中國在 1945 年 8 月 15 日終於迎來了勝

4　馬燕清為馬應彪之妹，生於 1880 年，過門後為郭泉育有多名子女，她一直是郭泉的賢內助，相夫教子，後者尤其重要，所以在她的墓誌銘中有如下一段對子女的訓示：「汝父勤勞謹慎，創辦各業，余隨侍內助，訓育汝等，至於成立。各宜奠定根基，努力不懈。家庭之內，則敦行孝悌；社會之間，則崇尚信義，忠誠愛國，發展事業，庶可光大門閭，永垂不替。謹記勿忘為要。」（鄧家宙，2012：170）妻子去世後，郭泉日後續弦，繼室為孫恩容。

利，舉國歡騰。在香港和上海兩地的郭氏家族成員亦重整旗鼓，迅即盤點存貨重整業務，務求能在歷經戰亂、民心思治而百廢待舉的環境中捷足先登，迅速發展。對於上海永安公司能夠在抗日勝利之後即可恢復業務，推出不少產品供應市場，有分析這樣介紹：

> 上海永安公司因為在敵偽時期曾把一大批質量較好的國貨和高檔的洋貨裝箱存庫，所以一勝利就能拿出來供應門市。不久，國貨工廠陸續恢復生產，永安公司同一些老的廠商也相繼恢復原來的產銷關係，進口洋貨也不再受到限制，郭樂主持的美國辦莊很快就替上海永安公司採辦和運來大批美國百貨商品，這是當時同業中最先到達的一批美貨。這樣，永安公司能搶先以各種新穎的美國貨在商場內出售，吸引顧客，而且因為沒有競爭對手，可以任意定價發售。（上海社會科學院經濟研究所，1981：202-203）

在一封於 1946 年 2 月 9 日致郭樂的信函中，郭琳爽亦提及戰後市場極好，各式貨品「不論精粗美拙，爭相購買」的情況，所以要求身在美國的郭樂多些採購貨品到華。他這樣寫道：「如美商有囤貨出籠，不妨大批買進，縱使取價略高，亦不必瑣屑爭論。一經到達，利益可獲倍數以上。」（〈抗戰勝利後上海永安公司與香港本部函稿輯錄〉，沒年份）

由於 1946 年是當年與哈同簽訂 30 年合約，承租南京路地皮租約期滿的日子，郭樂、郭泉在當時與哈同繼承人──佐治哈同──達成協議，由上海永安以天價購入該地皮。這個新協議反映當時郭氏家族仍具相當實力，未有在戰亂中失去所有；同時顯示他們看好戰

後的營商前景，才會有這樣大手筆的長遠投資。事實上，不單在上海，就算在香港，他們亦相信重見和平後市況將會復甦和成長，所以香港永安公司一方面爭取迅速恢復營業，另一方則加大投資，斥資收購在港九一帶價格吸引的地皮（郭泉，1961：16-18）。不過，就在家族乘着戰後和平之機恢復投資之際，家族的骨幹成員郭浩卻於 1946 年 9 月 6 日因病在港去世，享壽 66 歲，令家人傷心不已。其墓誌銘上指他「以積勞致疾，遽赴天國」（鄧家宙，2012）。

在人事安排方面，郭家自二三十年代已開始安排「琳」字輩逐步接班，期間雖碰上戰爭打亂了陣腳，但到抗戰勝利後一切又重回正軌。事實上，郭氏第二代不少人已步進暮年，健康及精力皆難以兼顧急速發展的業務，而接班一代經歷逆境磨練後，也建立起自己的江湖地位，可以獨當一面了。因此，滬港兩地的領軍人均出現改變。在上海，郭順替代長居美國的郭樂，作為集團的總負責人，郭琳爽負責百貨業務的實際運作，規模同樣龐大的紡織廠業務則由郭棣活負責。在香港，郭泉作為領軍人，實務則由郭琳珊、郭琳驤及郭琳褒等協助。

兩代人齊心協力，加上集團在戰後旋即邁出恢復業務與重建的步伐，所以永安無論在上海或香港的生意都一片火旺。可惜好景不長，因國共兩黨無法達成政治妥協，中國再陷內戰，永安眾多生意又再面對洶湧波濤。具體地說，國共兩黨在 1946 年掀開了爭奪戰幔之初，社會及市場尚未有激烈反應。到了 1947 年的重大轉折時期（金沖及，2002），由於兩黨強弱形勢逆轉，擔憂戰線擴大，商業前景不好的聲音乃漸強。在接着的日子中，一方面是國民黨頻頻傳出戰場失利消息，其可以掌控的領土大減，另一方面是國軍軍費開

支龐大，於是便頻頻增加稅收、濫發貨幣及徵用平民，導致民心向背，令其陷於更大困境（郭廷以，1979）。

在這樣的環境下，上海的生意起落變化很大，一方面公司手上持有的現貨在百物難求時價格愈搶愈高，公司獲利不少；惟政局暗湧處處，卻令郭琳爽及郭棣活等時刻心驚膽跳，必須小心提防應對。另一方面，當時某些觸覺敏銳的商人為保險起見已開始籌劃移居香港或海外，令香港人口不斷增加，商業與消費亦因人口及資金流入而變得更加火熱起來，所以香港永安公司的各項業務表現突出（郭泉，1961）。

進入 1948 年，當國民黨敗局已定，共產黨大有奪得江山之勢時，上海南下商人——尤其紡織商人——日多（Wong, 1988）。當郭氏的同鄉、姻親又屬競爭對手的大新公司蔡昌亦選擇將生意重心由上海轉到香港，將資金全部匯走時（連玲玲，2005），郭琳爽和郭棣活自然亦收到不少叮囑他們離滬到港暫避風頭的建議。事實上，無論是郭泉或郭樂均曾多次以電話或信函等方式催促他們早日離滬，但他們卻不為所動，不但堅持留在上海，還繼續增加在上海的投資。

據郭棣活回憶，上海解放之前，「當時我在國外訂了一萬紗錠，七千七百千瓦的汽輪發電機，共值 250 萬元美金，全部投入企業，以表達永安紗廠擁護人民政府、恢復生產的決心」（〈訪問郭棣活談話記錄〉，1981 年 5 月 28 日及 6 月 4 日）。即是說，在那個政局未明之際，當不少紡織商人把外國付運的生產物料或設備暫時寄存在香港或其他地方，另圖發展，而此點成為日後香港踏上工業發展道路的極重要力量（莊玉惜、鄭宏泰、黃紹倫，2013），郭棣活卻反其道而

行，在上海加大對紡織業生意的資本投入。可以想像，若然郭棣活
當時將那批生產設備留在香港，甚至如其他上海紡織商人般，把紡
織廠的設備由上海轉到香港，不但財產損失會大為減少，郭家在香
港紡織業的地位以及在香港工業化的角色，必然較其他上海來港紡
織廠有過之而無不及。

對於郭琳爽和郭棣活不同意離開，甚至決定一如抗戰爭初期般
增加投資，郭樂、郭泉應該有不同看法，也曾提出異議，但看來因
為「將在外，君命有所不受」之故未被接納，而且總是以不同理由按
他們自身的想法行事。舉例說，在一封發於 1949 年 5 月 12 日寫給郭
樂的信函中，郭琳爽提及在該月 10 日晚上十時半，曾接到郭樂「由
美來長途電話」，他把通電話的內容錄下來轉播，「已聆一切」，並特
別提及郭樂在電話中對他們決定留在上海一事「殷殷囑職等返港，一
而再、再而三，而至於七番叮囑，所為職等安全計者，至矣盡矣，
感篆之私，至於零涕」。這正正說明郭樂極欲他們離開，不宜冒險。
可是，這種「七番叮囑」始終不獲接納，因為郭琳爽等有他們自己的
看法，至於他們的理由，則可從其致郭樂的覆函中清晰地看出來。

為了闡述自己的主張和理由，郭琳爽和郭棣活以點列方式作精
簡說明，其一是覺得「公司之組織，純為商業之經營，與政治之演變
與黨派問題，均無牽涉」；其二是覺得「設職琳爽、棣活離滬，[5] 則經
理部諸君，亦當隨之」，所以會令公司瓦解；其三是「公司等由各位

---

5   從信函中大多用「琳爽、棣活」的自稱看，其時身為上海永安副總經理，在位置上僅次
     於郭琳爽的郭悅文一直沒有被提及看，他那時應該不在上海。因為郭悅文乃郭樂獨子，
     而郭樂又十分強調上海不安全，郭悅文早已離開實在不難理解（參考下一章討論）。

長輩數十年慘淡經營，始有今日⋯⋯臨危苟安，罔顧責任，又豈職等所應出此」；其四是他們留滬是為「以身作則，示人以範」；其五是因為他們堅決留滬，「諸同事俱深明大義⋯⋯俱能嚴守本位，不輕離職」；其六是他們早前已派同事（宋劉兩君）到港報告，讓香港家人知悉他們在滬情況；七至八點出缺，不知是否函件內容被刪抑或原函如此；其九是要求授權處理上海一切事宜，「竊擬請閣下將滬上事業交託職琳爽、棣活兩人應付處置，萬一發生不幸事件，亦屬職等所自願，決不怨天尤人，更無微詞怨及諸長輩也」（〈抗戰勝利後上海永安公司與香港本部函稿輯錄〉，沒年份）。

在另一則日後的檢討回憶中，郭琳爽對於當年決定留滬，而家人又多番催促他返港一事有如下表白：

> 上海解放前夕，我的上一輩也曾為我預備飛機，要我回香港去，但我沒有去。我不肯離開上海的原因是由於我的家族理念很深，我是郭家門裏第二代的第一個老大，應該留在上海負責維持有「傳統性」的企業。（郭琳爽，1957：19）

以上內容揭示了郭琳爽和郭棣活堅決留在上海的一些原因：家族責任為其一，留守能更好維護公司利益是其二，不覺得情況會那麼差是其三。針對那時的郭琳爽為何會那麼想的問題，有分析還列出其他原因，例如郭琳爽等在上海生活數十年，對那裏的事業、生活圈子及社會關係等均有感情，以及與共產黨人早有接觸交往，對共產黨上台後的局面看得不太悲觀。連玲玲引述永安公司競爭對手之一——新新公司——少東李承基回憶時指出：

1946 年起，共產黨人潘漢年與郭琳爽過從甚密，在郭家住了兩年之久。最後潘說動郭琳爽留在上海與共產黨合作，並保證他身家財產安全。不僅如此，郭琳爽還協助潘漢年向其他企業家進行遊說，李承基便是對象之一。此外，當時共產黨領導的工會也組織工人發起「護產運動」，不准資方移轉公司資產，以保持公司原狀。可見郭琳爽最後決定留在上海，的確與共產黨的動員有關。（連玲玲，2005：164-165）

深入一點看，論與共產黨人──尤其潘漢年──有深入接觸的，相信是郭棣活。有分析這樣介紹：

當時上海市副市長潘漢年負責統戰工作，他很善於團結黨外人士。潘的夫人董慧，是廣東人，父親在香港開銀行，很早就和郭棣活認識。潘漢年就利用這一關係，經常到郭棣活家作客，推心置腹，無所不談。潘漢年知識淵博，論述問題深入淺出，使郭棣活信服……通過這些事實令郭棣活深刻地體會到共產黨是非常關心和支持民族工商業發展的……從此郭棣活看到了中國的希望，決心在共產黨的領導下，為建設繁榮富強的新中國而努力。（譚仁杰，1988：176-177）

從最後一句「從此郭棣活看到了中國的希望，決心在共產黨的領導下，為建設繁榮富強的新中國而努力」看，相信郭棣活那時對共產黨深信不疑，所以沒有想到「撤資」離開上海等問題了。

有關郭琳爽和郭棣活與共產黨人早有接觸，覺得共產黨領導下環境不會太壞一事，郭棣活本人晚年回憶時亦有提及，他這樣說：

> 我同郭琳爽兩人商量，感到如果我們跑掉了，其他人就不會安
> 心，對企業是不利的。我們在同有關人士接觸過程中，初步了
> 解到共產黨並不像宣傳的那樣可怕，於是決定留下來。當時想，
> 如果形勢不利再跑也不晚。（〈訪問郭棣活談話記錄〉，1981
> 年 5 月 28 日及 6 月 4 日）

　　即是說，他們曾與共產黨人有私下接觸，特別與郭棣活的關係
較深。所以他們心目中的共產黨「並不像宣傳的那樣可怕」，加上覺
得如果一走了之，對公司發展及員工前途極為不利，於是在考慮後
選擇留下，與公司共進退。

　　對於郭琳爽和郭棣活堅決留在上海，守護永安公司一事，那時
已年過 70 而身體健康似乎並不太好的郭樂，在沒法說服他們後亦不
再反對，因為上海的基業畢竟確實凝聚了他一生無數血汗，所以內
心亦希望能盡可能保持。故他後來寫了「余年事已高，無濟於事，賢
侄等血氣方剛，前程萬里，至請盡力維護，無負余望為荷」的信函作
回覆，表示對他們決定的支持及勉勵（連玲玲，2005：165）。

　　古往今來，在關鍵時刻，個人一個看似十分簡單的決定，其實
往往會牽動不少層面，家族親人的榮辱盛衰尤其會直接受到衝擊。
郭琳爽與郭棣活當時沒有如不少富商巨賈般盡售手上物業資產套
現，然後遠走高飛，故日後遭遇慘痛的經歷與巨大的損失。他們的
決定或舉動，若回過頭來看顯然屬於不智之舉，但即如俗語有云：
「有早知，無乞兒（乞丐）」，面對沒法預見的未來，個人的認知判
斷畢竟有限，他們在充分思考所有一切因素後的決定，其實反映他
們只屬一介凡夫俗子，既沒有「水晶球」，也沒有甚麼內幕消息。

五十年代的「貿易禁運」與「公私合營」

中國共產黨打敗中國國民黨取得中華大地江山，於 1949 年 10 月
1 日成立中華人民共和國，其後宣佈實行社會主義，中國國民黨則敗
退台灣，負隅抵抗，世界政治呈現了共產主義與資本主義兩大陣營
相對抗的格局。正如前述，新中國成立之前，由於政局變化多端，
不少商人因害怕共產黨，如上海大新公司老闆蔡昌般選擇離開，令
上海大新公司成為「既無資方又無資金的空殼子」（連玲玲，2005：
164）。郭琳爽和郭棣活因最後決定留下，自然沒有作出撤離及轉移
資產的舉動。郭棣活憶述時透露了如下一些人物接觸及舉動：

> 上海解放後，陳毅、饒漱石、潘漢年邀請工商界人士座談，鼓
> 勵我們安定下來，說明共產黨是為國為民做事，希望大家共同
> 努力，恢復工商業。陳毅同志是我第一個共產黨的朋友。陳毅
> 對我說，他也了解，「很多人勸你出去，但你沒有去，你做得
> 對」。他這些話，當時對我很大鼓舞。（〈訪問郭棣活談話記
> 錄〉，1981 年 5 月 28 日及 6 月 4 日）

值得指出的是，與共產黨人關係甚深的郭棣活，自此之後有了
不少政治頭銜和身份，亦與國家領導人有了不少接觸。

> 1950 年 6 月，郭棣活應邀參加全國政協一屆二次會議，歷時 3
> 個星期。在京開會期間，郭棣活聽取了領導上有關工作報告，
> 了解了政府各項政策。6 月 10 日晚，毛主席在中南海設宴，由
> 周恩來總理、陳毅市長作陪，招待了黃炎培、榮毅仁、郭棣活
> 等人。郭回到上海後，曾將此行所見所聞，親身感受，函告郭

樂說：「此次在京獲見政府首長，印象甚好。他們對人誠懇謙和，對事認真實幹，以為人民為國家服務為主旨、不貪污、不自利，樂於接受批評，傾聽工商界之意見，尤其對於上海工商界發表之意見更為歡迎，竊以為我國幾百年來由於政治不良、環境惡劣，積弱萎靡之下，理宜大加改革，力求振作，方有自力更生之望，相信人民政府之施政對於我國工商業將有改革，可能在短期大有進步，前途樂觀。」（譚仁杰，1988：177）

可惜，文章沒有介紹郭樂的回應，而接着的發展，似乎又沒看到「短時期大有進步，前途樂觀」的情況，社會氣氛尤其顯得外馳內張，上海永安公司的百貨業務仍在經營，紡織廠仍在生產，而郭琳爽和郭棣活亦仍在各自的領導崗位上，但畢竟有了不少政治活動，不但行動不太自由方便，實際管理大權顯然亦已大受限制。另一方面，由於不少富有人家攜同資產離開上海，整體消費力自然驟降，因而亦大大地影響了永安公司的生意，這樣又難免給郭琳爽帶來很大壓力。

到了 1950 年 6 月，韓戰突然爆發，資本主義與共產主義兩大陣營又在朝鮮半島上短兵相接、再次較勁，退守台灣仍危如累卵、軍心未穩的國民黨，因此獲得美國撐腰，可在台灣重整旗鼓、站穩陣腳。至於以美國為馬首是瞻的聯合國，則宣佈對新成立的中華人民共和國實施「貿易禁運」，令國際貿易環境於焉發生巨大變化，尤其出現了可能爆發第三次世界大戰，以及國民黨無法穩守台灣的各種推測與憂慮（郭廷以，1979）。

在這一重大變局下，當時仍屬英國殖民地的香港，經濟與貿易

條件自然亦受牽連，其中最大特點是過去一個多世紀賴以發展的轉口貿易戛然而止，幸好那時香港有大量資本、設備、低廉勞動力，以及不少來自上海等地的商人──尤其紡織業鉅子──雲集，因此能隨機應變，踏上了工業化道路，推動了香港經濟轉型，並可在克服各種困難後迎來新發展（Wong, 1988）。仍由郭泉擔大旗的香港永安集團，亦作出了同樣的靈活應變，因此令各項生意均有不錯的表現，於是亦能讓家族財富逐步增長起來。

相對於香港業務在「貿易禁運」下反而可以穩步發展，上海的時局卻變得更加波譎雲詭，因為到了 1951 年，社會開始出現「三反五反」（三反指：反貪污、反浪費、反官僚作風；五反指：反行賄、反偷稅漏稅、反偷工減料、反盜騙國家財產、反盜竊國家經濟情報）等連串政治運動，若果說前者是針對官僚行政，後者則是明顯針對大小商人。由於郭氏家族發跡已數十年，生意又做得那麼大，郭琳爽和郭棣活那時儘管沒受到批鬥整治，在經過一輪「群眾運動」後又確定其屬「基本守法戶」（上海社會科學院經濟研究所，1981：251-252），但在那種多重批判的氣氛之下，加上不斷受到調查或要進行自我檢討等，身心顯然受着巨大壓力。

經過「三年恢復」後，自 1952 年起則進入「三年初步建設」。為了配合這一目標，國家推出了「企業社會主義改造」── 即是將私人擁有的企業逐步轉化為國家所有。在這種環境下，一方面，永安公司需向國營公司增加入貨，並減少向私營公司入貨。另一方面，管理上要接受新成立的「永安公司安排小組」的指導，尤其要根據國家「統籌兼顧、全面安排」的方針行事（上海社會科學院經濟研究所，1981）。不難想像的是，那時的社會氣氛和壓力明顯有增無

減，而他們的領導權力或自主性則進一步被弱化。

其實自進入五十年代以後，上海永安公司的百貨及娛樂等生意可謂一落千丈，導致這種局面的原因之一是不少有錢人離去後，高檔貨品與消費自然乏人問津，生意疲不能興，其二是受內外政治和經濟環境欠佳、人心浮動影響，有餘錢者不敢消費，令整體市場氣氛低沉之故。面對這種局面，儘管郭琳爽曾採取不同營銷方法刺激消費，但始終沒有起色，生意持續虧損（上海社會科學院經濟研究所，1981）。

快將完成「三年初步建設」時，為了進一步落實社會主義制度，國家通過了公私合營法例，將私營企業轉為公私合營企業，簡單直接的說法是沒收私人資產，「實行社會主義改造」。為此，國家相關部門已就永安公司各項生意進行資產核定。面對那個局面，縱使本身很不願意，但郭琳爽等似乎亦別無他法。《上海永安公司的產生、發展和改造》一書中有如下一段值得細細玩味的介紹：

> 這時的郭琳爽等人正徘徊在十字路口，進無勇氣，退無出路。他們一方面為整個政治形勢所鼓舞，有爭取早日公私合營的願望，但又對未來前途疑慮重重。企業連年虧損，資金日益短絀，他們點金乏術，面對各種矛盾和困難也感到公司已成為一個沉重的「包袱」。他們既怕政府不願背這個「包袱」，不批准公私合營，有失「面子」，又擔心一旦企業公私合營後，「自己沒有地位，沒有權，不能作主了」。（上海社會科學院經濟研究所，1981：269-270）

1966年，上海永安公司舊招牌被砸掉。

　　以上的描述雖有不少與事實相違背的地方，但卻一針見血地點出了郭琳爽等人那時面對的狀況，確實是掉進了「進無勇氣，退無出路」的困窘，而更嚴重的相信是他們有如「啞子吃黃蓮」般，有苦自己知。

　　1955年10月，毛澤東召開全國工商界代表人物座談會，指「工商業者只要接受社會主義改造，走社會主義道路，就有前途，只有把自己的前途和國家的前途結合起來，才可以掌握自己的命運」。至於郭琳爽則被指「聽到傳達後受到很大的鼓舞……最後下定了決心主動提出企業公私合營的申請」，之後又舉行了董事及監事聯席會

議，「一致同意申請公私合營」，然後在 1956 年 1 月 14 日正式宣佈
「公私合營」，將上海永安公司易名為「公私合營永安公司」（上海社
會科學院經濟研究所，1981：269-272），此舉標誌着家族及其股東們
失去了大陸的所有資產，同時亦結束了家族過去近 30 年對上海永安
公司的掌管。

　　順帶一提的問題是：到底在五十年代初上海永安的總資產有多
少？據郭琳珊憶述，新中國成立前，上海永安公司的百貨、紡織、保
險及物業等投資的資產，總值約為 1.5 億美元（*South China Morning
Post*, 19 October 1975）。按 1950 年美元兌港元匯率為 1 對 5.714 計
算，即為 8.57 億港元。到底那時 8.57 億港元是一個怎樣的概念呢？
在尚未出現「貿易禁運」前的 1949 年，香港全年進口總值為 27.50
億元，出口為 23.19 億元。即是說，上海永安的總資產，乃沒有「禁
運」前的香港每年進口或出口總額的三分一左右，資產之豐厚，可見
一斑。

　　自 1931 年「九‧一八」事變到 50 年代公私合營約 20 年間，永
安集團在連番戰爭與重大政治環境變遷中無疑歷盡滄桑。不但郭氏
家族遭遇了前所未見的巨大衝擊，更令第三代接班的安排添加了不
少變數。必須指出的是，自上海永安公司採取「公私合營」後，便
與香港永安公司之間正式割斷，家族蒙受的巨大損失亦可想而知。
雖則如此，儘管某些時期由於內外因素變化急速而未能作出準確決
定，但由於身處不同地方的家族成員能夠在不同崗位上繼續努力，
故歷盡劫難、事過境遷後，仍可重新上路。郭氏家族的遭遇雖令人
唏噓與無奈，卻又折射了歷史與社會前進路程的曲折與不確定性，
亦更加說明「多難興邦」傳統智慧的擲地有聲。

結 語

　　人生、生意或家族的前進路上，總不可能沒有風浪，盡是坦途。因應大勢，在逆境中持盈保泰，自然極為重要。基於此，在順境中做出成績，很多時並不表示個人才華特別出眾，反而逆境中能夠力保不失，或是在挫折中仍能乘風破浪，既能揭示頑強鬥志，亦考驗真材實料，可見逆境、困難與災難，其實是人生事業路上的最主要試金石。

　　無論是抗日時期，或是新中國成立後的「貿易禁運」和「公私合營」時期，永安集團在香港、上海及不少地方的業務、投資均曾遭遇了前所未見的巨大傷害，但這些挑戰並沒令他們從此一蹶不振，反而能夠在風雨困阻之後重整旗鼓，重新上路，然後東山再起，這份毅力值得我們敬佩與學習，亦反映出中華民族那股不屈不撓、不被征服的強大精神和意志。不過，近代中國發展歷程充滿崎嶇，政治動盪不斷，國人在前進過程中難免遇到不少挫折與困阻，甚至有不少人被時代巨輪吞噬，亦屬令人傷痛卻是無可奈何的現實。

第七章

創業難守業更難

引言

　　自古至今，有關創業難抑或是守業難問題的爭論，就如有雞先還是蛋先，或蘋果與橙哪種味道較好這些問題的爭論，總因定義不同，觀點各異，甚至比較標準不一，結果自然是言人人殊，很難有毫無爭議的一致答案，或許應該說各有各難。因此，較有價值的討論應該是創業和守業會遇到哪些困難，又應如何克服，才能令家族企業保持實力與動力不減，持續發展。

　　自郭樂、郭泉諸兄弟一代由農轉商創立企業，而且闖出名堂，生意愈做愈大；到郭琳爽、郭棣活和郭琳褒諸堂兄弟一代逐步接掌企業，把生意投資進一步多元化，郭氏家族和企業明顯另有一番景象，大有更上層樓之勢，能夠打破「富不過三代」的詛咒。惟戰爭和政局變動卻給家族和企業帶來巨大衝擊，令家族元氣大傷。不過他們卻沒有就此衰落，支離破碎，反而能在香港東山再起，並順利完成接班進程。正因如此，當擁有驕人學歷的新一代接掌公司時，社會自然相信家族和企業會有另一番輝煌。可惜結果卻出現反高潮，不但家族和企業未能在已有的基礎上騰飛萬里，反而因危機湧現而急速滑落。可見如何才能更好地接掌企業，力保不失，其實仍是一道不易應對的難題，家族成員時刻均不容掉以輕心。

第一波接班的多災多難

　　回頭看，郭氏家族自二三十年代開始安排「琳」字輩成員接班，同時進一步落實多元化發展的策略，無疑甚有計劃，亦可謂方向正

確，惟推行過程卻碰到了連番預料之外的戰亂與政治運動，實在「人算不如天算」。至於戰亂與危機的相繼交疊出現，雖然可考驗接班人的才能，但亦很難避免地會給公司的全盤發展帶來挑戰，因此產生了各種環環緊扣的困難。

　　細心分析二三十年代第一波的傳承接班安排，會發現本來開局不錯，尤其能做好分工協調，先安排年輕家族成員接受合適培訓，再將他們調配到不同的實習與領導崗位。簡單點說，當時整個永安集團的業務，按地區劃分主要為悉尼、香港及上海三個部分（在廣州及中山的少量業務歸入香港部分），並由郭樂全面統領、郭泉、郭浩與郭順等諸弟為副手。眾兄弟的年齡雖然有差異，如當郭樂已年過半百時幼弟才剛進入不惑之年，不過各人分工清楚，各有負責的範疇，有利啟動安排新生代的接班部署。

　　三個部分的業務中，悉尼較為簡單，日常事務由郭聘勳一房的郭朝負責，所以接位者誰屬及培訓等問題不大。相對而言，上海的投資及業務最吃重，不但百貨業營業額大幅高於香港，紡織業的規模亦相當龐大，按郭棣活的說法，在 1949 年前，紡織廠已擁有 25 萬紗錠，63 間廠及 13,000 多名職工（〈訪問郭棣活談話記錄〉，1981 年 5 月 28 日及 6 月 4 日），乃中國第九大紡織廠（*South China Morning Post,* 19 October 1979）。此外，上海還有酒店及娛樂等生意投資，所以由郭樂和郭順共同坐鎮，前者主理百貨業務，後者較多打理紡織業等生意。香港投資及生意規模雖不及上海，但由於香港永安控股上海永安，亦具有甚為重要的地位，此部分生意由郭泉負責，郭浩亦有參與其中。但資料顯示郭浩的角色並不突出活躍，這很可能與他性格較孤僻，較少出面與人接觸交際有關。

除郭樂眾兄弟形成的上層核心領導以外，當時永安集團還有一批長年合作的生意夥伴與策略股東，他們對公司決策有一定影響力，但由於非主要家族成員，加上大多年紀較長，對公司的掌控力有限，較難出現「權臣挾天子以令諸侯」或「王莽篡漢」等情況，對下一代接班不會構成威脅。正因上一代業務分工清楚，上層領導核心鞏固，故永安在較早階段已能啟動周詳的接班部署。

第三代「琳」字輩成員大多是一踏出校門便加入永安集團，並沒先在其他公司工作的歷練，故他們加入初期都要在不同部門的中下層做起。有些成員會按公司發展需要，預先安排他們接受相關的專業訓練，如具紡織專業訓練的郭棣活、郭琳褒被安排到紡織廠；具銀行金融訓練的郭琳驤、郭琳弼、郭琳珊被安排到保險業或銀行業。當他們累積一定工作經驗與技術後，便會獲得逐步升遷，有些成為部門主管，有些則成為主管副手。由於第三代子侄眾多，人力資源充沛，基本上永安集團的領導大權均由家族主要成員全面掌握、牢牢抓緊。

可惜人算不如天算，日軍在 1932 年偷襲上海吳淞時，永安紡織染廠的人命與財產損失巨大。由於公司一直採用合縱連橫的投資策略，此一意外乃產生連鎖反應，不但影響了永安水火保險及人壽保險生意，亦牽動了整個集團的財政狀況。而後來為了向日軍追討賠償，先由「英商」身份轉為「美商」，到日軍全面侵華，為怕「軍管理」令生意化為烏有，又改以「華商」身份向汪偽政權註冊。雖說種種的改動是情非得已，甚至是可以說是絕境下掙扎求存之道，誠非負責管理公司的郭樂故意為之，但這樣「朝三暮四」的舉動，始終大大影響了公司形象。

至 1939 年郭樂離開上海，百貨與紡織實務管理更依重郭琳爽
與郭棣活，可算是新一代正式接手公司業務，但他們面對的其實是
一個極困難的局面。其中包括公司形象受挫、戰火下公司營運難以
維持等，但他們的表現有不少突出之處，包括讓公司在任用職工方
面更為制度化，減少對鄉親關係的依賴；其二是能夠較好地兼顧員
工利益，不是如過去一面倒地傾向股東利益；其三是逐步由威嚴式
家長管理過渡至仁愛式家長管理；其四是打造注重學歷專業、重視
員工培訓和不斷跟上潮流的公司形象等。在一步步的改革中，郭琳
爽與郭棣活建立起具才幹、敢擔當的新領導班子鮮明形象和江湖地
位，在逆境與困難中逐步建立起來。

首先是任用職工制度化方面。正如早前各章提及，郭樂、郭
泉諸兄弟當初無論在悉尼、香港及上海創業與開拓時，其實均依賴
同鄉、親屬及友好的人力與金融資本作支持，在投桃報李的觀念之
下，自然亦會招聘同鄉親友等到公司工作（連玲玲，2005）。但這種
安排或關係，到生意規模漸大，社會又有很大變化後，如果不作出
調整，很容易影響公司管治，郭琳爽等相信亦發現問題所在。而他
們雖然生於竹秀園鄉，但與家鄉親屬關係畢竟沒如父輩般強烈，故
能對這種「唯親是用」招聘制度作出調整變革，一來不是所有親屬來
者不拒，二來亦在聘用時注重履歷和表現，逐步建立一套用人考核
的現代化客觀人事管理制度，令公司可以朝向更制度化方向發展。

此外，創業初期，為了生存，總是着眼控制開支、爭取盈利，
強調大小股東的最大利益。可是，隨着公司規模日大，聘用職工數
目大幅增加，達至成千上萬之數，公司自然需要兼顧諸如職工、顧
客、生意夥伴，甚至社會的利益。尤其必須指出的是，在那個政局

欠安的年代，工人為求一職，很多時就算聘用條件不好，也只能逆來順受，這種情況自然被視為壓榨剝削，當強調工作權益的集體社會運動又開始散播時，提升職工權益自然不能迴避。事實上，永安旗下百貨及紡織廠便曾碰到不少工人示威抗議，有些甚至曾給公司財物及設備造成破壞，事件過後，郭琳爽和郭棣活總能因應問題作出調整，關注職工權益，作出增薪及擴大福利保障等舉措（郭官昌，1936；上海社會科學院經濟研究所，1981；連玲玲，2005；何小娟，2008；王海，2014）。正因這種靈活調整，不但員工士氣及工作效率得以提升，公司形象亦顯得正面。

　　相對於郭樂，年齡日長的郭琳爽及郭棣活雖然亦流露了一些大家長的作風，但畢竟比郭樂開明仁慈很多。雖然郭樂在悉尼生活了不短時間，對西式管理和發展模式有不少了解，但他的營商或管理風格，畢竟還是有濃厚的嚴父家長作風，既表現出威嚴一面，又有謹慎執着一面，當然亦有強調節約、不苟言笑，與職工之間有很大距離，甚少溝通。郭琳爽和郭棣活雖然亦有一定的富家子習氣，但在管理上總能流露出尊重的一面，對於有表現的職工亦能慷慨地給予讚賞，不但與職工之間的距離較近，某些時候更會舉辦各種公司內部的文娛康體聯誼活動，與職工打成一片，這樣更能贏得職工的歸屬感和認同感（郭官昌，1936；何小娟，2008）。

　　雖然郭樂、郭泉出生於非一般家族，但他們畢竟還是沒有接受大學教育，尤其青年之時便踏足社會，從打工或生意經營這種事業打拼或實踐中摸索出成功之道與人生哲學。相對而言，郭琳爽和郭棣活由小學至大學受過一整套西方現代正規教育，明白到制度及培訓的重要性，加上二、三十年代西方企業管理開始提出專業資歷與

員工培訓的重要性，他們在了解後亦十分認同，故開始向相關的現代化大型企業學習取經，並將新理論、新安排引入公司，在永安集團內推出各種因應科技及營商環境轉變的職工培訓學習活動，當然亦有發行一些宣揚企業活動或文化的刊物，例如《永安月刊》，增加內部溝通（郭官昌，1936；何小娟，2008；王海，2014）。

可以這樣說，郭樂缺席上海永安管理，由郭順暫代其職的大約十年間，正值營商環境瞬息萬變，政局不靖，烽煙四起的時期，郭琳爽和郭棣活逐步建立起領導權威，同時亦增加了他們的自信，令郭樂、郭泉等對他們刮目相看。惟這種自信，很可能又影響了他們對於 1949 年前後政局的評估，所以當不少巨富家族在上海解放前紛紛撤資逃跑時，郭琳爽和郭棣活力排眾議，選擇留下。這次誤判令公司及家族在接下來的政治運動中蒙受巨大損失，相信他們亦悔不當初。

雖然失去了上海永安公司的財產和掌控，郭琳爽和郭棣活卻獲得一些政治職位——雖然不少均屬虛銜，例如郭琳爽曾出任上海市工商聯副主任、全國工商聯執行委員、上海市人大代表和全國政協委員等職位；至於與共產黨人關係更為深入的郭棣活，曾任上海市人民政府委員、上海市工商聯副主任。到了五十年代末，郭棣活返回廣東生活，曾先後出任廣東省工商聯主委、民建廣東省委主委、廣東副省長、廣東省政協副主席等職。

順作補充的是，文化大革命期間，已經屬於「公私合營」的上海永安公司，仍然受到巨大衝擊，最後連公司的名字亦要取消，易名為「國營上海市第十百貨商店」（嚴家祺，1989）。不難想像的

是，在文革期間，郭琳爽亦遭受迫害，吃了不少苦頭（*South China Morning Post*, 8 July 1968），不但被抄家，更在大庭廣眾受批鬥，相關片段還在媒體上傳播，身心因此更受折磨（王海，2014）。到 1974 年 10 月 27 日因心臟病發作在上海華山醫院去世，享年 78 歲（《工商日報》，1974 年 11 月 4 日）。[1] 相對而言，郭棣活在文革期間受到迫害的情況沒郭琳爽那麼嚴重，惟晚年同樣健康欠佳，到中國政府宣佈要收回香港，於 1985 年成立香港特別行政區基本法起草委員會時，郭棣活獲委任為委員，但他於翌年去世，享年 82 歲。[2]

　　傳承接班無疑乃家族或企業可持續發展的極重要一環，其成功失敗，有時實在不是任何單一個體、家族或企業所能掌控，亦有很多出人意料的地方，永安郭氏家族一個多世紀的發展情況亦是如此。所謂「梅花香自苦寒來」，郭氏家族第一波的傳承接班無疑在逆境中進行，屢受戰火與政局不穩的衝擊，差點便被大風大浪吞噬。但是，令人出乎意料的是，由於政局動蕩，這樣反而促使郭琳爽和郭棣活等必須戰戰兢兢、小心奕奕地謹慎應付，因此卻能令上海永安公司可以克服各種困難和挑戰，輾轉成長。當然，到了關鍵時刻，尤其是對於共產黨取得江山後對待資本家及私人企業的評估和判斷上，則犯了致命錯誤，不但令上海永安化為烏有，他們自己的人生、家族亦付出了沉重代價。

1　郭琳爽和杜漢華育有三子（郭志雄、郭志韜、郭志楷）八女（郭志嫻、郭志婉、郭志媛、郭志娟、郭志嫦、郭志娥、郭志娜、郭志嬾），而子女們亦大多與世家大族聯姻，就以諸女婿為例，榮智寬和榮智明乃無錫榮氏家族（榮毅仁與郭琳爽甚有交往）後人，其他如沈堅白、葉元章及侯惠龍等，均出身巨富或名門，且有突出學歷與專業。

2　有關郭棣活子女的資料甚缺，現時未知其子女數目和資料（譚仁杰，1988）。

郭 樂 一 房 的 勢 弱 退 隱

　　上海永安公司無論百貨或紡織等生意先後改為「公私合營」，令郭氏家族掌控大權蕩然無存之時，身居美國加州的郭樂，亦處於人生低潮，遭遇了巨大困難。從資料上看，到了 1954 年 6 月 7 日，郭樂獨子郭悅文去世，享年 49 歲，家人將他安葬於加州聖馬刁鎮（San Mateo）一個環境極幽靜，名叫 Woodlawn Memorial Park 的墓園中（Yut Man Kwok, no date）。面對「白頭人送黑頭人」，郭樂夫婦的傷悲不難想像。從資料推斷，郭悅文顯然在較早時期已攜同妻子及兩名孩子（見下文）一併移居當地，相信與郭樂夫婦抵美的時間相若。從郭樂整房全體拔營離開中國定居加州的舉動，似乎反映他們再沒打算回到上海或香港了。

　　就在郭悅文去世這一年，郭樂訂立遺囑，為後事做準備。由於這份遺囑可讓人看到他思考財產安排與親人關係的一些原則，值得深入一點介紹。遺囑於 1954 年 9 月 20 日訂立，報稱乃比蒙特（City of Belmont）市居民，可見郭樂的晚年應是在此安渡。[3] 遺囑中，郭樂他把名下持有永安公司在三藩市及紐約的股權，悉數贈與太太楊秀珍（Young Shau Tsun）。又將本人擁有在美國、上海、香港和悉尼的一批股票證券平分與太太楊秀珍、媳婦梁美君（Liang May Kwan）及兩孫（grandchildren）郭志安（Gee On）及郭志卿（Gee Hing）。[4]

3　在郭樂的死亡證上，報稱居所為加州比蒙特市聖馬刁鎮南路 510 號。

4　遺囑上的兩孫，並沒指明男女，但《南華早報》的報道則清楚指出，一男孫郭志安及一女孫郭志卿（*South China Morning Post*, 13 October 1956）。

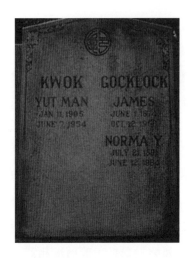

郭樂、妻子楊秀珍、獨子郭悦文於
三藩市聖馬刁 Woodland Memorial
Park 墓園的墓碑。

1956 年，永安公司創辦人
兼時任總監郭樂去世，當時
報章所登訃聞。

　　其次，他又遺贈包括郭泉、郭泉繼室、郭琳爽、郭琳弼、郭琳褒、郭惠珍等 32 位家人，每人金額在 10,000 元至 2,000 元（金圓券，JMP）之間；亦有非血脈家人的一位譯名叫「袁阿寶」（Yuen A. Bow）的人及一名義子郭日升（Yet Sing Kwok，譯音），各得現金若干。除此之外，他還捐出 10 萬元給家鄉竹秀園學校，並指明該款項應存放在永安銀行，全年利息則用於支持學校營運。另一方面，他又捐款給基督教青年會（YMCA），以及中山施姑嶺福音堂（See Goo Liang Fook Yum Tong）。至於遺囑執行人及信託人則是太太、媳婦及兩孫，並指出所有剩餘遺產都交由他們四人均分（Gock, 1954）。

　　訂立遺囑大約兩年後的 1956 年 10 月 12 日，在悉尼、上海、紐約、三藩市等不同地方曾經叱吒一時，商業頭腦極靈活的郭樂去

世，享年 83 歲，家人在香港報章亦刊登了訃聞，惟內容十分簡單，沒有如一般訃聞般列出子孫家屬的名字和數目，背後原因可能與獨子早逝有關。至於其在聖馬刁的喪禮亦十分簡單。之後，家人將他葬於 Woodlawn Memorial Park 的墓園中，與郭悅文毗鄰。順作補充的是，日後郭樂太太楊秀珍（英簡稱為 Norma Y，享壽 93 歲）在 1984 年去世，以及郭悅文太太梁美君（英文簡稱為 May K.L. Kwok，享壽 106 歲）在 2016 年去世後，[5] 家人亦將他們葬於此墓園中，彼此作伴長睡（Obituary: May Kwan Liang Kwok, 2016）。

郭樂去世後，遺囑執行人按其意願進行財產點算及分配，並於 1958 年將遺囑於香港法院確認執行的程序，然後按其遺願作出各種安排（Probate Jurisdiction, Will File No. 62 of 1958, 1958;*South China Morning Post,* 16 February 1958），連串舉動算是完成了這位極富傳奇人物的最後心願。

令人好奇的是：到底郭樂有否想過由自己的子孫繼承由他一手創立及壯大的永安集團？他年紀輕輕便到了悉尼，當時的兄長（郭開發）或許未能給他太多協助便離世，他從此變成「長兄」，有照料諸弟的責任。而永安果欄亦算是他單打獨鬥創立的，並在生意有起色時再讓諸弟陸續加入，故實際上一直是他照顧諸弟，給予機會讓他們發展。而日後無論在香港、上海開拓的業務，基本上沒有脫離這一格局。

5　在梁美君的訃聞中，指她有一子（Obituary: May Kwan Liang Kwok, 2016），此點確定郭悅文只有一子。

　　從郭樂本身婚姻及家室的狀況看，他很可能因為全力投入事業，加上身在海外，錯過了成家立室的最佳時間，到結婚後，他的首任太太看來未有生育而去世，所以才有續弦之舉，而從繼室楊秀珍生於 1891 年 7 月 23 日的資料看（Yut Man Kwok, no date），她與生於 1873 年的郭樂年齡相差 18 載。婚後的楊秀珍於 1905 年生下了郭悅文，之後再沒生育。即是說，事業龐大的郭樂，續弦後只有一子而已，當中的原因到底是郭樂較多時間投入於生意之中，無暇想到多生血脈的問題，抑或另有內情，則沒法知曉。

　　到郭悅文長大成人進入社會後，郭樂剛開始時亦有安排他進入上海永安公司，跟隨郭琳爽學習，為傳承接班做準備。從 1951 年成書，1961 年出版的《永安精神之發軔與長成》一書曾提及相關安排，表示年約 25 歲的郭悅文，在 1930 年擔任上海永安副總經理一職，乃時年 33 歲郭琳爽的副手，但卻沒有交代郭悅文到底有何職位或曾參與哪些項目。可見從資料看來，郭悅文沒有太大的表現，或至少表現沒郭琳爽突出。

　　而在最關鍵的 1939 年至 1949 年年間，郭悅文可能已跟隨郭樂由滬轉美，這樣便錯過了逆境之時磨練領導才幹的機會。而他抵達美國後，也不見他在當地的公司出任甚麼職位或有何貢獻，故在《永安精神之發軔與長成》一書中，亦沒有他參與公司業務的資料，只記錄紐約永安公司由郭琳弼和郭志雄負責、三藩市永安公司則由郭琳驤和郭文昌負責（郭泉，1961：40）。

　　可見盡管在三十年代，郭樂似有安排郭悅文走上接班路的舉動，但郭悅文沒有露出頭角，表現不如郭琳爽和郭棣活。郭悅文之

郭悅文妻子梁美君晚年照片。

所以表現欠佳，可能一如當年郭開發般，因健康欠佳或某些個人行為問題，令事業無法更上層樓，最後更於 1954 年去世，享年只有 49 歲而已（Yut Man Kwok, no date）。

　　一般情況下，若然郭悅文無法交託重任，到他去世後或是健康出現嚴重問題時，郭樂照理應安排兩孫——至少男孫郭志安——頂上某些管理或控股職位，但郭樂卻沒這樣做，當中的原因無疑令人覺得撲朔迷離。不過，若從年齡上推斷，郭悅文英年早逝時，兩名孩子郭志安和郭志卿可能剛走出校門、踏足社會，而五十年代初期乃中國政治及整個永安集團面對重大變局之時，諸事紛擾、前景未明，相信郭樂可能來不及安排在美國生活多年的孫子參與永安公司。加上他晚年的健康狀況惡化，力不從心，亦是他沒有或未能安排兩孫接班的原因。

　　另一個可能是郭樂、郭泉諸兄弟之間早有默契與安排，上海由

郭樂、郭順主理，香港由郭泉、郭浩主理，到上海永安業務自新中國成立後陷於困境，甚至變成「公私合營」，基本上失去掌控權後，留在上海又被認為會有生命危險，甚至失去自由，郭樂很可能因此放棄了安排子孫接班的念頭。至於其孫無意接掌生意，寧可走專業之路，過優哉游哉的生活，可能亦是不容忽略的因素。

細心檢視郭樂的事業傳承，他雖屬永安集團的奠基者、開拓者，乃靈魂人物，幾乎是所有生意的主席或總監督（郭泉，1961），但最終他那一脈卻失去了這個企業王國，原因一方面是他的子孫數目太少，兒子看來又非可造之才；加上他們在新中國成立前早已移居美國，對中華大地的生意鞭長莫及，而那時中國及國際政治環境又風高浪急，十分動盪嚴峻，在美國成長的幼孫就算願意，也沒能力或不可能接掌永安集團。

郭樂無疑是晚清時期中國處於巨變時代，一些早染洋風家族敢於走向世界，探索前路、開拓事業的商業精英，他開創事業的過程雖有家族一定助力，但畢竟還是他本人的巨大力量，尤其是充沛的企業家精神，能夠充分吸取西方現代化精髓——例如公司制度、股票市場及營銷策略等——的目光與識見，才讓他可以突圍而出，寫下了人生與家族在中國近代史的傳奇篇章。

很可惜的是，在戰亂與政局巨變的衝擊下，他既因註冊「朝三暮四」為公司帶來負面形象，又陷於退居美國，對管治鞭長莫及的困局。可以想像，若然1949年前郭樂在上海主持大局，而非假手於郭琳爽和郭棣活，他肯定會如其他上海紡織商人或是蔡昌等同鄉般將資產轉到香港或海外，令日後「公私合營」的永安公司只成「既無資

方又無資金的空殼子」（連玲玲，2005：164）。或就算不完全撤資，最起碼他不會在 1949 年時大幅增加在上海的投資，令公司及家族的財產一夕間化為烏有。此外，他子孫的數目太少，並早已和他一樣退隱到加州，在舒適環境中生活，失去了在匱乏困難環境中必須打拼才能生存的鬥志，令他那一房差不多完全喪失了永安集團的管控權，這相信亦是他人生另一大遺憾。

郭泉一房的全面領導

相對於郭樂一房的人丁單薄，郭泉的子女眾多，那怕其中郭琳爽一直被迫滯留在內地，並喪失上海生意的管理權，他在香港的子女仍人數眾多，因此有足夠的人力資源，可在戰後重建業務，並在五十年代香港經濟發展出現重大轉型時成為核心力量。而由於郭泉的子女一來年紀較長，二來學歷背景、工作經驗和表現等均較突出，加上郭泉主導香港業務數十年，其子女很自然地有了更大優勢，可以在郭樂一房退隱時走上領導前台。

在探討郭泉一房全面走上領導前台之前，且先分析 1951 年，當郭琳爽和郭棣活等在上海面對着各種政治與社會壓力之時，身在香港且已年過 75 歲的郭泉，於 4 月 7 日的初夏季節所展開一場環繞世界旅行，其中的主要目的是到英國倫敦參加「工藝展覽會」，但更重要的，相信是到加州與郭樂商討對策。該行程由香港飛往倫敦，然後轉往北美，由東岸而西岸，之後再到澳洲，最後取道新加坡返港，差不多繞了地球一圈，「漫遊五大洲大小城市廿餘處」，到 8 月 3 日返抵香港，歷時長達四個月（郭泉，1961：48）。

1951年德輔道中永安百貨公司。（許日彤提供）

　　很可惜，收錄在《永安精神之發軔與長成》一書內的「旅遊略記」部分，大部分講述遊歷見聞，觸及業務或生意的只有寥寥幾筆。例如在紐約時提及當地「銀行保險公司，百貨公司，不計其數」，並指由猶太人開辦的「咪士（Macy）公司比港永安公司大十倍，每日營業額比永安公司多廿倍，其股份亦在市上買賣」。至於到了郭樂居住的三藩市後，亦是如此，提及與郭樂相處的，只有「余在此，日間除出遊外，與樂兄及永安辦庄諸同事敍話，並討論業務，居留三星期」

數句。再之後他轉到年輕時曾踏足的檀香山、斐濟及悉尼等地，[6] 懷緬一番，但基本上還是沒有提及當時生意巨大變局等問題（郭泉，1961：47-69）。

雖則郭泉絲毫沒有披露這次親身到美國加州，在那裏住了三星期，「與樂兄及永安辦庄諸同事敍話，並討論業務」的內容，但顯然是為家族和企業的各項發展作重要決定，至於日後的各項安排，相信便是那次討論結果或決定的具體落實。由此可以推斷的是，其時已年近 80 歲的郭樂，由於曾經兩度中風（連玲玲，2005），身體健康欠佳，兒子郭悅文的狀況亦不理想，他自然想留在加州這個氣候舒適、環境恬靜的地方休養。再加上郭樂對當時中華大地及世界形勢持負面悲觀的看法，相信他已沒有返華回港的打算，所以他應該作出了盡交所有管理大權給郭泉、郭順及諸侄的重大決定。

若細看郭泉（1961：38-40）在《永安精神之發軔與長成》一書的「後記」（寫於 1960 年冬），當中提及各家香港公司自二次世界大戰結束至 1960 年的主要領軍人物，則可發現如下狀況或佈局：

* 悉尼永安公司：由郭桂芳任經理、郭燦彬任副經理。
* 香港永安公司：在 1950 年時，由郭樂、郭泉共同擔任監督；郭琳褒任經理，郭銳任副經理。之後，沒有提及監督，相信任期直至去世，但卻列出董事名單，分別有郭順、郭獻文、郭幹

6　對於檀香山和斐濟，他的描寫是「皆余壯年出外謀生所曾履及，今茲細按其變遷演進，殊感滄桑，惜當年老友存在者無幾耳」。對於悉尼，他用上了「重逢澳洲」的標題，指「余覺故地重遊，別是一番滋味」，並表示「雪梨埠上，非復四十四年前景況，姿態嶄新」（郭泉，1961：63-64）。

勳、郭琳爽、林允樞、郭棣活、郭琳褒、郭琳珊、郭琳驤、郭
澤棠、阮炳畿、郭禮安、黃煥彪、郭兆文。

- 永安貨倉：自 1945 年起由林允樞負責。
- 大東酒店：沒有提出年份，指出馬興燦、歐陽品、郭張成、郭
  華芬、郭桂清、林允樞、李樹棠、郭獻棠等負責。
- 永安銀行：在 1957 年由郭泉任監督兼總經理，經理為郭琳珊，
  副經理為郭琳弼、李樹芳、郭文昭、郭兆昂、李少文。
- 永安人壽保險公司：自 1955 年由郭泉任監督，郭琳褒任經理，
  副經理為郭銳、郭文澡。
- 永安水火保險公司：應在五十年代轉由郭泉任監督，經理為郭
  順，副經理為郭琳褒、黃浣生。
- 三藩市永安公司：經理為郭琳驤、副經理為郭文昌。
- 紐約永安公司：經理為郭琳弼，副經理為郭志雄。

　　這裏帶出的重要信息是，除業務簡單，過去家族甚少直接參
與，管理大權交由專業者負責，例如悉尼業務，以及貨倉與酒店等
生意仍一如既往地由非家族人士打理外，其他香港及海外重要生
意，可說全集中到郭泉一房手上了。簡單地說，最核心的香港永安
公司，由郭泉任監督，郭琳褒任經理，顯示曾受紡織專業訓練的郭
琳褒，雖因家族失去上海紡織生意而未能「學以致用」，但事業仍能
更上層樓，擔任香港百貨生意的大旗手。相對而言，曾在上海紡織
漂染廠中同樣擔任重要管理職位的郭棣昭、郭植芳和郭琳焯等家族
成員，則未見出現在香港永安集團的領導崗位上。

　　與此同時，在香港永安公司下轄的主要業務──保險、銀行和
美國金山莊公司──同樣明顯出現郭泉諸子分掌的局面。舉例說，

永安銀行由郭琳珊負責、永安人壽由郭琳褒出掌、三藩市永安公司
由郭琳驤負責、紐約永安公司由郭琳弼負責等，只有永安水火保險
由郭順負責。撇除郭悅文在 1954 年去世，郭樂兩孫可能沒興趣參與
家族生意不論，郭葵、郭浩兩房的子孫若於永安集團任職，可能亦
只是擔任中層管理崗位。至於水火保險雖然由郭順掌管，但又並沒
看到他的兒子們（如郭植芳、郭蘭芳、郭自芳）在最高管理層有任何
職務，在社會上亦沒看到他們露出頭角的身影。

綜合而論，郭樂和郭泉在 1951 年於加州三星期的業務討論，應
是確立了郭樂一房在中國及世界形勢風雲色變之時的全面退出，郭
泉可能因為身處香港，察覺到當時經濟其實動力仍在，所以決定在
兄長退出後頂上，並吸納了部分郭樂手上的股份，故郭泉一房能全
面接掌家族企業，公司的重要崗位亦全由他們接任。

一個不爭的事實是，韓戰沒有如一些人預期般進一步惡化為第
三次世界大戰，台灣亦沒落入共產黨之手（郭廷以，1979），反而在
站穩腳步之後迎來了穩定經濟發展，而更為重要的是，香港自 1950
年後逐步踏上了工業化道路，經濟持續急速增長。至於香港永安集
團的各項業務，在郭泉諸子弟的帶領下，取得了欣欣向榮、不斷擴
展的佳績，相信令他大感欣慰，證明自己當年的目光與決定準確（永
安集團有限公司，1982）。

其後，由於朝鮮半島危機逐漸消除，而永安集團的各項生意又
發展順利，到了五十年代中——可能是郭樂去世後，大約 80 歲的郭
泉再次外遊，這次的目的地是日本。他這次外遊基本上只為了玩樂
散心開眼界，所以不但規模沒那麼大，旅遊日子亦沒那麼長，只有

21 天，踏足地只有東京和大阪兩大城市，畢竟年邁的他體能已不同往昔了。

在遊歷日本期間，除了山光水色，他還特別考察當地在戰後迅速重建的情況，亦着意參觀當地百貨公司的營運，並對日本的待客之道與公司文化有深刻體會，因而寫下了如下感受：

> 日本之百貨公司，其陳設佈置，頗具匠心，而職員招待顧客，和顏悅色，彬彬有禮，一次交易，鞠躬道謝者八九次，無怪乎顧客樂於採購，其門如市。故余亦諄諄致意於永安各同寅，希望虛心進修，為客服務，刻意盡禮，毋仗使外人笑我輩不善招徠也。（郭泉，1961：72）

可以十分清晰地看到，身為成功商人的郭泉，每到任何地方也「三句不離本行」，從商業角度出發了解別人的經營情況，找出對方優點強項學習偷師。可以想像，自那次日本之行後，他回港後自然亦要求永安旗下百貨向日本學習，進一步提升待客之道的水平。

不過，無論郭泉對公司如何念念不忘時刻掛心，但歲月不饒人，他始終已上了年紀，家業亦必須交到下一代手上，由他們接棒管理。如前文所述，永安集團雖是郭樂等眾兄弟共同創立的，但到此時已由郭泉一脈完全掌控，而初期的接班安排又遇上中國內地局勢動蕩而出師未捷，加上他的兒子數目眾多，到底他對子孫有何期望，對家業的延續又有甚麼考量呢？或許可以從他預立的遺囑及在他出版的《永安精神之發軔與長成》一書中，略窺他心中的丘壑。

郭泉字鳳輝遺囑書

　遺　囑

余用郭泉字郭泉或郭鳳輝名義目置之產業待余百年歸壽　主呂
迨天國後委託弟和輝子琳爰琳弼琳褒琳驥琳珊任何弍人為承辦人全權
處理余之遺產并全權付託將款收息追收債項東公執行計開：

一、屋宇之部

一、竹秀園沛勳堂屋宇壹間係屬余兄弟公家物業作為祖屋之用

　股份之部（各種股份俱以一九五二年之現行股算）

一、香港油蔴地小輪船公司股份弍佰股票面額弍仟元九龍巴士公司股份弍佰
股票面額弍仟元香港永安公司股份壹佰股票面額壹萬元上列股份分與
余繼室孫恩容自一九五二年以後如有加開新股則上述該各股份額肉所開
出之新股亦連同原股額歸余繼室所有此外每月另撥與港幣壹佰伍拾元
（現金）以為零用（詳後列明用股份條文）

郭泉遺囑。

　　郭泉第一次草擬遺囑的日期是 1952 年 10 月 20 日，相信應是他與郭樂會面確立公司股權分佈後訂立。訂立遺囑的地點在香港，以我手寫我心的形式，而非在律師樓交由專業律師負責。較特別的是他找來四位「知見人」（見證人）：郭瑞祥、郭幹勳、郭澤棠、郭安，而非一般情況的兩位見證人。在遺囑中，郭泉指派其弟（郭順）及五子任何二人為遺囑執行人，名下財產除部分留給繼室孫恩容和兩名女兒（華章、惠珍），以及部分用作慈善用途外，大部分都是平均分給五名兒子。

　　而第二份遺囑訂立於 1962 年 3 月 12 日，這次的四位「知見人」則為黃思恒、郭澤棠、黃煥彪、湯昆演。在這份遺囑中，郭泉主要針對早前的缺漏增補了一個附件，補充他乃香港油蔴地小輪公司創辦人之一，他名下持有股份，一半均分五子，「其餘半數，則留為後代兒孫之助學金」。他還特別指出該公司的股份「不可轉，此因該公司章程規定，創辦人仍須占有股份，方能享受創辦花紅，而該公司業務鼎盛，每年該項分紅均有可觀也」（郭泉，1962），由此可見郭泉「數口」之精明，別具商人精打細算本色。

　　至於《永安精神之發軔與長成》一書，其實是根據郭泉在 1948 年出版的「四十一年來營商之經過」小冊子整理而成，而他自日本旅遊回來後曾進行編刪增減，並於 1957 年再版。後來，他指因為「親友聞而索閱者眾」，故在小冊子的基礎上增加內容，並於 1961 年出版成書。儘管此書對永安集團成長和發展的介紹實在十分簡單，主要集中於香港的業務和他本人的經歷，但畢竟作為一手資料，仍甚具參考價值。而他以筆墨留下雪泥鴻爪的舉動，自然是希望自己的人生故事與成就功勳能留傳後世了。

　　從郭泉的遺囑及具自傳性質的《永安精神之發軔與長成》書中，可反映他對自己人生及事業的思考，以及對兒子們的期望，當中亦有一些特別之處可供討論。首先在家庭部分，郭泉雖曾旅居外國多年，做生意的手法亦屢有創新，但他的思想仍有相當傳統的一面，如妻女只獲贈少量財物，大部分的遺產都由諸子均分，這與其兄郭樂將遺產平均分予妻子、媳婦及男女孫的做法甚不相同。此外，郭樂在遺囑中有提及眾弟弟及侄兒等 32 人，並將小量金錢贈予他們，雖說金額相對眾人的身家只屬九牛一毛，但仍具關顧照料之意，這可能是在「長兄為父」的觀念下，郭樂認為自己有責任照顧家人。而郭泉排行第三，可能沒有要照顧弟弟及侄兒的自覺，故在遺囑中並沒有提及其他房的兄弟子侄。

　　而在企業方面，他多次提及永安乃眾兄弟共同創立，大家同心同德，才能達致今天的規模。如在遺囑的最後，他特別留下了一段叮囑：

余念雪梨永安公司、香港永安公司、上海永安公司、雪梨合利
菓欄、上海永安紡織印染公司、永安水火保險、永安人壽保險
公司、永安銀行、大東酒店均為余兄弟盡心協力規劃創辦，歷
數十年擴充進辰（應是「展」之筆誤），特囑各兒等宜將上開
各號繼承余志，共同協力，使其永遠不墜，光大發揚，是所至囑。
（郭泉，1952）

在《永安精神之發軔與長成》的後記結語中，他再次強調：

當日余兄弟與友好十數人回國創業，同心同德，各無二心，余

有所倡，群力赴之，此所以以永安系各企業之創立無不水到渠成；業務之展開，無不順利實現，至有今！今組織龐大，業務日繁，事權分掌，各有崗位，尤須彼此同心，團結合作，守望相助，勿以小我而忘大我，庶幾繼往開來，發揚光大，使「永安精神」，垂諸永久，余厚望焉。（郭泉，1961：40）

顯然，他甚擔心諸子未能齊心，出現爭執內鬨，甚至因權力爭鬥而令家業消亡。這種憂慮其實是不少企業家共有的，始終不少學者的研究均指出諸子均分的繼承制度，以及家族內的離心力，會誘發家族由第二代開始出現不少競爭（Chau, 1991）。當然這些競爭會帶來進步，還是虛耗資源，便要視乎家族中人的關係、運作機制的成熟或理智程度等。而對郭泉而言，由於集團的「組織龐大……事權分掌，各有崗位」，故要再三強調「各無二心」、「勿以小我而忘大我」相信是想透過自己的經歷及道德感召，告誡眾子孫雖各人有分工，但仍應以家族整體利益為重，「團結合作」才是家業長盛之道，公司才能「繼往開來，發揚光大」。

另一點不容忽視的，自然希望將自己的管理經驗留傳後代，尤其對子孫後代接掌企業後留下一些指導思想。基於此，郭泉在書中特別提出了七點「經驗之談」，要求「主要職員」──即領導者──緊記。這七大點為：樹模範、任人材、善採辦、慎出納、絕投機、勵儲蓄、肅家政。

郭泉提出的「永安精神」，其實近似傳統的家規或家訓，或現代論者眼中的「家族精神」（齊以正，1986：88），也確立了家族的核心價值，希望子孫後代緊記並嚴格遵守。他在晚年不惜大費功夫整

聞

永安系機構創辦人兼董事長郭泉先生於一九六六年四月十二日上午七時五十分在香港鼠輝台寓所息勞歸主溯生於遜清光緒弍年八月廿六日子時享壽九十有一歲奉移香港殯儀舘治喪謹擇四月十八日下午弍時正在該舘禮堂大殮三時正在銅鑼灣禮頓道中華基督教會公理堂舉行安息禮拜隨即出殯安葬薄扶林道基督教墳場謹此報

永安人壽保險有限公司
香港永安有限公司
永安銀行有限公司
永安水火保險有限公司

三藩市永安公司
倫敦永安公司
雪梨永安公司
永安企業有限公司
永安貨倉有限公司
永安置業有限公司

謹報

1966 年，永安系機構創辦人兼時任董事長郭泉去世，當時報章所登訃聞。

理成書，甚至付梓出版，充分表達出他對子孫後代的期盼，以及希望家業所走的方向，流露人生最後階段仍不忘諄諄告誡叮囑的不捨與關懷。

《永安精神之發軔與長成》一書出版後四年，郭泉於 1966 年 4 月 13 日去世，享年 91 歲，結束了傳奇一生（《工商日報》，1966 年 4 月 14 日）。家人在報章上刊登大版訃聞，並舉辦了一場十分隆重的喪禮，出席致祭者眾（《工商日報》，1966 年 4 月 19 日），與其兄郭樂去世時情況形成強烈對比。家人之後將郭泉葬於香港仔華人永遠墳場，與親屬（元配馬燕清、胞弟郭葵和郭浩等），以及同鄉戚友（蔡興、馬應彪、杜福茂等）作伴。

對於郭泉的一生，其墓誌銘上有了不少介紹，惟其中指「經商澳洲雪梨、創辦永安欄」一點（鄧家宙，2012），則與事實不符。事實上，在不少有關郭泉的記述中，總是如墓誌銘上說他「創辦永安果欄」，這是一個十分明顯的錯誤。正如本書早前各章提及，在創立永安果欄一事上，郭泉全沒角色，他當時在竹秀園鄉相信仍過着農耕生活，他是在郭樂確認永安果欄已邁出成功腳步後才前往協助，亦可能是他主動前往投靠的。

就算是香港創立永安百貨公司一事上，按他本人的說法，亦是郭樂、郭葵諸兄弟討論後的重大決定，他應是執行人而已，到日後業務不斷開拓，雖然控股母公司一直是香港永安，但家族最大的生意基地在上海，而最大投資則是上海永安百貨和永安紡織廠。惟最後上海（或者說中華大地）上的全盤生意化為烏有，相信年老且健康欠佳的郭樂受此打擊後選擇淡出生意，把領導大權全交給郭泉。接

下來香港的生意在五十年代後隨着經濟起飛，出現了令人意料之外的巨大發展，公司持有的物業地產價值倍升，郭泉一房的身家財富大幅飆升，令他的傳奇故事增添了更多迷人色彩。結果導致不少人將功勞都算到他身上，甚至誤以為永安集團由他所創，而創業時期的真正領軍人郭樂反而甚少人提起，甚至被完全遺忘了。

第二波接班的順利完成

由於錯判政治風險，永安集團在中國的生意與資產在「公私合營」浪潮中化為烏有，郭琳爽和郭棣活亦退出了商業舞台，可算是以上海為大本營的第一波傳承接班為失敗。而進入五十年代的「貿易禁運」雖曾令香港經濟一片低迷，影響集團的發展，但不久即因香港踏上工業化道路，永安集團在香港的各項生意不斷獲得良好發展，則可視以香港為大本營的另一波傳承的成功，而郭琳弼、郭琳褒、郭琳驤和郭琳珊等新集團領導者在香港商界的風頭則日見強勁。

從傳統華人家族企業傳承接班理論看，郭泉去世標誌着接班過程完結，新領軍人為郭琳褒，揭示「琳」字輩家族成員則終於在香港永安公司中登上了全權領導的寶座。概括地說，當五十年代初郭泉獲郭樂確定全面退出，改由郭泉統籌全局，作重大決定，至於各生意的管理及行政事務，則全由諸子及胞弟各自負責。在這種安排下，各項生意投資均取得不錯發展，這除了反映出郭泉的英明領導，當然亦與全球和香港整體營商環境持續向好有關。

撇除私家有限公司（酒店、貨倉、水火保險）和三家不在香港

的公司（悉尼、三藩市及紐約）沒有財政報告不談，屬於上市公司的永安銀行、永安人壽及永安有限公司（百貨），在五、六十年代均持續錄得了很好的業績，大小報章則常有報道。舉例說，永安有限公司在 1951 錄得近 200 萬元利潤，[7] 數目不少，1952 年略為回落，亦達 150 萬利潤。之後各年略有回落，例如在 1955 年只有 77 萬元，1956 年更只有 67 萬元，但之後則大幅回升至 1958 年的 126 萬元及 1961 年的 225 萬元，可見公司表現不錯（*South China Morning Post, various years*）。

　　另一家族上市公司永安人壽亦表現突出，該公司在 1952 年錄得 70 萬元利潤，之後的 1954、1956、1958、1960、1964 及 1966 年則依次錄得了 75 萬元、82 萬元、116 萬元、186 萬元、360 萬元及 440 萬元節節上揚的利潤，報紙更經常以創出「新紀錄」（new record）作形容（*South China Morning Post*, various years），可見各公司在「琳」字輩成員的領導下，能夠不斷取得佳績，而這是傳承接班朝正面方向前進的重要指標。

　　為了更好說明郭泉在生時下一代的接班已經上了軌道，到他去世後公司仍能保持良好發展勢頭，按他遺訓穩步前進，我們不妨以永安銀行逐步發展作說明。郭泉在生時，銀行業績──尤其每年盈利──無疑凝聚了他的意志和想法，能不斷成長自然要歸功於他，但到他去世後，領導人仍能令公司不斷發展，則可清楚說明傳承接班取得成功。

7　1951 年永安有限公司的突出表現，很可能正是郭泉對於郭樂決定全面退出時同意由他全力頂上的其中考慮因素。

先說郭泉去世前的情況。在 1952 年至 1961 年間，銀行發展可謂按其意志前進，取得良好表現無疑乃他的功勞，他亦因此引以為傲。在《永安精神之發軔與長成》一書中，他對於臨終前的業務發展有如下描述：

自一九五三年後，業務存戶更見直線上升，而職工人數，亦由初期二十餘而增至近百人矣。原有行址不敷，乃籌劃改建；後以聯號永安人壽大廈先期建築，乃決以地下地庫及二樓為銀行之用。一九五六年永安人壽大廈完成後，遷入新址。一切設備，均依現代化之銀行，規模新穎，顧客稱便。又鑒於九龍區支行存戶之擴擁，乃於一九五九年四月開設旺角支行。同年五月更得港政府委為授權外滙銀行。迄至今日，該行職工已增至一百五十餘人，來往及儲蓄存戶凡三萬三千餘戶，存款達一億二千萬元，保管箱亦由初期千個增至五千餘個。目下銀行資產達一億四千萬元，一九五九年獲利凡二百餘萬元。公積及準備金達四百萬元，業務來往及通滙地區遍及全球，歐美澳日數大城鎮，均有代理。業務擴展，方興未艾，該銀行歷史雖淺，而於戰後十數年間，能突飛猛進，此實賴社會人士之愛護信任，與及同寅之努力。（郭泉，1961：19）

按郭泉的介紹，無論是從客戶數目、資產值、員工數目、分行數目，甚至是銀行地位等角度看，銀行均錄得突出發展，所以可謂令他老懷大慰了。但是，若果我們以銀行每年盈利作指標，了解自他去世後的數據變化，則不難發現銀行其實在新領導班子下取得更為突出的發展，證明第二波傳承接班取得成功。

　　圖 7.1 是 1960 年至 1983 年間永安銀行每年利潤的變化。可以
十分清晰地看到郭泉在生之時，在他的標準中，銀行盈利雖然已經
表現突出，1965 年達至高峰，到翌年（即郭泉去世那年）才因受
1965 年銀行出現擠提風潮衝擊而回落。郭泉去世後，郭琳褒在 1966
至 1971 年出任永安集團主席，而郭琳珊則在 1971 至 1983 年出任永
安集團主席，在兩人的領導下，銀行表現其實更為亮麗，利潤增長
更為急速。出現這種局面的原因，一來是郭泉在生時打下了良好基
礎，例如銀行有了更為寬敞和現代化的總行，給客戶財力雄厚、耳
目一新感覺；二來是那時經濟和金融環境有了更大發展。至於 1973
年至 1975 年銀行利潤「打橫行」，主要受股災後又有石油危機衝擊，
香港經濟長期低迷影響之故。到 1979 年後出現利潤大起大落的情
況，則主要與當時經濟及政治環境出現巨大波動有關。儘管如此，
銀行盈利仍然保持可觀，說明領導層在那個風高浪急環境中仍能乘
風破浪，進一步說明「琳」字輩已完全成功接班，有能力領導公司
前進。

圖 7.1：永安銀行盈利表現：1960-1982

利潤（港元）

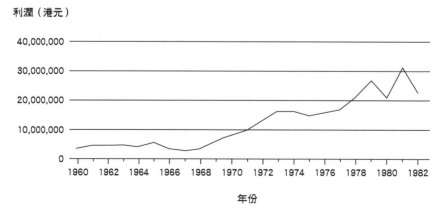

資料來源：Wing On Bank Limited, various years

處於四十年代末五十年代初那個風雲色變的年代，當中華大地
上的生意和投資全部失掉之後，在郭泉帶領下的香港第二波傳承接
班，能夠沉着應戰，實在乃企業能夠逐步發展起來的關鍵。對於整
個集團最終能夠踏上更寬廣道路一事，身為新一代領軍人的郭琳珊
在 1975 年以永安集團主席身份接受記者訪問時，曾披露集團的資產
和發展狀況，表示集團總資產達 5 億元，並擁有 5 間百貨公司，1 間
銀行（旗下有 11 間分行），1 艘大型運輸船，在香港及海外亦有不
少物業投資等，屬於當時香港其中一家資本雄厚的華人企業（*South
China Morning Post*, 19 October 1975）。

回頭看，第二波接班能夠在香港取得成功，除父輩已奠定良好
基礎外，當然與接班人的才能和辛勤有關。此外，他們曾經歷戰時
困苦，以及戰後重建時資源匱乏下的節儉，鍛煉出做人處事的圓融
進取，以及對事物的看法更有深度、更為全面，因此在接掌家族企
業後能穩扎穩打，在郭泉去世後帶領永安各公司不斷前進，取得驕
人成績。

「志」字輩的蓄勢待發

到了六七十年代，大多在抗戰軍興（1937 年）後陸續出生的
「志」字輩家族成員，就如二三十年代的「琳」字輩般，已經完成學
業後陸續投入社會，開始打拼他們的事業。他們有些在海外，有些
在香港；有些加入非家族的不同機構，先行學習別人的經驗，有些
則選擇直接進入家族企業，啟動了另一浪潮的接班。相對而言，不
少「琳」字輩則已進入暮年，開始認真思考怎樣能夠更好退下火線的

問題。由於傳承接班問題極為複雜，並非家族第二波傳承接班取得成功，便能確保下一波接班傳承亦必然成功，所以仍引起社會高度注視，至於「志」字輩學歷背景極為突出，個個擁有驕人「沙紙」（文憑），飽學知識與專業，乃不少人心目中的「學霸」，更讓人對其接掌後的家族企業發展寄予厚望。

在探討「志」字輩在接班問題上蓄勢待發之前，讓我們先交待家族在六七十年代的一些重大發展或轉變。首先，是不少家族成員先後離世。舉例說，在郭泉去世前三年，郭順妻子李氏（Florence Lee）於 1963 年 3 月 2 日去世，享壽 73 歲。李氏生於澳洲，二十世紀初香港永安公司創立後與郭順在香港結婚，之後隨同郭順到上海生活，夫婦育有三子三女，她應是丈夫的精神支柱（*South China Morning Post*, 3 and 5March 1963），所以她的離世應該大大影響了郭順嗣後的事業和生活計劃。

另一方面，郭泉去世兩年後的 1968 年 2 月 16 日，郭琳弼之妻李芙蓉某次到台灣觀光公幹時因為飛機失事卒於台灣，享年 53 歲，此一突然變，給郭琳弼巨大打擊，[8] 因為李芙蓉一直熱心香港社會服務與慈善，不但在社會上具有一定名望，亦一直大力支持郭琳弼的事業，她的突然離世，自然令郭琳弼和女兒郭志顏傷心失落，一度意志消沉（*South China Morning Post*, 21February 1968;《工商日報》，1968 年 2 月 21 日）。

到了 1971 年 7 月 8 日，自郭泉去世後擔任永安集團主席（直接

8　郭琳弼和李芙蓉育有一女郭志顏，而郭志顏嫁南洋煙草簡氏家族的簡顯良。

郭順與妻子之墓。

管理永安水火保險、永安銀行和永安有限公司主席之職）的郭琳褒突
然因病去世，[9] 享年 60 歲（*South China Morning Post*, 9 July 1971;《工
商日報》，1971 年 7 月 15 日），變故給家族帶來甚大的衝擊，因為
郭琳褒不但活躍於政商界，亦熱心參與社會與宗教活動，可說是家
族的「對外代表」。同年 12 月 21 日，郭琳驤亦因病突然去世，[10] 享年
58 歲（*South China Morning Post*, 24 December 1971），這一變故不
但讓親人更感傷悲，亦左右了接班人的安排，而大家在辦理了喪事

9　郭琳褒和妻子李月嬌育有四子（郭志權、郭志匡、郭志彬、郭志舜）一女（郭志璧），
　　其子女們亦與不少巨富家族結成婚盟，例如郭志權娶李樹培女兒李宛群，郭志匡娶丘薇
　　薇，丘薇薇乃 DBS Vickers 高層，乃金融界專才；郭志彬娶邵氏兄弟公司旗下電影名星
　　陳小平（藝名秦萍），消息曾轟動社會。更加傳為佳話的是身為建築師的郭志舜，迎娶
　　上海建築巨擘徐鉅亨（新亨營造老闆）的女兒徐志姮，而郭志舜胞妹郭志璧則嫁徐志姮
　　弟徐志樑，令郭徐兩家關係極為緊密（Lo, 2017）。

10　郭琳驤和趙愛蓮育有三子（郭志仁、郭志勇、郭志豪），而三子的婚姻聯盟亦不容忽視。
　　郭志仁娶程玲慧，郭志勇娶李慧齡，而郭志豪娶張居理。

之後，則推舉了郭琳珊擔任集團主席之位。

郭琳褒和郭琳驤去世三年後的 1974 年 10 月 27 日，郭琳爽在上海因病去世，享年 78 歲（《工商日報》，1974 年 11 月 4 日）。再過兩年後的 1976 年 4 月 16 日，郭順去世，享年 94 歲（《工商日報》，1976 年 4 月 18 日），而郭順的去世標誌着創業一代管理永安集團的時代劃上句號。自此之後，永安集團的管理大權，基本上可說是全部落到郭泉一房手中了。

無論是社會或家族，必然會面對老死興替的新陳代謝問題，所以當年長一輩逐步走到人生終結時，年青一輩則逐步抬頭，開始嶄露頭角。若細看郭氏家族「志」字輩的履歷背景，則可發現一個十分亮麗特點：教育水平極為突出——不只是本地著名學府，更是世界著名學府；不只是大學畢業，更有碩士及博士等學位；不只集中一科一系，更是不同學科及專業均有；而且比他們本已取得突出學歷的上一代更為亮麗（參考第五章）。

表 7.1 是郭泉一房「志」字輩的學歷背景資料，可以十分清晰地看到，他們大都曾在美國著名大學就讀，取得學士或以上學位，而單是擁有博士學位者，便有郭志楷、郭志權、郭志匡、郭志仁、郭志豪、郭志標等六人之多。論學歷成績無疑極為突出，其他家族實在難望其項背。至於他們的教育更涵蓋不同學科，這樣更能配合家族企業的多元化發展，顯示無論生意投資或教育成績，均令人艷羨。

表 7.1：郭泉一房「志」字輩的學歷背景資料

姓名	大學名稱	學系	學位
郭琳爽兒子			
郭志雄	留學美國	不詳	不詳
郭志韜	留學美國	不詳	紡織工程師
郭志楷	加拿大麥基爾大學	機械工程	博士
郭琳褒兒子			
郭志權	麻省理工	物理	學士、碩士
	哈佛大學	物理	博士
郭志匡	波士頓大學	化學	學士
	耶魯大學	經濟	博士
郭志彬	麻省理工	不詳	不詳
郭志舜	麻省理工	建築	註冊建築師
郭琳驤兒子			
郭志仁	加州大學洛杉磯分校	藥劑	博士
郭志勇	加州大學洛杉磯分校	人壽保險	不詳
郭志豪	加州科技學院	物理及化學	博士
郭琳珊兒子			
郭志樑	濱夕凡尼亞大學	沃頓商學院	管理學碩士
郭志桁	史丹福大學	經濟	學士
	英國 Gray's Inn	法律	執業大律師資格
郭志標	芝加哥大學	生物	博士
郭志一	史丹福大學	經濟	學士
	Santa Clara 大學	工商管理	碩士

＊只列子兒子，女兒不包括在內

資料來源：郭泉，1961；Zheng, 2009；永安集團，2018

　　若細心一點看，儘管有「耕讀」雅號的郭沛勳並不重視讓諸子接受較多教育，反而鼓勵他們年紀輕輕便飄洋海外，及早投身商海，闖蕩世界，而結果又真的能夠創立永安的商業帝國；但到郭樂、郭泉一代打下江山後，對子女教育變得十分重視，其中的主要原因自然與商業營運及開拓生意有關，所以除了有不少「琳」字輩成員在嶺南大學就讀外，更派了郭棣活、郭棣昭、郭琳褒、郭植芳、郭蘭芳

等「出國學習紡織工程」（郭泉，2003：15）。郭泉本人對於強化子
孫後代的教育，更提出了如下理念：

> 對於兒童，應施行家庭教育，如屆入學年齡，無論男女，應送
> 入學校，使受良好教育，使其卒業中學或大學，學識有相當基
> 礎，將來方能為社會服務。如能力求深造，成就專門技能，則
> 對於國家社會之貢獻，尤不可限量。（郭泉，1961：30）

事實上，郭泉亦在遺產中撥出部分資源用於支持子孫教育，可
見其重視程度。正因這種重大家族發展策略，「志」字輩的教育成績
乃顯得十分突出。到這些擁有耀目「沙紙」的家族成員逐步投入集團
工作，揭開了另一波傳承接班浪潮時，不少人對於他們日後可以帶
領集團更上層樓尤其寄望甚殷。

除了重視教育，家族亦十分重視接班人對公司業務、待人接物
及生活態度等培訓。舉例說，在 1979 年時，時任集團主席的郭琳
珊，在接受記者訪問時曾談到家業傳承與子女教育問題，並以教導
自己四個兒子（見表 7.1）的方法作出說明。他這樣說：

> 暑假時，當我的孩子們（在外國留學）回來時，他們起碼要打
> 兩個月暑期工。若他們到銀行工作，他們要負責數鈔票；若他
> 們到百貨公司工作，他們要做跑腿，協助營業員解決各種疑難
> 雜症。他們的工作雖然有薪水，但只夠支付他們的交通費，這
> 樣做可讓他們明白到金錢的價值。（*South China Morning Post,*
> 19 October 1975）

即是說，他們不只重視學校或專業教育，亦兼顧他們由低做起，或者說明白基層工作的細節，讓他們有朝一日踏上領導高層後，可以帶領公司取得更大發展，這樣的妥善安排與兼顧，自然強化了社會對於新領導的良好印象，亦寄予更大期望。然而，這個本來氣勢如虹的發展局面，最終不但沒有發揮預期效果，反而令公司和家族栽了一個大跟斗，幾乎沒頂。至於為何郭氏家族會出現這樣一個反高潮的局面？讓我們下一章中再作深入說明。

結 語

任何富過多代的家族或企業，必須跨過傳承接班的門檻，而成功的傳承接班，其實並非只是考慮家族內部因素，同時亦應結合外圍環境與社會變遷。郭氏家族自二三十年代進入第一波接班傳承，然後在三四十年代遭到戰火與政局動盪衝擊，上海解放前夕的錯誤決定令多年建立的心血化為烏有，惟幸香港一方的第二波傳承接班能成功，並在外圍風浪與內部巨變中令家族和企業可以東山再起。到六七十年代時雖然有不同家族領軍人去世，但基本上能夠維持着穩定領導，令公司可以不斷向前。至於多層面和多年代的經歷，則揭示了傳承接班過程其實並非無風無浪，反而是內外環境的時刻風高浪急與交互衝擊，任何處理失誤，均會改寫家族和企業的發展軌跡或命運。

進一步看，家族企業由原來郭樂主力創立，諸弟共同協助，再合力將之發揚光大，到最後幾乎落入郭泉一房手中的發展軌跡中，則反映那怕是同父母所生，但因性格迥異，選擇不同，自然令他們

子孫的前進路途亦受牽引。就以郭樂和郭泉兩兄弟為例，郭樂有創業的魄力，放眼大上海，不斷壯大當地生意，但在戰亂和政局巨變之下，似乎選擇了逃避之途，當然晚年健康欠佳及獨子離世可能亦令他對人生追求有了不同看法，所以最後選擇退出。郭泉在創業能力上雖不及郭樂，但在守業上則有其深思細慮及堅韌不拔之處，而且主守香港，避過了新中國成立時被解放，就算碰到「貿易禁運」，亦察覺到當中的機會，所以能在郭樂選擇退出時全力承接其股份和領導權力，令自己一房有了前所未見的更輝煌發展。當然，郭樂只有一子，而且健康欠佳，壯年早逝，一男一女兩孫可能寧可在美國生活，不願返港。郭泉子孫眾多，而且個個精明幹練，故擁有一股巨大的發展動力。顯然，性格、能力與際遇固然是個人成敗的主因，但個人的選擇又會反過來影響家族後代的發展軌跡。

第八章

一子錯滿盤皆落索

人生或家族的前進路途，不可能永遠順風順水，沒有挫折失敗。巨大財富、突出學歷、「強強結合」的婚姻聯盟等等，均不能確保能夠立於不敗和持續強勢發展，這其實便是人生的難以預測所在。當然，事出必有因，大好人生或家族的戛然而止或高峰滑落，很大程度與某些錯誤行徑或決定有關，了解當中問題所在，對於思考家族的進一步發展，走出親人怨懟與憤恨，實在極為重要。

對於永安郭氏家族在新世代接班時出現一個極嚴重的危機，掉進前所未見的發展困窘，自然令不少人聯想到是否接班安排出錯，或是子孫才幹不如父輩等與傳承有關的問題。而本章的焦點，便會介紹那場令家族的經濟及聲譽蒙受巨大損失的危機，深入討論當中的因果關係，以及可從中得到的教訓。

第三波接班的突如其來

1975 年 10 月，當時香港仍受 1973 年股災後經濟衰退的陰霾籠罩，不過永安集團仍密鑼緊鼓，正準備慶祝旗下永安保險的 50 周年誌慶。剛過甲子之歲的永安集團領軍人郭琳珊，更接受了《南華早報》的記者訪問，回憶集團走過接近一個世紀歲月的道路，縱使走得艱辛，道路崎嶇，卻能取得十分豐碩的成果。對於家族能克服困難苗壯成長，他在言談中亦不禁流露出意氣風發，並對集團未來發展表現得躊躇滿志、信心滿滿。與此同時，他亦談及下一代，並對家族「志」字輩成員的嶄露頭角充滿期待，覺得他們必會令集團繼續破

浪前進，創造輝煌（*South China Morning Post,* 19 October 1975）。

　　事實上，作為一家擁有悠久歷史的企業，當時的永安系業績表現不錯，絲毫未見暮氣沉沉的景況，反而是充滿發展活力。以永安銀行為例，自郭琳珊於 1971 年接任集團主席的翌年，利潤便突破千萬元大關至 1,300 萬元，是前所未見的高水平。接着的 1973 至 1975 年間，受香港整體經濟環欠佳影響，永安銀行的利潤雖沒有大幅成長，基本呈現「打橫行」的格局，但仍維持在千萬元水平以上（參考上一章圖 7.1）。即是說，自郭琳珊出任永安系主席後，永安銀行的利潤增長迅速，在外在大環境欠佳時仍能維持業務發展，難怪郭琳珊在接受記者訪問時會表現出充滿自信了。

　　郭琳珊在訪問中更談及「志」字輩成員雖然已不用如上一代那麼艱苦打拼，但仍需辛勤地工作。他以自己為例子，雖然公司已上軌道，但他的工作量只增無減，他一共擔任 8 家永安系企業的主席之職，[1] 還出任 34 家關聯的私家或公眾公司的董事，故每天早上 9 時 30 分上班，5 時 15 分下班，坐鎮公司內，主持大小事務。除非外出或有公務應酬，他必會在公司飯堂內用餐，與公司上下職工打成一遍。

　　郭琳珊還透露與上一代相比，加入公司的親屬人數已大幅減少，當時約有 20 位家族成員在公司內工作，其中 4 至 5 位擔任行政管理職務。按他所言，不少擁有高學歷的家族成員其實寧可在外

1　在郭琳珊去世時，他其實擔任 10 家公司的主席之職，依次為永安控股、永安銀行、永安人壽、永安投資、永安物業證券、永安水火險、永安電腦系統、Well Guard Insurance、香港家庭保險、永安投資新加坡（*South China Morning Post,* 3 May 1983）。

面工作，亦不願回港加入家族企業，因為海外的工作與他們所學專長一致，亦可能是因為那些工作較輕鬆之故。只是當他們對於在外工作感到疲勞或失去興趣，才會選擇回到永安公司（*South China Morning Post*, 19 October 1975）。簡而言之，當時郭琳珊既對公司走過的路、取得的成績感到自豪，另一方面又對前景充滿信心，相信在自己領導下的公司會再創佳績。

郭琳珊在訪問中提及當時有 4 至 5 位家族成員擔任行政管理職位，除他以外，相信還有郭琳弼、郭志權（郭琳褒長子）、郭志匡（郭琳褒次子）及郭志勇（郭琳驤之子）等。即是說，在「志」字輩的成員，郭志權、郭志匡和郭志勇應於 1975 年已進入管理核心。到底「志」字輩是甚麼時候開始加入永安公司的呢？其接班路上曾經碰到甚麼問題呢？這些問題或經歷又怎樣影響他們本人及家族的前進道路呢？

據郭志權本人憶述，六十年代初他在香港唸完預科，以優異成績獲美國著名學府麻省理工取錄，到該校攻讀物理，畢業後轉到哈佛大學攻讀博士學位。1965 年，郭志權取得博士學位，但他並沒隨即返港，而是繼續留在美國，加入「萬國商業機器」（International Business Machines Corporation，簡稱 IBM），主要從事學術及理論的研究工作。而同樣在哈佛唸書的胞弟郭志匡，則約於 1965 年畢業後返港，投入永安集團，主要是參與永安銀行的管理。到了 1970 年，由於知悉其父郭琳褒染病，郭志權才返港探病，並開始思考參與永安公司管理等問題（君兒，1986）。

當時，永安集團擴充改組，郭志權在父親安排下加入永安人

壽，算是開始踏上之接班之路。翌年，父親郭琳褒和叔父郭琳驤先後去世，他在永安集團中的角色亦更見吃重。由於擁有突出學歷，加上思想與行動敏捷，儘管並非商科出身，他轉投商業亦適應得很快，能迅速掌握商業社會的節奏與脈絡，表現獲當時的主席郭琳珊肯定。

郭志權加入公司不出兩年間，即負起重大任務，於 1973 年 9 月將人壽業務重組並在香港交易所上市，為生意發展注入更大動力，令家族掌控的上市公司由一家增至兩家。在這次上市行動中，家族除了重整本身的人壽生意，還將部分永安銀行、永安置業及永安有限公司的股份及資產注入其中，壯大永安人壽的實力（*South China Morning Post,* 31 August 1973）。當時的法定資本約為 1.3 億元，主席為郭琳珊，總經理為郭志權（鄭宏泰、黃紹倫，2006）。

正如前述，1973 年香港碰上了大股災，之後又有石油危機，經濟持續低迷，但永安人壽上市後仍能有所表現。以盈利計算，1974 年錄得 1,340 萬元利潤，1975 年微升至 1,570 萬元，可見表現不俗。接着，香港經濟逐步回升，永安人壽的利潤亦逐步上揚，例如在 1976 及 1977 年分別錄得 1,641 萬元及 2,451 萬元的盈利（*South China Morning Post,* various years）。

不過，受 1973 年股災影響，有些投資失利的公司走上了財困破產之路，部分甚至捲入官非。其中一家名叫保利工程（Paul Lee Engineering）的公司，董事局主席李保羅便因炒賣股票損手，最後以詐騙及做假帳等非法手段應對財困，結果東窗事發，於 1975 年 12 月遭廉政公署告上法庭，提出包括盜竊、串謀詐騙、行使假文

件等多達 30 項控罪，事件轟動社會（*South China Morning Post*, 17 December 1975）。而身為永安銀行管理層的郭志勇（郭琳驤之子）和郭志匡，亦令人感到意外地捲入事件之中，與李保羅等 11 名董事同列被告席。至 1976 年 6 月案件審結，李保羅及兩名保利工程職員罪成，其他包括郭志勇和郭志匡在內的 8 名被告則罪名不成立（鄭宏泰，2017）。郭志匡和郭志勇雖然避過一劫，但事件畢竟影響了郭氏家族及永安銀行的聲譽。

或者是受事件影響，到了 1977 年時，這年雖是永安有限公司創立 70 周年的大日子，但從資料上看，除了推出一些廣告，公司並沒舉辦甚麼吸引社會大眾的慶祝活動。另一方面，雖然受官司事件困擾，但郭志匡和郭志勇沒有受到處分，他們在永安銀行的職位沒受影響，而郭志匡在事件過去後更獲擢升為總經理，事業更上層樓。這種情況，自然因為郭志匡乃家族成員之故，換着是非家族員工，相信不被炒掉已算罕見，更不用說還能獲得擢升了。

進一步資料顯示，自 1977 年起，無論是百貨生意，或是保險及銀行生意，基本上均在香港經濟開始復甦的帶動下取得了不錯成績。兩個例子可以說明：一、到了 1978 年，位於上環德輔道中的集團總行，經過多年重建，終於豎立一座全新而具現代氣息的大樓，然後落成開幕，此舉引起了社會的高度重視，亦為公司注入了更強大的發展動力。二、曾受「保利事件」影響的永安銀行，自 1977 至 1979 年的盈利，錄得大幅上揚，備受市場注視（參考上一章圖 7.1）。

而百貨公司方面，資料顯示，在 1980 年時，集團擁有五家店舖——總店加分店，即上環德輔道中總店，以及中環、油麻地、灣仔

及銅鑼灣等分店（*South China Morning Post*, 1 November 1980）。當
然，百貨生意是一分耕耘一分收穫的，所以必然要落手落腳、親力
親為，並會受社會及市場氣氛所主導，常有起落波動，盈利也不如
金融地產業等一本萬利。但畢竟這是家族「老本行」、發跡點，所以
後世子孫自然有責任努力維持，不能放棄。

　　1979 年以後，中國大陸實行「改革開放」，給香港經濟和社會
帶來另一股前所未見的影響；其後，又因中國政府着手籌劃收回香
港主權一事掀起了「香港前途」問題，給投資市場及社會造成困擾，
經濟起伏甚大，屬於金融骨幹的銀行業自然首當其衝，永安銀行的
利潤及表現亦大起大落。舉例說，在 1979 年時，銀行錄得 2,668 萬
元利潤，翌年大跌至 2,088 萬元，但 1981 年又大升至 3,077 萬元，而
接着的 1982 年只有 2,238 萬元（參考上一章圖 7.1），可見盈利波幅
起落之大。

　　在經濟波動期間，郭氏家族除固守外，亦曾進行一些重要的投
資舉動，如在七十年代下旬趁着經濟復甦之時，永安曾斥巨資收購
一些價格吸引而地點優越的地皮，例如位於尖沙咀東部的富都酒店
及其毗鄰地皮，然後大興土木，在那裏興建日後命名為永安廣場的
地標式建築。該物業於 1981 年落成，不但提供寫字樓出租，還將
大廈地下數層設為永安百貨門店，令永安百貨的分店，繼上環、中
環、銅鑼灣、佐敦及美孚新村外，又增添一家，達至七家。

　　為了配合這一新發展局面，加上翌年便是永安有限公司的 75 周
年誌慶，公司再次進行業務重組，重點是把所有永安系公司組織置
於永安集團之下，藉以打造「永安」的品牌，發揮更大的協同效應。

郭琳珊與妻子張滿怡
之墓。

到了 1982 年，公司進入 75 周年的大喜日子，家族不但舉辦大型慶祝
活動，永安百貨（尖沙咀店）還特地在 1982 年 9 月舉辦了大型開幕
禮及促銷活動，吸引了不少顧客及社會眼球（*South China Morning
Post*, 24 September 1982；永安有限公司，1982）。

　　可以這樣說，八十年代初，香港的投資環境及社會氣氛雖然深
受「前途問題」困擾而大起大落，波動巨大，但永安集團的生意與發
展，始終能不斷向前推進。如百貨業務方面，公司的分店便在 1980
年代開設了尖沙咀東部麼地道及四海中心的兩間分店，[2] 表現算是相當
進取（*South China Morning Post*, 6 February 1983）。然而，當公司
仍在不斷發展之時，郭琳珊於 1983 年 4 月 27 日突然因病去世，享年
67 歲（《工商日報》，1983 年 5 月 3 日；*South China Morning Post*,
4 May 1983），此一變故無疑給家族企業的領導，帶來很大衝擊，因

2　四海中心的分店，應該只維持了一段很短的時間，所以坊間所知不多。

為郭琳珊一直健康甚佳、充滿活力，大家以為他會如郭樂、郭泉、郭順般得享高壽，仍會留在集團主席位置上一段不短時間，帶領集團發展。

對不少大家族或大企業而言，領軍人的突然去世，領導崗位出缺，總會產生不少問題。最迫切的當然是誰有足夠的才幹與威望，能臨危受命，即時接任。幸好，在郭氏家族中，一來人丁眾多，二來教育與學歷突出，三來又早已有多人在公司內工作，並有行政管理經驗，所以這方面的問題不大。唯一存在的隱憂，是家族成員會否因為爭奪領導權而互相爭鬥，造成難以彌補的撕裂，而這也是子孫眾多的家族常會碰到的棘手問題。

由於在五十年代初郭樂和郭泉在加州會面後，相信確定了將企業掌管大權全部交到郭泉一房手中，即是達到了類似「修剪家族樹」的效果，所以令領導大權的延續變得清晰明確了。雖說郭泉一房兒子眾多，但到郭琳珊逝世時，仍在生的只有郭琳弼，但一來他年紀已不輕，近 70 歲了，當時擔任永安有限公司主席一職，工作量亦不輕了；二來過去似乎一直對領導大權沒興趣，所以在此之前的領導權轉接時，他都沒有參與；三來是他在六十年代末續弦後所生的獨子年紀太輕，這樣相信亦減少了他爭逐領導權意欲和壓力。

若果剔除了由年老「琳」字輩接班的可能，那順理成章便應由「志」字輩頂上。在「志」字輩中，若以長幼論，自然應從郭琳爽的子女說起，但他們多在上海或海外生活，較少參與香港永安事務。於是，郭琳褒的子女便變得較有優勢，因為一來他們的年齡較郭琳驤、郭琳珊及郭琳弼的兒子們大，二來又較早進入公司工作，對公

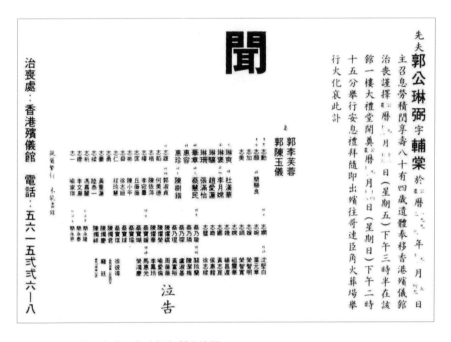

1990年，郭琳弼去世，當時報章所登訃聞。

司管理較熟悉，所以算是贏在起跑點。正因如此，當郭琳珊去世後，郭琳褒長子郭志權便順理成章地擔起領導大旗，登上了領導永安系大位，帶領集團進入一個新的發展階段。

「志」字輩領軍的暗湧處處

　　據郭志權所說，他被家族視為「最好的接班人，也獲得多數同輩兄弟的接受」，而當時坊間的評論也指若果他不願接掌，永安集團這條船「便會擱淺了」（陶世明，1986：91-92）。即是說，擁有亮眼學歷的郭志權乃家族甚至社會中「眾望所歸」的接班人，他因此登上了領導舞台。自接掌帥印後，有鑑於家族人才濟濟，郭志權主動邀

請不少本來在歐美等地畢業後留在海外生活的家族成員回港，加入
永安集團，為推動企業發展作出貢獻。他這樣說：

> 人是夠多哩，單在永安機構任事的便有十三個兄弟、堂兄弟，[3]
> 其中有六個是博士，都是科學的……當然各自在不同的崗位，
> 有人搞百貨，有人管銀行……誰回來香港便分配工作給誰，當
> 然也要看能力高低。（君兒，1986：97）

由此可見，在郭志權主持永安集團大局之時，他沒有如一般新
領導人般盡量減少聘用家族成員，反而盡量向家族成員招手。其中
一個原因可能是他覺得家族成員均學歷極高之故。不過，當居於管
理層家族人數愈多，來自家族外的專業管理者卻愈少的情況下，便
容易產生管治權欠制衡，讓個別成員上下其手的問題，此點埋下日
後一子錯滿盤皆落索的惡果。

接掌永安集團帥印時，郭志權應只有四十多歲，其他「志」字
輩成員甚至只是進入而立之年，全都十分年輕，便要在香港前景陰
晴不定、中英談判爭拗頻頻的時刻登上領導前台，掌管一家業務繁
多的企業。特別是對那些自覺才華橫溢，擁有亮麗學歷的領軍人而
言，更想極力爭取表現，向社會證明自己並非「阿斗」，不是單憑祖
蔭上位——用今天的話即是「不靠父幹」，而是有真才實料。

然而，近年西方的不少研究卻又發現，傳承接班，領導權交

3　按統計，若以郭泉一房計，郭志權應有 14 名兄弟或堂兄弟（參考上一章表 7.1），這裡
　　他指只有 13 名，可能是其中一名已去世之故。

替，並非一件簡單易為之事，單有亮麗學業或專業，不能確保順風順水，登上成功彼岸。因為傳承過程中總有不少「盲點」——例如接班初期企業發展太急、低估投資風險、忘卻債務累積、企業發展被股票價格上落而牽着鼻子走，甚至是忽略顧客、時代及環境等因素變遷，以及家族企業沒有傳承接班計劃等等（Ingebrestsen, 2003），令傳承、企業及家族防不勝防，一不小心便會掉進陷阱。

而「志」字輩正正掉進了相似的陷阱之中。一方面，他們覺得祖父留下的核心生意在新時代下賺錢不易，忽略了與顧客保持緊密關係乃時代變遷仍能維持業務競爭力的關鍵，而維持與顧客之間的關係只能是「揼石仔」式的深耕細作，沒有捷徑可走。另一方面，他們似乎又覺得自己有過人學識，能洞悉先機，掌握別人所沒有的信息，尤其利用股票炒作「搵快錢」的投資秘技，因此一來容易低估投資風險，二來容易忘卻債務累積，因而容易令問題失控，帶來巨大衝擊。

到底「志」字輩接班過程碰到哪些問題或挑戰呢？這裏要提及當時香港社會所處的特殊環境。1983 年前後，香港社會環境暗湧處處，政經發展極為波動，因為中國政府已表明會在 1997 年 7 月 1 日收回香港主權，英國政府則一直以不同手段或方法希望延續統治，雙方開展談判期間出現各種明爭暗鬥，影響所及，不但恒生指數及樓價大起大落，港元兌換其他貨幣的匯率——尤其國際貨幣美元——更是變化巨大，甚至曾經出現恐慌性波動。例如美元兌港元在 1983 年初約在 1 美元兌 7.8 港元水平，但到 9 月份大幅波動，其中 9 月 16 日更大跌至 1 美元兌 9 港元，到 9 月 24 日進一步下跌至 1 美元兌 9.7 港元的情況，引起投資市場和社會的巨大震動（鄭宏泰、黃紹倫，2006）。

為了穩定市場和社會的恐慌，港英政府相信在取得中英兩國意見後，決定以「聯繫匯率」制度穩定貨幣波動，將港元與美元掛勾在 1 美元兌 7.8 港元的水平中，而市場隨後才終於逐步平復下來（鄭宏泰、陸觀豪，2017）。即是說，郭志權接掌永安集團帥印的時期，正是香港社會及投資環境甚為波動、信心最為脆弱的時期，這種環境其實最容易考驗領軍人的駕御能力或定力，弄得不好隨時人仰馬翻，敗陣而回。

深入資料揭示，「志」字輩尚未登上領導前台之時，他們一方面已從投機炒買中嚐到甜頭，另一方面則覺得百貨生意利潤不高卻花功夫，因而有了捨難取易的想法。有關百貨業的情況，儘管郭琳珊領導下的永安集團曾作出全力拓展，但盈利畢竟不高，郭志權對此相信知之甚詳，而他在 1983 年某次接受記者訪問時，曾十分率直地指出：「做百貨很花精神，沒有人知道其中的苦況。從十月開始，我們決定改為每星期七天營業，一天也不可以浪費。」（君兒，1986：100）即是說，生意困難，利潤極薄，所以只能「將勤補絀」，藉增加營業時間提升收入。

接着，當記者詢問郭志權「聽說你做期貨做得很大」的問題時，他作出否認，但當追問他持有的一家名叫「宏高」（Wocom）的證券投資公司，[4] 他的回答是該公司乃永安的合夥公司，他們「認購了百分之三十六」，[5] 並指「這樣永安才做起期貨來」，即是說那時他們開始

4　按公司註冊署資料顯示，此公司最早登記為宏高有限公司，日後由宏高集團控股其他如宏高管理、宏高代理人、宏高投資管理、宏高外匯、宏高期貨等等公司。

5　主要由永安物業證券有限公司（Wing On Properties and Securities）持有宏高（Wocom Limited: Return of Allotment, various years）。

涉獵期貨生意，而焦點不只是香港，亦包括芝加哥、倫敦等地。

當記者進一步追問他做期貨「賺錢比做百貨容易吧？宏高有沒有潛質？」等問題時，他的答覆是「風險很大。潛質是有的，它現在每年賺千多萬，而我們佔百分之三十六，只投資一百萬，[6]……如果將來生意再好些，一年站穩賺三千萬，我考慮讓它上市。香港還沒有一間做期貨、財務的上市公司」（君兒，1986：101）。即是說，郭志權開始染指高風險的期貨投資，而且從中獲利不少，並對該生意前景表現得充滿信心。[7]

除了染指期貨，郭志權當時還加大了地產投資，但卻碰到了手風不順，投資決定拿捏不準的情況──即是高價時買入，低價時賣出。他本人這樣說：「八二年我們開始買地，現在價錢跌了，只得七成，今年（1983）更壞，只得三成，明年又可望好轉。」（君兒，1986：100）很明顯，當他以為斥巨資投入地產市場可以獲得大利，卻不幸碰到了地產市道大幅回落，利息大升──因港元貶值與投資信心薄弱相牽引之故，於是令物業大幅貶值。

一個不難預測的結果，自然是碰到逆境時的債台高築，利息開支沉重。到了 1985 年 12 月，集團宣佈以 1.2 億元的價錢出售處於黃金地段的尖沙咀漢口道佔地 14,500 平方呎的永安大樓，此舉動揭示公司財政已陷困境，所以才要以賣「磚頭」（物業地產）方式套現還債，

6　若按郭志權所說，他們只投資 100 萬元，當時宏高一年賺 1,000 多萬元，他們佔 36%，即可獲利 360 萬元，如此高利潤，無疑令人咋舌，當中的高風險，自然不容低估。

7　日後（1986 年），宏高曾出現嚴重虧損，永安集團於是出資將其股份全部收購，變成由永安集團全資擁有（*South China Morning Post*, 16 July 1986）。

而各種與領導和投資失誤有關的問題亦隨即曝露出來（紫華，1986）。

統領一家跨國大型企業實在有如領導一個國家般，所要兼顧的事情繁多而複雜，不只是公司的內部運作如人事考核、貨物採購、產品宣傳、業務拓展、投資策略等等細碎繁瑣之事，更要察覺外部環境如政治生態、經濟表現、市場波動、社會變遷等等問題。正因如此，領導人不只要有過人才幹、敏銳目光，更須有深厚的人生閱歷、工作經驗和營商智慧，以及無遠弗屆的人脈關係網絡，當然亦不能排除一些諸如運氣或彩數之類人力沒法控制的因素。至於郭志權領導下的永安集團，儘管主要由家族成員組成的領導團隊個個擁有亮麗學歷，但看來卻因在其他不同層面上出現虧缺，或者說顧此失彼，沒有掌握全局，於是不但未能帶領集團更上層樓，反而碰到不少問題，甚至幾乎毀掉了祖輩打下的百年基業。

在「糊塗帳」中失掉永安銀行

1984 年，永安銀行大張旗鼓，慶祝創行 50 周年，並公佈了一些十分正面的信息：一、銀行辦事處或分行由原來 18 家增至 23 家；二、實付資本由 6,000 萬增加至 1 億元；[8] 對香港前途充滿信心，仍會增加投資（*South China Morning Post*, 20 September 1984）。而那年的百貨業務，其實同樣錄得不錯表現，盈利大增 2,000 萬元至接近

8　據悉，永安銀行並非上市公司，在 1984 年時，永安集團持有永安銀行 51% 控股權，包括郭氏家族個別成員、中山同鄉及大約 900 名小股東則持有餘下份額（*South China Morning Post*, 4 August 1988）。此一股權結構模式和其他諸如上海永安有限公司、香港永安有限公司等相似，可見日後家族失去永安銀行後蒙受損失之巨大。

4,800 萬元（*South China Morning Post,* 30 November 1984）。但想不到風光背後，集團內部其實面臨十分嚴重的財務問題，甚至到了瀕臨崩潰邊緣。而資料揭示，一手造成這種局面的關鍵人物，是擔任銀行總經理的郭志匡。

1984 年 12 月底，銀行公佈業績，銀行淨資產值為 1.63 億元，獲利約 2,200 萬元，但卻錄得高達 1 億 4,200 萬元的「特殊項目虧損」。至於導致那個龐大「特殊項目虧損」的原因，是 1981 至 1983 年間有巨額貸款不能收回。一時間小股東與市民議論紛紛，到底那個「特殊項目」有多特殊，竟令公司虧損上億元？到了此時，公司的問題已到紙包不住火的地步。

一如不少帳目問題般，永安銀行的那個「特殊項目虧損」，掀開了更多鮮為人知的內情，首先，雖然原來不少家族成員曾向銀行借貸，但借貸金額最多的竟然是擔任銀行總經理的郭志匡，而他所借的款項，絕大部分不能追回。他更在 1985 年 5 月 7 日突然辭職，[9] 之後與妻子去了美國。原來他確診患上了咽喉癌，所以前往該國醫治，惟他於 1986 年初病逝當地，在「死無對證」的情況下，事件當然變更撲朔迷離，爭議難平（*South China Morning Post,* 8 June 1985 and 4 August 1988; Leather, 1986; 韓顏，1986）。

對於像永安郭氏這樣的大家族與著名公司所發生的巨大債務與

---

9   從報紙資料看，郭志匡在 1985 年 2 月才獲香港賽馬會以抽籤方式批准其在下一季度中可以買入馬匹（*South China Morning Post,* 17 February 1985），即是能夠躍升馬主，顯示就算在那個時期，郭志匡看來仍風光無限，絲毫沒有受債務問題影響的跡象。

帳目不清問題，傳媒及社會自然高度關注，本地報章雜誌湧現各種
評論和報道實在不難想像（林大安，1986；紫華，1986；Leather,
1986; Ko, 1985 and 1986），其中一則評論與分析，則基本上總結了
那筆「糊塗帳」，尤其點出了不少郭氏家族成員原來均曾向永安銀行
借貸的問題：

> 郭志權、郭志匡等四兄弟曾一度向該銀行借去近一億元的私人
> 貸款，到年結前部分已歸還銀行，但郭志匡仍欠銀行七千一百
> 萬，[10] 郭志權欠七百萬……單從上述數字顯示，與郭志匡及郭志
> 權有關連的貸款已達一億七千八百萬元。永安銀行的核數師畢
> 馬域會計師事務所曾向報界透露：在永安銀行近二億七千五百
> 萬的壞帳中，大部分與郭志匡有關。（韓顏，1986：115-116）

對於郭志匡及郭志權有關連貸款一事，有分析指是與他們掌控
的兩家公司——「康安發展有限公司」（Hong On Development Ltd）
及「彥安有限公司」（Yin On Associates Ltd）——有關，[11] 原來這兩
間公司合共向永安銀行借去了 6,650 萬元（Ko, 1986）。即是說，若
把這筆欠款與韓顏引述「郭志匡仍欠銀行七千一百萬」加在一起，與
郭志匡本人相關的借貸其實超過一億元。難怪畢馬域的核數報告會

---

10 實質總貸款數目是 7,190 萬元。

11 公司註冊署的資料顯示，彥安有限公司的主要股東為郭志權、郭志匡、郭志彬、郭志
　　舜、郭志璧和郭李月嫦。股份分佈是郭志權、郭志匡、郭志彬、郭志舜各佔一份，郭志
　　璧和郭李月嫦各佔半份（Memorandum and Article of Association of Yin On Associates
　　Limited, 1971）。康安發展有限公司的股東為郭志匡、朱祖涵、張鑑泉、徐浩德等人
　　（Memorandum and Article of Association of Hong On Development Company Limited,
　　1972），但股份則集中於郭志匡及永安銀行（代理人）有限公司手上（*South China
　　Morning Post*, 27 August 1986）。

指出「近二億七千五百萬的壞帳中，大部分與郭志匡有關」，而問題的嚴重性亦可見一斑。

撇開借貸有否牽涉不法舉動問題留待下一節再探討，巨大的壞帳自然大大影響銀行的發展，更令公眾對銀行失卻信心。由於沒有足夠能力獨自處理困局，郭氏家族在那個風頭火勢的時刻，迫於無奈只好向其他銀行求助。1985 年 12 月，他們向背後有滙豐銀行作後盾的華資銀行龍頭恒生銀行尋求協助（*South China Morning Post,* 19 December 1985），時任恒生銀行領軍人的利國偉亦樂意施以援手，做「白武士」。在諮詢了殖民地政府相關部門及銀行監理專員霍禮儀（Robert Fell）的意見後，雙方在洽談後得出了解決方案（Ko, 1985）。惟這個被形容為「拯救三部曲」的刮骨療傷方案，不但令郭氏家族蒙受巨大損失，更因控股權落入恒生銀行手中，失去了永安銀行（紫華，1986）。

具體點說，永安銀行管理層、恒生銀行管理層與畢馬域會計師事務所在深入計算銀行資產及債務後，得出了資產淨值只剩下「零頭」（Wing On's worth is zero）的結論（Ko, 1986; 紫華，1986），這與 1984 年底仍有資產淨值 1.63 億元，財政穩健的局面截然不同。而導致這種局面的原因，自然是之前計算沒將「特殊項目虧損」包括在內。各方協商後達至的共識是銀行若要恢復財政穩健、繼續經營，須注入 3.3 億元資本（*South China Morning* Post, 28 December 1985），再運用那招稱為「乾坤大挪移」的拯救「三部曲」。

這個拯救「三部曲」，第一部曲是將原來每股 100 元的股票，大幅貶值九成至每股 10 元，亦要拿多年積累的盈利滾存一起作冲消，

填補那筆龐大的壞帳虧損。第二部曲是按目標注入 3.3 億元新資本，其安排是永安集團包銷 1.54 億元，其餘 1.76 億則由恒生銀行認購。第三部曲是恒生銀行從這個注資過程中分持永安銀行 50.29% 的控股權，成為控制股東（Ko, 1985; 林大安，1986）。

即是說，運用那招「乾坤大挪移」之後，原股東——包括永安集團及其相連公司與家族成員，以及大約 900 名小股東——手上財富大幅貶值，欲哭無淚，其內心的不滿可想而知（*South China Morning Post,* 18 August 1986; Leather, 1986；韓顏，1986）。與此同時，永安銀行的控股權更落入恒生銀行手中。郭氏家族在此一役自然損失最慘重，而且是多重損失：既有金錢上的，亦有控股權上的，更有名聲信譽上的，當然還有跟隨而至的刑事檢控，此點在下一節再作深入討論。

因應這種控股權地位的轉變，恒生銀行委派三名董事（均屬執行董事）進入永安銀行（林大安，1986）。按當時公司章程規定，執行委員會成員只有五位，任何重大決定必須執行委員會過半數人通過才能執行，此一舉動自然清楚地說明，委派了三名執行董事的恒生銀行，不但掌管了永安銀行，同時亦緊抓其日常運作，背後考慮自然不容許日後再有「自己人穿櫃桶底」、監守自盜的情況了。

不難想像，自永安銀行出現種種帳目與債務問題後，身為永安集團主席、永安銀行主席，又是郭志匡胞兄的郭志權，自然成為眾矢之的，那怕他在不同場合均表示，自己雖身為主席，其實沒有參與銀行實際運作，所以對於胞弟的所作所為掌握不多，他本人亦是到了最後一刻才知悉問題嚴重，當然亦對於胞弟的舉動和突然去世

感到遺憾與悲痛。儘管如此，大小股東及傳媒還是窮追猛打（*South China Morning Post*, 29 July 1986），警方當然亦展開調查（詳見下一節討論），所以事件並沒在確定永安銀行重組與控股權落入恒生銀行後落幕。

到了 1986 年 7 月 31 日，在永安集團的股東會上，郭志權一如他在過往的多次公開場合中，遭到傳媒質問並被小股東大力抨擊一樣，質疑他對事件全不知情之說，以及他是否牽涉其中。面對各方責難，據說郭志權感到十分委屈，並在會議上突然宣佈辭任集團主席職位，由原來的副主席郭志樑接任，而副主席則由原來的董事總經理郭志桁接任（*South China Morning Post*, 1 August 1986）。即是說，至此，集團領導大權又如 1971 年時在郭琳褒去世後轉到郭琳珊一房般，重複多年前的傳承軌跡，傳承接班自此進入第四波。

捲入官司影響家族名聲和發展

說郭氏家族和永安集團在八十年代出現「一子錯滿盤皆落索」巨大危機的原因，不只是失掉永安銀行控股地位及家族因此蒙受巨大損失的問題，更有不少家族成員捲入官非，有可能因此身陷囹圄的嚴重問題。從資料看，自揭發身為銀行總經理的郭志匡，竟然以幾乎沒抵押的方法獲永安銀行批出過億借貸，而借貸最終變成壞帳，損壞銀行利益，警方商業罪案調查科自然介入調查，了解是否牽涉假帳或詐騙等違法行為。

1986 年 9 月 12 日早上 7 時，由 130 名調查員組成，分成 20 個

小組的商業罪案調查人員，拿着法庭批出的搜查令，到永安銀行及永安集團全港 30 多個辦事處或私人居所進行搜查，理由則是管理層牽涉商業詐騙（*South China Morning Post*, 13 September 1986）。警方的行動雖然屬於社會預期之內，但以出動警力之多，行動之高調，畢竟仍令很多人大感意外，所以分外吸引傳媒視野。警方展開刑事調查後，無論是已經花落恒生銀行的永安銀行，或是永安集團旗下各公司，雖然業務如常，但包括郭志權、郭志樑在內的家族成員自然變得低調，一方面不再接受傳媒訪問，對於日常一切生活和行動顯得十分小心。另一方面，家族剛失去重要銀行業務的控制權，又受公眾輿論困擾，現再加上官非纏身，可謂雪上加霜，難免影響了全家上下的情緒。

　　警方經過近兩年的調查後，到了 1988 年 9 月，律政司對彥安有限公司的主要股東，包括郭志權、郭文藻、郭志彬和郭志璧等人正式提出檢控，其中郭志權、郭志彬和郭志璧均來自郭琳褒一房，屬兄弟妹關係，郭文藻則屬疏堂同鄉，並非嚴格意義上的家族成員。案件在中區裁判司處提堂後轉到地區法院，主審法官為高嘉力（Justice Gall），主要控罪包括在 1981 至 1985 年間觸犯盜竊、製造虛假文件及合謀詐騙永安銀行股東。代表律政司的大律師為郭士文（Clive Grossman），而代表被告人郭志權的御用大律師為列顯倫（Henry Litton），代表郭文藻的御用大律師為施偉賢（John Swaine），代表郭志彬的大律師為 Paul Loughran，代表郭志璧的則是 Paul Nguyen（*South China Morning Post*, 30 September 1988 and 25 July 1989）。

　　聆訊展開後，法庭上控辯雙方展開了舌劍唇槍，其中辯方事先澄清兩項權益與公司性質問題，似乎為其最終獲勝奠下基礎。這

兩個主要論點是：一、永安銀行並非上市公司，大部分股份其實由郭氏家族成員及親屬持有，所以可說是沒有牽涉公眾利益；二、永安銀行由永安集團控股持有，而掌控永安集團的公司，則是永安商業管理有限公司（Wing On Corporate Management Limited，下稱 WOCM），而這家公司同樣只代表了郭氏家族的利益，並非大眾（*South China Morning Post*, 30 September 1988）。

　　由於控方提出的多項指控，基本上圍繞着郭志權等人有否以不合法手段盜取 WOCM 股份作私人用途等問題，而郭志璧則既非永安銀行職員，又非 WOCM 董事，故她首先在 1989 年 7 月 14 日獲判無罪（*South China Morning Post*, 15 July 1988），無疑為其他被告打下了強心針，揭示開審時明確指出永安銀行、永安集團及 WOCM 之間的關係及公司性質，有助被告一方的抗辯。

　　在接着的審訊中，代表被告一方的大律師自然將焦點集中在 WOCM 這家公司只代表郭氏家族利益，並指出家族成員拿公司股票作抵押向銀行借貸的做法，其實早有先例，其祖輩（即郭泉）亦曾這樣做，家族成員大多知悉，不是秘密，所以毫無控方所指的盜竊問題。當被告以 WOCM 股票作抵押的行動不被視作盜竊，其他的控罪如製造虛假文件及合謀詐騙等指控，便失去了支撐，所以到 1989 年 7 月 24 日審結時，法官高嘉力的裁決是雖然被告人違背了信託責任（fiduciary duty），但卻「不能滿足有不誠實的合理疑點」（not satisfied beyond reasonable doubt that they were dishonest），所以判一眾被告罪名不成立，當庭釋放（*South China Morning Post*, 25 July 1989）。

　　對於這一裁決，經歷近年官司纏繞的郭志權，表現尤其雀躍，

他除了不斷感謝神，更立即告知其身在美國求學的孩子們，表示他們雖然身在遠方，但一直對案件十分關心，這個裁決終於可讓他們安心了。另一方面，他亦表示日後可重過正常生活，既會繼續投身永安集團的工作，亦會繼續服務社會（Gomez and Lewis, 1989）。

雖然郭志權等人獲得無罪釋放，但事件並沒就此劃上句號，他們決定向法庭提出申請要求追討堂費——即是法庭訴訟費。為此，雙方律師又再法庭相見，並在一輪辯後，由高嘉力法官再作定奪（*South China Morning Post*, 11 March 1990）。到了 1990 年 3 月 26 日，高法官作出了最後裁決，指控方提出檢控有充分理據，因為被告一方展示了表面上充分的不誠實舉動，因此需要為本身招來懷疑負責，所以判郭志權、郭文藻和郭志彬需支付本身法庭費用，但對於郭志璧一方，因為她在案件中扮演甚少角色，法庭同意應給予堂費（*South China Morning Post*, 27 March 1990）。

儘管經過永安銀行的內部調查及法庭上對郭志權等人的聆訊，但事件其實尚有不少惹人疑竇之處，因為欠債最多、也是銀行運作的最主要負責人郭志匡已經去世，連番調查基本上沒有觸及到他的責任問題，也沒釐清他在銀行蒙受巨額虧損的角色。此外，到底為何他要借那麼多錢？那些錢又投放到哪裏？為何最後會無法清還而令銀行嚴重虧損，直接導致家族失去祖業、家人惹上官非？雖說死者已矣，但來者可追，作為含着金鑰匙出生，過着富裕生活，且擁有高學歷的「銀行家」（在填寫職業身份時，他以此稱呼自己），郭志匡的經歷顯然有值得其他大家族借鑑的地方。

上文曾提及，早於 1973 至 1976 年，郭志匡曾捲入的「保利工

程事件」。當時保利工程的負責人「炒爐」股票，企圖透過做假數及詐騙等非法手段以解救債務危機，郭志匡身為董事，亦曾被告上法庭，不過最終獲判無罪。而官司告一段落後不久，郭志匡更獲晉升成永安銀行總經理。雖然法庭的判決已證明他清白，沒有參與違法活動，但相信他於此時或較早前已開始接觸高風險的投資炒賣活動，而更重要的，是顯然他並沒有從李保羅銀鐺入獄、身敗名裂的結局汲取教訓，之後繼續染指投機炒賣。

而股票炒賣雖說是高風險，但回報也極豐厚，可令參與者短時間內「發大財」。而郭志匡身為銀行總經理，主席郭志權又一再表明自己沒有參與銀行實際運作，在缺乏監管的機制下，郭志匡為自己批出巨額貸款可算是輕易而舉之事。由此推論，郭志匡透過向銀行作無抵押借貸，然後參與期貨或衍生工具等投資，在投資獲得回報後即償還貸款，若一切順利，他當然能在接近無本生利的情況下謀取巨額財富。但八十年代初香港受前途問題困擾，市場常有巨大波動，他因為低估了投資風險，虧損甚大。為了贏回本金及償還銀行欠債，他只有愈借愈多，結果掉進了萬劫不復的深淵，甚至連累了兄弟姐妹及整個家族，以及永安銀行及永安集團的小股東們。回頭看，郭志匡這種低估風險可能令家族及企業沒頂與全面崩潰的問題，其實與 1949 年郭琳爽及郭棣活當年作出決定般，犯了同樣的致命錯誤，而結果則是令家族付出了沉重代價。

家族控股公司的股權分配變化與特點

1988 年永安的官司訴訟還披露一個值得注意之處：永安集團

原來由一家名叫永安商業管理有限公司（WOCM）所掌控，由此可以帶出另一些問題：到底這家公司股權分配有何特點？當中有何轉變？由於WOCM乃一家有限公司，我們可從公司註冊署的公開資料中——尤其股權分配文件中——一窺究竟。就以股份分配為例，可以看到在1972年創立時，公司的執行董事為郭文藻及郭志匡，股份主要分給郭志安、彥安有限公司、佑棠記、輔三記、基偉置業有限公司、啟棠記、滙和有限公司、七佐棠有限公司、權記、郭志匡、郭文藻、郭景珍、郭式輝、郭志仁、郭志勇、郭澤棠等。自此之後，公司曾有多次增配股份的舉動，股權結構出現過不少重大變化（Wing On Corporate Management Limited: Return of allotment, various years）。

在分析之前，必須事先再介紹郭泉諸子的一些背景資料。簡單來說，郭泉有六子三女，其中一子一女早夭，他們為長子琳爽，字啟棠；次子琳弼，字輔棠；三子琳褒，字彥棠；四子琳驤，字佑棠；五子琳珊，字少棠，另有一子軒鼇早殤；長女華章，嫁蔡慧民；次女惠容，早夭；三女惠珍，嫁陳樹鍇。若綜合上文提及的股份分配情況，並以持股人性質（個人、公司）及是否郭泉子孫等方式劃分，則可看到一些特點。

表8.1是經分類後自1972年至1986年股份分配情況。用真實姓名持有股份的，能夠一看便知股權誰屬，用「無限公司」名譽——如甚麼「記」、甚麼「號」的，則較難知悉背後代表人誰屬，有些只能作推測。至於那些甚麼「棠」的名字，其實是郭泉五子的名字或代表，故股份亦為五子所持有。至於以有限公司名義持有股份的，則可以在公司註冊處中找到如下更多如下資料：

- 基偉置業有限公司由郭琳珊、張滿怡及其四名兒子郭志樑、郭志珩、郭志標、郭志一持有（KeeWai Investment Company Limited: Return of allotment, various years）。[12]
- 滙和有限公司由郭惠珍及其丈夫陳樹鍇、兒女陳耀祺、陳耀榮、陳耀華、陳燭慶、陳燭君、陳燭祥等持有（Worldco Company Limited: Return of allotment, various years）。
- 七佐堂有限公司（Chat Chor Tong Limited）由郭就、郭銳、郭文昌、郭文昭、郭文謙、郭文藻等持有（Chat Chor Tong Limited, various years）。

　　有了以上劃分及背景補充，則可較為清楚地看到，控股權主要集中於郭泉子女──五子兩女──手中，亦有小部分落在郭樂之孫（郭志安及安記）手中，其次看來是過去一直成為支持永安創業與發展核心力量的同鄉疏堂族人──例如七佐堂內的股東，以及那些與郭文藻應有較大關係的人──例如郭文聰、郭文中等持有。

---

12 李兆基和胡百啟在 1962 年 8 月創立時亦持有名義上的股份（KeeWai Investment Company Limited: Return of Allotment, 1962）。

表 8.1：永安商業管理有限公司經分類後自 1972 年至 1986 年間股份分配情況

配股	配股時間						總計
	72 年 8 月 18 日	72 年 8 月 25 日	72 年 12 月 29 日	73 年 12 月 1 日	86 年 5 月 16 日	86 年 8 月 29 日	
郭琳爽							29,000
啟棠記	24,000	5,000					
郭琳弼							38,000
輔三記	24,000	14,000					
郭琳褒							200,500
彥安有限公司	45,000	48,000	50,000				
權記	7,500	6,250	15,000				
郭志匡	7,500	6,250	15,000				
郭琳驤							83,000
佑棠記	24,000	20,000		10,000			
郭志仁	3,000	2,500	5,000				
郭志勇	3,000	2,500	5,000				
郭志豪					3,000	5,000	
郭琳珊							1,775,350
基偉置業有限公司	60,000	60,500	80,000		422,750	1,152,100	
郭惠珍							40,000
滙和有限公司	15,000	12,500				12,500	
郭景珍[13]	6,000	5,000	7,500			5,500	24,000
郭樂							55,000
郭志安	30,000						
安記		25,000					
其他							244,750
七佐堂有限公司	24,000	20,000	20,000				
郭式輝	6,000	5,000	7,500				
郭文藻	7,500	6,250	15,000		17,250	34,000	
郭文聰			10,000				
郭文中					20,800	19,200	
郭志威				10,000	3,000	2,000	
郭澤棠	1,500	1,250					
永安銀行代理人有限公司						14,500	
總計	288,000	240,000	230,000	20,000	466,800	1,244,800	2,489,600

資料來源：Wing On Corporate Management Company Limited: Return of allotment, various years

---

13 這裏的郭景珍，不知是否郭泉另一女郭華章的別名，抑或如郭澤棠般，只屬同鄉疏堂兄弟姐妹？抑或是郭葵、郭浩、郭順等房的後人？有待日後探討。

　　由於有關郭式輝、郭志威、郭澤棠及永安銀行代理人有限公司等資料不詳，所以很難判斷他們到底代表了哪一房的權益，但因這些人的股份不多，所以只能屬於小股東而已。從上表中，再一次清楚看到 WOCM 的絕大部分股權集中到郭泉一房手中，郭樂一房只有少數，其他如郭葵、郭浩、郭順等房看來則失去了蹤影。在郭泉一房的一眾子女中，看來又以郭琳珊一脈掌握最多，佔了當時全部股權的 71.3%，其他就算是郭琳褒和郭琳驤等，其實亦分別只佔 8.1% 及 3.3% 的很少比例而已。

　　若以 1973 年前後作為公司控股權轉變的分水嶺，則不難發現，在 1973 年時，郭琳珊一脈只佔有公司 26.5% 的控股權。在 1986 年，郭志權因永安醜聞而下台，改由郭志樑出任集團主席之時，郭琳珊一脈在那個風雨飄搖之際大幅增加控股量，令控股權大增至七成多，反而其他家族成員顯然沒有相應舉動。這一變化是否因郭志樑出任集團主席，他們對公司發展的信心增強了？為何其他家族成員沒有採取相同增股行動？還是他們一房為了更名正言順地掌控公司，着意增加自己的股份？又或是有家族成員因受事件困擾而心灰意冷，決定減少持股以降低自己在公司的角色？受資料所限，本研究現時未能提供準確答案。

　　無論是永安果欄，或是香港永安公司，乃至於 WOCM，股權結構的變化，必然反映不同家族成員對企業發展前景好壞順逆的預期和判斷，當然還有本身資本實力與各方投資選取。無論是五十年代初郭樂一房選擇退出，由郭泉一房頂上，乃至於 1986 年那個重要轉折時刻郭志樑等增加股份，其他堂兄弟或不同股東們沒有同步跟隨，正好反映了大家對企業前景的不同評估，當然亦不能排除受其

他更為複雜的因素左右所致，至於這種十字路口面前的不同抉擇，最後又影響了大家不同的前進軌跡與人生際遇。

結 語

老子有云：「治大國若烹小鮮。」按家或企業乃國之縮影論，要管治好大家族或大企業，同樣要有「烹小鮮」的睿智和小心翼翼，不容掉以輕心。細思八十年代「志」字輩接掌企業領導所犯的致命錯誤，顯然與投機冒進有關，而因為投機「損手」（損失）後又不能懸崖勒馬，而是只顧一己利益，做出錯上加錯的行為，因此不但令個人走上不歸路，家族亦虧損嚴重，甚至一度陷於困境。

其實，對於投機或是只顧一己利益的問題，郭泉生前在《永安精神之發軔與長成》一書中均已提及，尤其十分慎重地告誡後世子孫不能觸犯，例如在「經驗之談」中，便有「絕投機」一點，在「後記」中更諄諄叮囑「勿以小我而忘大我」。可惜，無論是為了爭取表現之故，或是受了外來因素引誘之故，到了孫輩——例如郭志匡，看來是早已把這些家訓與叮囑拋諸腦後，結果犯下了致命錯誤，給個人、家族，甚至社會帶來了沉重教訓。

第九章

謀中興更謀掌聲

引言

　　說實在的，生於大富家族的子孫或名人之後，在某個層面上說，多少有點如民間潮語所說「表面風光，內裏心慌」，一生總要承擔沉重壓力。即是說，由於有人所不能及的良好出生背景，可以衣食無憂，傭僕隨身，但總難免人前人後被指乃「二世祖」，單憑祖父輩福蔭而得享富貴的形象。當家族財富與事業略有回落放緩，或是踫上逆境時，即會招來各方批評，指其有如「阿斗」，沒有真才實學，認為他們斷送爺田、敗壞家聲。

　　雖則如此，部分世家大族的後代，不但學歷亮麗、經歷突出，甚至有一心想闖出名堂、努力打拼以謀家族中興的志氣和行動，當然亦有闖出名堂證明自己有真才實料，不依靠祖蔭，從而贏來家族，乃至社會掌聲的意圖。但是，一如不少人所預料，要達到這些目的，其實一點亦不簡單容易，過程中的困難和挑戰，尤其是面對逆境時能夠沉得住氣、鍥而不捨、默默耕耘，實在不是很多人能夠做得到。在這一章中，且讓我們在這方面作出一些探討，因為學術界過去在這方面的探索其實並不多見。

重投大陸市場的小心翼翼

　　歷史無疑有其吊詭之處。在五十年代因「公私合營」失去了上海永安公司所有資產，甚至連「永安」這個名字最後亦被拿掉的郭氏家族，到了八十年代，卻碰到了重回上海、可以恢復永安公司名稱，以及再次投資中華大地的機會，原因是當時的中國政府正在全

面推動「改革開放」政策，需要招商引資，吸取海外發展經驗與資訊，香港、澳門及海外華人華商則成為重點招手對象，在港業務仍保持大好發展勢頭，過去又與中華大地上政商各界有千絲萬縷關係的郭氏家族，自然屬於吸納招攬的目標之一。

撇除一些私下接觸沒有資料不談，郭氏家族成員最先重踏中華大地、與中國政府官員接觸是在 1983 年 5 月。當時，一批香港青年才俊由時任立法局議員的李鵬飛及張鑑泉帶領到訪北京，表達香港人對中國政府計劃收回香港主權的意見，郭志權和郭志匡兩兄弟是該訪問團成員之一。[1] 在北京訪問期間，他們曾獲時任中央政治局委員、中央書記處書記的習仲勳接見（Chung, 2001：65-66），相信亦會見了負責港澳事務的李後及魯平等高級官員。

或者是有了那次「破冰之旅」的接觸，雙方逐漸開始更深入的交往互動。從上海市地方志辦公室一則有關接待港澳工商團體的工作資料中，我們找到一則香港永安集團代表團於 1984 年 4 月 18 至 24 日訪問上海的紀錄。該紀錄提到，由郭志權任團長的香港永安集團一行 15 人（成員有郭文藻、郭志匡、郭志仁、郭志樑、郭志楷等）到訪上海，他們參觀了泰康食品廠、兒童食品廠、上棉八廠、中百一店、中百十店，考察了南京路、福建路、西藏中路、靜安寺、聯誼大廈（新鴻基地產）地盤，並進行了食品、電子、建築等業務洽談。部分團員還遊歷了蘇州。20 日，他們獲市工商聯設宴招待，副市長和市人大常委會副主任亦出席了招待宴。到了 22 日，永安集團代表團設宴回請市工商聯及領導，翌日更參觀了市工商聯會所，因該會

1　郭志匡和張鑑泉應該關係深厚，兩人曾一起創立康安有限公司（參考上一章討論）。

所原屬郭棣活別墅。紀錄特別提到，代表團在滬期間，曾獲時任市長的汪道涵及副市長阮崇武接見（上海市地方志辦公室，2003）。

　　到了 1984 年 7 月，《南華早報》報道，永安集團董事郭志樑已與上海工業投資有限公司（Shanghai Investment and Industry Limited）簽訂了合同，在上海興建一座商住綜合大樓。其次，他亦與對方探討重新裝修上海百貨商店，引入現代化經營及管理等問題。再過大約一個月後，該報又有專題報道指出，永安投資（中國）有限公司與上海第十百貨商店簽訂合約，構思將該百貨商店進行翻新工程（*South China Morning Post*, 6 July and 2 August 1984）。到了 1985 年 3 月，再有跟進報道指出，永安集團已就第十百貨商店重新裝修的工程，達成融資及具體工程安排簽訂合約，雙方將斥資 4,200 萬港元，重新設計和裝修上海第十百貨商店，而整項工程項目則由郭志舜建築設計師事務所承接（*South China Morning Post*, 24March 1985）。

　　報道中提及興建一座商住綜合大樓的項目，其實是郭家獲發還郭琳爽生前居住的花園洋房，該地皮面積達約 1,168 平方米，家族決定將之拆卸重建，發展成為一座樓高 25 層的商住綜合大廈。大廈於八十年代末落成，並明名為「啟華大廈」，當中「啟」是取自郭琳爽字啟棠的啟，而「華」則取自郭琳爽太太杜漢華的華字，即是兩夫妻名字的結合，此名字據說是郭志楷為了紀念父母而選用（王海，2014），同時亦可作為家族「上海遭遇」的一個紀念。由於它的位置優越交通網絡發達，吸引了不少外國駐滬辦公室及商務投資公司租用。

　　至於重新設計和裝修上海第十百貨商店的項目，主要是針對

原名永安百貨的上海第十百貨商店。該店由於經營欠佳，已接近倒閉的垂死掙扎邊緣。上海相關部門想與郭氏家族合作，一來引入資金和管理經驗，提升百貨公司的競爭與活力；二來亦有意將公司名稱改回原來的永安百貨公司，既藉以招徠顧客，又可爭取家族及海外華人的支持。當時的郭氏家族內心或者仍然存在疑慮，但從各方客觀資料評估，此舉能夠帶來巨大商機，所以郭氏家族決定拍板參與。最後，全棟大廈內外經重新裝修，地下數層的百貨商店以永安公司名字重新出現於上海市，大樓名稱亦改為華聯商廈（王海，2014）。這次的合作，代表永安百貨重現上海外，還標誌着中國經濟發展回到正軌。

　　雖然，改名後的上海永安公司，由於種種限制，如當時上海仍百廢待興、人民消費力不足等原因，經營局面一時未能回復昔日的風采，所以並沒做出令人眼前一亮的成績。儘管如此，一方面是內地不同友好或地方政府的招手，另一方面亦有感於內地擁有人口龐大的市場，所以郭氏家族仍然願意繼續與內地官員接觸，並逐步增加在內地的投資。其中郭志舜由於較早在內地經營建築與設計業務，對內地有較多了解和關係，相信因此成為永安集團投資大陸的其中一位「引路人」（Ward, 1992），為家族與內地的投資和互動穿針引線，促成永安集團與中國內地的大小企業——例如中國發展集團，甚至是日本的百貨公司等——組成合資公司，在武漢、天津、大連及廣州等地開設百貨公司（Tong, 1992; *South China Morning Post*, 6 April 1994）。郭氏家族的連串舉動雖甚受注目，但以投資金額及投入精力或時間計算，畢竟十分有限，背後所反映的問題，相信是他們對中國內地的投資或發展前景仍甚有保留。

上海南京路永安百貨有限公司，但已為國有企業百聯集團下屬子公司，與正統的香港永安沒有任何關係。（原照為彩色，此處經黑白處理）

　　除了那些北望神州的投資舉動，對於香港主權回歸問題，郭氏家族由於曾在上海吃過「公私合營」苦頭，「文革」時甚至受到批鬥，所以常會被記者問及會否對香港前途缺乏信心，做出減少投資或是撤資的問題，而他們的回覆則總是「官腔」的對香港前途有信心，或是香港乃他們家族發祥地，所以仍會繼續投資，絕不「撤退」（陶世明，1986：94）。雖則如此，到了 1990 年時——尤其是 1989 年發生了「天安門事件」之後，他們也如不少企業般將企業註冊地遷往別國（俗稱「遷冊」）（參考下一節討論），揭示家族畢竟對香港的前途並

非如面對記者採訪時所說的那麼充滿信心。

對於七十年代末的「改革開放」政策，或是香港結束殖民統治後的前途問題，不少人的內心無疑曾經七上八落，並不踏實，原因當然是經歷了「三反五反」及「文革」等政治波動，加上新中國成立後的民生經濟建設乏善可陳所致。亦有不少人覺得中國歷史上的變革鮮能成功，所以擔心當時的「改革開放」難以長久或取得成功，當然亦有不少人擔憂香港回歸後發展狀況會變壞，所以在八、九十年代出現了人才及資金外流──即是專業人士移民他方而企業則遷冊別處──的情況。

然而，歷史卻總是有出人意表的發展。這次「改革開放」取得了前所未見的巨大成功，不但中國大陸經濟能夠持續發展，最後甚至崛起成為全球第二大經濟體，與世界霸主美國分庭抗禮。另一方面，對香港前途缺乏信心，甚至賣樓賣地，放棄高薪厚職，在八、九十年代移民他國者，紛紛錯失了香港物業及經濟發展的黃金時期，而永安集團郭氏家族「志」字輩的領導，亦是選錯邊的一員，結果亦如「琳」字輩般，因為無法掌握歷史轉捩點所帶來機遇與挑戰，故未能在波譎雲詭的時局中乘時而起、再攀高峰。

第四波領導的力求行穩致遠

回到上一章中提及八十年代中家族和企業前進途中碰到機遇與挑戰的問題上。毫無疑問，無論是失去永安銀行或是捲入官司，兩者均給郭氏家族上下及永安集團的發展帶來了巨大衝擊。一方面，

當然是令家族及成員蒙受巨大財政虧損，另一方面則是名聲受損，因為他們的先輩擁有極為良好的聲譽，才能在鄉里朋友中獲得認同支持，所以能夠輕易融資集資，創立企業，甚至可不斷開拓發展。至於更為嚴重的，當然是削弱了「志」字輩的信心。接任者眼見郭志權和郭志匡等堂兄弟因投資冒險進取而紛紛落馬，備受家族成員及小股東指責，甚至差點身敗名裂，他們就算再志大氣銳，亦會變得謹小慎微、不敢冒險，投資趨向保守，就如鐘擺般由一個極端走到另一極端，結果自然影響了公司的前進及發展速度。

永安集團自九十年代起發展策略轉趨保守謹慎，雖說降低了再次損失的風險，但卻直接令公司失去了更上層樓的機會。因為九十年代至香港回歸後的一段時間內，儘管政經環境同樣風起雲湧，上下起伏甚大，但過於保守的策略，自然難以在紛亂無定的時局中發現機會、緊抓機會。就算是對本身業務的投資，亦不願過於進取，自然難有突出表現，因此便容易被那些表現進取且能有幸運之神眷顧的家族或企業超越。正因如此，這家在戰前叱吒滬港，戰後初期仍在香港名聲顯赫的家族，自九十年代以後，則可謂風光不再了。

具體地說，郭志樑自 1986 年擔任永安集團主席一職後，為人處事明顯較郭志權低調內斂，看來採取了先穩定大局，讓業務與生意逐步復元，然後才謀更大發展的策略。郭志樑登上大位之初，永安集團一方面受永安銀行嚴重虧損影響，需要大量注資撇帳，加上郭志權等人捲入官非的調查，所以難免給日常業務發展帶來在明在暗的波動跌宕和困擾，領導層自然要小心應對，不能操之過急。隨後，當失去銀行控股權已成定局無法挽回，而官非問題又確定只局限於部分家族成員，整個集團及家族未受波及，才令他放下心頭大

石，可以專注公司日常運作，思考在當下的基礎上公司的前進方向
及應採取怎樣的步調。

由於永安集團的生意原本有四方面：百貨、銀行、保險及物業
投資，但銀行生意已失去管理權，保險及物業又相對穩定，我們不
妨以百貨生意作為例子，說明新領導上台後的一些發展變化。撇開
自八十年代中開始在內地的投資不談（見上一節），從資料上看，在
郭志權眼中視為「苦」業的百貨生意，其門店數目在郭琳珊去世時的
7 間，到郭志樑接班後還是維持在那個水平，一直至 1988 年才增加
了太古城分店，以及到 1989 年增加了九龍灣德福花園的分店，令全
港店舖增加至 9 間，即到了那個時期，領導層才積極開拓，令生意有
較突出的發展。

1989 年無論是對永安集團、對香港社會，還是對中華大地而
言，無疑乃暗湧處處，甚為波動的一年。就在這一年，集團一方面碰
到敵意收購，令家族有可能失去了這個近百年祖業；另一方面又有
外資找上門，尋求合作，開拓新商機。至於更為重要的，則是集團
因香港前途問題作出了資產與企業遷冊的決定，而遷冊的目的地則
是有避稅天堂之稱的百慕達（*South China Morning Post*, 28 February
and 14 March 1989）。

先說永安集團遭到敵意收購一事。[2] 進入 1989 年後，永安集團

2　早在 1986 年，市場已傳出英資百貨公司連卡佛（Lane Crawford）已對永安百貨垂涎，
　　有意收購，但最終應是在深入評估後未能成事（*South China Morning Post*, 20 April
　　1986），可見一直被家族視作「雞肋」——責任多於發展潛質——的百貨生意，在外人
　　看來其實別具吸引力，所常會吸引外人吞併收購。

的股票在市場中買賣突然出現異動，不但變得甚為活躍，股價更是只升不跌，例如股價在 2 月 21 日的 5.50 元上升至 23 日的 6.95 元，短短兩日升幅超過一成（*South China Morning Post*, 24 February 1989）。不久便傳出消息，指華資地產巨企新世界發展對永安集團甚有興趣，早已在市場中不斷吸納其股票，並已達至 25% 的持股量。到 1989 年 3 月 21 日，新世界發展提出每股 17 元的有條件收購建議。不過，市場普遍相信持有近一半控股量的郭氏家族應該不會接受，所以雙方必然因此展開角力，永安集團的股價更會拾級而上（*South China Morning Post*, 22-29 March 1989）。

到了 4 月 1 日，新世界發展已持有永安集團 28% 股權，而郭氏家族仍持有 51.7%，他們更公開表示就算新世界增加價錢，家族亦不會將永安集團出售。收購攻防戰期間，不時有一些小道消息傳出，如持有永安集團 8.0% 股權的利興發展（Lee Hing Development Limited）[3] 曾私下表示，若然價格吸引，他們有興趣出售股份（*South China Morning Post*, 4 April 1989），但消息日後證實不正確，似是一些「擾亂軍心」的股權爭奪戰略。

自此之後，雙方就永安集團控股權的爭奪戰陷於膠着狀態。主要是因股票歸邊，市場中流通的股份不多，新世界發展想爭取買入更多股票亦無從入手。到了 1991 年 4 月底，由於新世界發展本身

3　從公司註冊署的資料看，利興發展有限公司實在來頭不少，其股東可謂粒粒皆星，包括恒生銀行創辦人何添、利國偉，「香港金王」胡漢輝及兒子胡經昌，「一代賭王」何鴻燊，新鴻基「三劍俠」之一的馮景禧，「紅色資本家」霍英東，以及其他如楊志雲、梁潤昌、潘錦溪、鄧肇堅、伍宜孫、黃權、湛佑霖和梁鑑深等人（Lee Hing Development Limited: Return of allotment, 1972）。

碰到債務問題，急於套現紓緩債務壓力，最終同意出售手上持有約
27.2% 的永安集團股票，令那場來勢洶洶的收購戰消失於無形，至於
該批股票日後證實落入日本百貨業巨頭——日本西友株式會社——
手中（*South China Morning Post*, 2 and 16 May 1991），後者帶出外
資公司找上門尋求合作、開拓百貨業的更大空間。

儘管郭氏家族成員一直對百貨生意顯得意興闌珊，但香港的
百貨業在六十至九十年代其實曾有一段十分輝煌的日子。遠的如永
安、先施、大新及中華等百貨公司鬥得難分難解不說，戰後六十年
代自大丸百貨公司在港開業後，接着便有三越、崇光、東急、松板
屋、八佰伴、吉之島等到來，加上英資的蓮卡佛及華資的裕華、瑞
興，以及先施、大新、永安等老牌公司，形成了百貨公司林立的局
面，好不熱鬧，逛百貨公司成為不少香港人週末或假日的好去處。

由於看好香港百貨業，就在八十年代末，西友株式會社已接觸
郭氏家族，尋求合作，但郭氏家族初期看來並不熱心，洽談沒甚進
展，當然亦不排除乃文化差異，大家需要一段時間互相了解和適應
之故。至於新世界發展在 1989 年對永安集團發起收購戰一事，看來
反而促成了大家的合作，尤其當 1991 年新世界發展同意出售手上
所持股份時，西友株式會社在郭氏家族支持下，購入了該批股票，
因而成為永安集團的策略股東，令雙方有了十分堅固的合作基礎
（*South China Morning Post*, 23 February 1990 and 2 May 1991）。

進一步資料顯示，當新世界發展仍對永安集團虎視眈眈，西友
株式會社則作出某種配合，因其再次尋求與郭氏家族合作，共同開
拓業務，這次是在 1990 年分別在旺角及荃灣開設兩間分店，令門店

的數目增加至 11 間（*South China Morning Post*, 18 April 1990）。到了 1992 年，當確定了與西友株式會社的合作後，集團又分別在香港仔及沙田新城市廣場設立 2 間分店，令門店數目增加至 13 間（*South China Morning Post*, 14 May and 9 October 1992）。在那個門店多達 13 間輝煌時期的 1993 年，營業額和盈利曾達高峰。舉例說，在 1992 年，永安國際集團的全年營業額為 27.26 億元，1993 年上升至 31.06 億元，同時期內的除稅前盈利則由 4.05 億上升至 7.10 億元（*South China Morning Post*, 12 March 1994），業績亮麗。

　　若從開設百貨公司分店的數目作指標，則不難看到，郭琳珊去世時，集團擁有的門店共有 7 間，郭志權任內（1983-1986），數目沒有轉變，這相信與他覺得「做百貨很花精神，沒有人知道其中的苦況」有關（君兒，1986：100）。到郭志樑在 1986 年上台，確定全面接掌企業並可穩定發展後，在 1988 年有了開拓的舉動，接着數年間分店愈開愈多，然後有了 1992 年令門店增加至 13 間的「盛極一時」局面，應是當時門店最多的百貨公司了。

　　伴隨着生意發展空間及機會的，還有政治環境變遷引至的香港前途問題，因為自 1984 年 12 月正式簽訂了《中英聯合聲明》，確立英國會在 1997 年 6 月 30 日結束對香港的殖民管治，而中國政府則會恢復對香港行使主權，香港進入過渡期，那些對中國共產黨缺乏信心的人，自然會有不同層面的綢繆。到了 1989 年，北京發生「天安門事件」後，政治氣氛十分低迷，不少對前途缺乏信心而又有能力者乃作出現了離港他去的決定，於是出現了甚為持續的人才及資本外流情況（Skeldon, 1994; 鄭宏泰、黃紹倫，2006），而曾經在新中國成立後吃過苦頭的郭氏家族，亦很自然地採取了類似的舉動。

　　由於郭氏家族不少成員曾留學美國等西方國家，所以早已擁有那些國家的居留權，故個人層面的去留問題不大。但永安公司自郭泉一代開始即一直採取了扎根香港的策略，所以一直是香港註冊的公司。由於對前景有疑慮，擔心資產會可能會像新中國成立後被充公，公司管理層免不了要採取相應的措施避免噩夢重臨。當時不少抱持相近看法的企業都會進行遷冊──即是將公司的註冊地改到別的地方。而它們遷冊的地方，主要是那些被稱為「避稅天堂」的英屬殖民地，例如英屬處女島（British Virgin Islands）、百慕達（Bermuda）及開曼群島（Cayman Islands）等等。而永安顯然亦是遷冊大軍中的一員。

　　從資料上看，在 1989 年起，雖然當時永安集團在香港增設了門店，加大了投資，甚至亦開始投資中國內地，表面上令人認為他們採取了看好前景的投資策略，但其實已有報道指郭氏家族開始把名下持有的資產，轉到那些註冊地在百慕達的公司（*South China Morning Post*, 28 February 1989）。這些資產轉移的做法，自然是企業遷冊前的準備動作。

　　經過連番公司重組與資產配置，到了 1991 年 12 月，郭氏家族最終作出宣佈：永安公司易名永安國際有限公司，而永安集團則易名永安國際集團有限公司，即是在原來公司名字上加上了「國際」一詞，而註冊地則在百慕達，說明公司已經遷冊（*South China Morning Post*, 22 October 1992）。雖則如此，由於主要投資及生意在香港，所以公司在香港的業務仍維持正常，不少家族成員亦仍會在香港生活，不會立即移居他方。

　　誠然，郭氏家族的生意起點是澳洲，在當地早已有不少生意；
至四、五十年代又在美國紐約及三藩市創立了永安公司，加上連番
資產重組及轉移後，郭氏家族與永安公司的投資，必然有很多國際
化的內涵，所以將公司名稱改動算得上是名實相符，並不如某些遷
冊企業般徒具虛名。但無可否認相關決定所反映的深層次問題，是
公司對香港前景的疑慮，而這種心態自然會影響公司的投資取向，
令他們對香港及中國大陸的投資更審慎保守，結果卻因此失去了更
上層樓的機會。

　　若果從傳承接班的角度看，郭志樑在那個多事之秋上台，企業
和家族正蒙受着巨大打擊，且各種對公司不利的消息甚囂塵上，他
接掌龐大企業後，選擇以「穩陣」為先，不好高騖遠，不染指投機炒
賣，亦不謀別人一時掌聲，只做好接班後工作，守好「龍門」，此種
應對，實在屬於明智之舉，亦符合現實發展的需要。到掃清不明朗
因素，確定權力順利交接後，再作出較進取的行動，大力開拓，自
然亦屬合理舉動。可惜的是，由於開拓初期進展順利，形勢大好，
可能令他萌生了既謀中興又謀掌聲的念頭，因此錯估形勢急於冒
進，掉進了「貪勝不知輸」的泥沼中。事後看來，他們那時明顯忽略
了香港零售及百貨市場已經步入寒冬的訊號，沒有及時收緊投資，
反而加大投資力度，令生意發展「過了頭」，導致日後連年虧損，令
集團發展從高峰再次回落。

由收縮到重整的社會變遷見證

　　當郭樂、郭泉、郭葵一代銳意進軍百貨業時，他們看到的是行

業方興未艾，市場充滿潛能生機。但是，經過近一個世紀的發展，社會有了巨大變遷，對百貨公司帶來了極大的衝擊。首先，是購物商場的出現。於 1966 年開幕的海運大廈是香港、也是全亞洲第一個購物商場，不過真正轉變香港人消費購物模式的，是八十年代開始出現的太古城中心和新城市廣場等。這些商場作為社區設施，不少融入大型中產屋苑的建築群，方便居民在社區內消費購物，甚至是居民出入必經之路。而且這些大型購物商場不單滿足人們購物需要，更內設電影院、溜冰場，以及各式各樣的食肆，相較之下，百貨公司無論是貨品種類、便利程度或功能性都大大比下去。

此外，進入新千禧世紀之後，尤其當互聯網已經深入千家萬戶，「網上購物」（俗稱「網購」）日漸流行，消費者可以隨時、隨地、隨興地透過瀏覽互聯網，找到全球各國數以億計的貨品，在網上付款後貨品更直送到家門口，整個過程簡單便捷，甚至足不出戶都可以完成購物。相對而言，大型百貨店受地域、開放時間及貨品種類等限制，由於趕不上新時代的購物模式，難怪被不少評論指為夕陽行業，如花開茶靡般不合時宜，屬於百年企業的永安百貨自然難以倖免。

再加上愈接近香港回歸之時，由於英國政府在 1992 年改派彭定康（Christopher Patten）擔任香港末代港督，選擇了一條藉開放民主選舉與中國政府對抗的道路，於是令香港政治變得複雜，爭拗頻頻，物業及投資市場與社會情緒亦十分波動，其中雖有資本外流，但亦有另一些資本湧入，令物業市場出現了樓價（亦包括租金）輾轉上揚的局面——那怕當時的利率亦同步上揚。由於百貨生意需租用較大地方，強調薄利多銷，租金在營運成本中佔比較重，所以當面

對高租金問題時，便顯得毫無招架之力，於是出現了行業持續萎縮的情況。當然在高租金及社會氣氛影響下，市民購買力或購物意欲下降，亦屬加速行業衰落的原因。

影響所及，永安百貨不但營業額急跌，盈利率（除稅前）亦同步下滑。舉例說，經歷了前文提及 1992 至 1993 年的亮麗業績後，在 1994 年，永安國際上半年開始出現營業額大幅下滑的情況，有市場分析者亦提出零售業前景低迷等評論（Chew, 1994; Ngai, 1994）。雖然百貨零售業已出現步入寒冬的先兆，但領導層卻沒減慢開拓步伐，反而在 1995 年 4 月與地鐵公司簽訂合約，承租剛建成九龍灣德福花園側地鐵總部大樓近 10 萬平方呎樓面，並將該門店闢作東九龍地區的百貨店總匯。[4] 不但如此，那時的集團領導還表示會在天津及武漢開設新分店（*South China Morning Post*, 5 April 1995），之後，集團又在大嶼山愉景灣開設另一門店，[5] 惟該店規模較小。由於連串投資反映永安集團無懼百貨業的寒風，令市場人士不禁揣測領導層是否有過人或創新的應對策略。

從資料上看，集團初期還是信心滿滿地表示，雖然百貨業不景氣，但公司會以精簡架構節省成本作應對，不會解僱員工（*South China Morning Post*, 14 June 1995），但不久之後，由於銷售急速下滑，租金持續上揚，集團盈利大幅下滑（參考圖 9.1 至 9.3），負責人說話的語氣變得謹慎甚至一改口風，指集團旗下門店除上環總店屬於自置物業外，其他門店均屬租賃，若業主不肯減租甚至要求加

4　由於是把原本在德福花園的門店，搬到地鐵總部大樓，所以門店數目維持不變。

5　若計算愉景灣的門店，到 1995 年時，集團共有 14 間門店。

租時，他們只好作出結束部分門店的決定，原來不會解僱員工的話自然未有再提。之後，灣仔門店首先結束營業，而其他門店則分別與業主商討租金調整，希望能維持發展力量（*South China Morning Post*, 24 June 1997 and 25 June 1998）。

另一方面，過去屬於永安集團核心業務的保險生意，自從失去對永安銀行的掌控後，發展變得停滯不前，領導層於是在 1994 年 9 月作出了重大決定，把永安人壽保險出售予法國保險巨擘國衛保險集團（AXA Group），當時的作價是 1.1 億美元（折合約為 8.6 億港元），算是很不錯的價錢了（*South China Morning Post*, 7 September 1994）。此舉標誌家族從此退出了保險行業，令原來的主要投資又少了一項，只剩下了物業投資和百貨兩大範疇。至於套現的資金，看來是用來支撐百貨生意的進一步發展。

可惜，一來百貨業市場不景氣持續，二來租金還是只升不跌，所以營業額和盈利繼續滑落。到了 1997 年——一個既是永安公司慶祝創立 90 周年，亦是慶祝香港主權回歸的大好日子，永安國際集團的業務表現卻持續下滑，香港經濟則遭遇了「亞洲金融風暴」的嚴重衝擊（鄭宏泰、陸觀豪，2017）。就在這種環境下，當集團能向業主爭取較好條件者，便能維持租約或開業，例如黃埔新天地的門店；若無法達成減租協議，則只能結束租約，如旺角及荃灣便是兩家因此而結業的分店。與此同時，中國大陸的業務據說亦不甚理想，其中天津及大連的門店便處於虧損之中（*South China Morning Post*, 24 June 1997）。

所謂「禍不單行」，進入 1998 年，由於「亞洲金融風暴」衝擊

的後遺症不斷惡化，樓市及股市的崩潰更令香港經濟持續低沉，消費市場更加疲不能興，永安百貨的生意也只能繼續尋底（參考圖 9.1 至 9.3）。領導層在迫於無奈下只好進一步關閉那些盈利表現較差的門店，香港仔、中環、新場市廣場等門店便在那時結業。令集團旗下的門店不斷減少，在 1998 年只剩下 7 間而已（*South China Morning Post*, 25June 1998）。以門店數目計，與高峰期的 13 間相比，在短短五年間已減少了近半，萎縮之急，可見一斑。

由於當時的經濟衰退曠日持久，失業率和利息同時攀升，社會更湧現了前所未見的「負資產」人士，不少需要「供樓者」（即支付樓宇按揭貸款者）自然要「勒緊肚皮」，不敢隨便消費，永安集團的百貨生意乃顯得更為低迷。進入 2000 年，雖然消費市場因為進入新千禧年曾有一些不錯的表現，但郭氏家族卻在那時作出另一重大決定——私有化永安國際集團（*South China Morning Post*, 1-2 February 2000），結束了集團 27 年的上市歷史。單以香港業務而論，郭氏家族由 1907 年開始創立百貨公司，由私人公司發展成上市公司，業務也由百貨業擴展至保險、銀行業，顯示家族財富與業務不斷前進的軌跡。但自 1985 年起，公司先後失去銀行及保險，百貨業也在苟延殘喘的邊緣，最終更連上市地位亦失去了。這樣一個崎嶇曲折歷程、一個企業起落興衰故事，是有興趣研究家族企業發展人士很好的學習教材或個案。

私有化永安國際集團之後，家族直接掌控的上市企業，便只有永安國際有限公司一家而已，而業務與投資亦變得較過去單一了。回頭看，自 1994 至 2000 年那段時間，無論是逐步減少百貨門店，或是出售保險的核心業務，基本上可讓人看到集團營業額及盈利持續

下滑（參考圖 9.1 至 9.3），以及生意投資連番失利的情況，所以只能不斷削減業務，出售資產，甚至要進行各種投資及債務重組。但是，若深入看，外圍環境的巨大變遷，例如初期零售業疲不能興，然後是股市樓市雙雙下跌的進一步惡化等，亦很自然地令集團陷於更嚴重的困境，可見導致那個局面的因素，不只是家族及企業本身應對能力的問題，社會的政治、經濟與營商環境等衝擊因素，實在亦不容低估。

「小心駛得萬年船」的辣與不辣

回頭看，1994 年管理層低估行業走向衰退，仍然採取擴張策略，於 1995 年以貴價承租多個門店，甚至投入大量資金裝修及大做宣傳推廣，惟這樣的舉動，不但無助業績起死回生，反而添加了集團財政負擔，導致了日後的虧損連年，主要是戰線拉得太長，門店一時開得太多，所以失去了不利環境下收縮業務的能力與彈性，於是需要藉出售物業或生意套現。可是，最終雖能克服危機，但具潛質的物業及生意出售了，自然傷及元氣，康復後的實力自然今非昔比。

由此帶出來的重要教訓，自然是進取與保守不同發展策略的思辯。進取的發展策略若然運用得宜，拿捏準確，當然能夠令公司生意如火乘風勢般不斷上揚；但若判斷錯誤、投資失準，則會給公司帶來巨大虧損，造成致命打擊。相對而言，保守的發展策略無論判斷是對是錯，應該不會有太大的起落波動，基本上只會在某個既定範圍內升跌。

從這個角度看，經歷了那個因為過於取進而導致連年虧損的局面後，自進入新千禧世紀後，永安的投資策略又如當年郭志樑接管大旗時轉趨保守，當然亦是香港當時經濟環境仍然低迷，集團又需時間休養生息之故。由於過了「千禧世紀」的短暫消費潮後，市場又重現低迷，集團於是再一次採取關閉門店、收縮投資的方法。結果，美孚新邨、九龍灣德福花園及黃埔花園等門店，乃在 2001 至 2004 年先後結業關閉。

不可不提的是 2003 年「沙士」疫症期間，消費市場大受打擊，永安集團的百貨生意自然首當其衝，大受打擊。幸好，隨着「自由行」政策出台，大量內地旅客湧港，市場迅速復甦，永安集團因為具有一定知名度而能吸引內地旅客消費，因此在隨後各年錄得了業績的亮麗改善，集團因此重獲發展活力，可以邁出更好的發展腳步（參考圖 9.1 至 9.3）。

更為吸引市場注視的，是郭氏家族趁着當時物業市場極為低迷的時刻，在 2003 年 8 月份銅鑼灣廣場一期全幢招標求售的項目中，以 12 億元的價錢成功取得該物業，擊敗主要對手希慎興業和華人置業，舉動引來不少人推測家族是要「再戰江湖」（《湯財文庫》，2003）。不過，永安表示該物業並非用於開設百貨門店，而是用作長線收租（《星島日報》，2003 年 8 月 20 日），揭示其目的並非選擇以積極進取的方法尋求發展，開拓百貨生意，而是對香港房地產市場長遠看好，所以將資金投入其中，是一種保守卻帶來長期穩定回報的投資策略。

2007 年，集團因應創業一個世紀的重大喜慶日子，出版了《永

安百貨一百年》的紀念冊，但紀念冊中一如過往地只列出過去不同年代的廣告，沒有太多分析性內容，而且還是簡略地介紹（或者說「重複」了以前紀念文冊的內容），尤其指出當年郭樂、郭泉創業時的一窮二白之類的陳腔濫調。而當中的新信息主要是介紹了 2007 年時的領導團隊及 110 名董事局成員，他們為：郭志樑（主席）、郭志桁（副主席兼行政總裁）、郭志標和郭志一四兄弟，以及郭志權、郭文藻，還有非家族的譚惠珠、黃允炤、Iain Bruce 及 Anthony Conway。

　　其次，紀念冊亦扼要地介紹了公司的業務，除核心的百貨，基本上只有香港及全球的物業投資與汽車經銷（因持有 DCH 汽車集團五成股權），即是只有三項業務而已。紀念冊中亦披露了 2006 年的

千禧年代的永安百貨。（原照為彩色，此處經黑白處理）

簡單財政狀況，顯示當時的永安國際有限公司營業額達 11.50 億元，稅後盈利為 5.67 億元，而資產淨值則達 63.50 億元。與此同時，公司亦指出，就在 100 周年的那一年，公司在全港維持四家門店：即上環總店、彌敦道分店、太古城分店及尖東分店（永安國際有限公司，2007）。

　　一個十分直接的印象是，作為一家百年企業，永安的業務投資明顯甚為單薄，發展動力更是大不如前，所以只有重重複複的昔日廣告，令人覺得公司活力不再，真的到了明日黃花的地步。毫無疑問，自進入互聯網年代以還，由於線上「網購」愈趨流行，仍停留在傳統門店銷售的模式，顯然只會不斷萎縮，郭志樑等領導層必然對此知之甚詳，惟相信早已認同時代變遷大潮的無法逆轉，所以一直沒有投入資本，作出重大調整。而百貨業務能維持下去，核心因素是因為其中的三家門店——上環、尖東及彌敦道——屬於自置物業，所以不會因為租金問題被逼遷，而太古城的分店則因租約尚未到期之故（該分店到 2015 年時亦被迫結業）。

　　簡單地說，2007 年的一百周年紀念，其實一方面見證了百貨業的巨大變遷，同時亦揭示當時領導人對本業發展前景的意興闌珊，即是如早前文章提及八十年代郭志權擔大旗時所感受的「做百貨很花精神，沒有人知道其中的苦況」（君兒，1986：100），屬於「雞肋」，真的覺得食之無味，亦甚辛苦，但棄之可惜，因屬祖父輩辛苦開闢，留下已有三代，盛載了不少情感與責任，若然在他們一代丟棄，擔心會招來社會罵名，因此看來便決定勉強為之，起碼可讓那些與公司有深厚感情的老臣子仍能工作下去，公司不用支付遣散費（《湯財文庫》，2003）。

　　慶祝一百周年後的 2008 年，香港受到美國「金融海嘯」的衝擊，那時已甚依重物業投資的永安國際有限公司，乃出現盈利大幅下滑的情況，雖然公司的營業額仍有緩和增長，資產淨值亦只有輕微下調。之後，由於「金融海嘯」並沒如「亞洲金融風暴」般，因金融大鱷沒有衝着香港來，所以經濟沒有持續惡化下去，公司盈利乃隨後大幅反彈，至於資產淨值亦隨後錄得顯著上揚（參考圖 9.1 至 9.3），揭示公司其實具有一定實力和競爭力。

圖 9.1：永安國際有限公司營業額：1994-2018 年

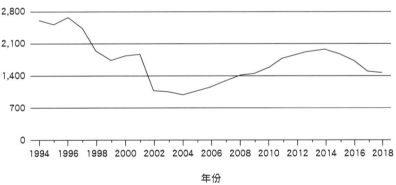

年份

資料來源：永安國際有限公司，各年

圖 9.2：永安國際有限公司資產淨值：1994-2018 年

利潤（港元）

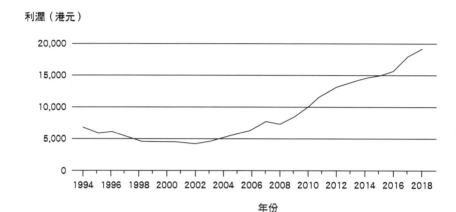

資料來源：永安國際有限公司，各年

圖 9.3：永安國際有限公司除稅前後盈利：1994-2018 年

利潤（港元）

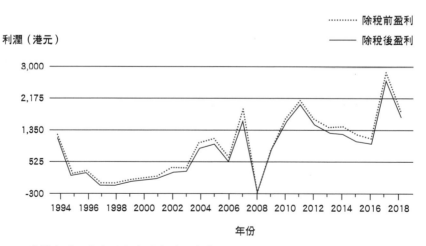

資料來源：永安國際有限公司，各年

　　到了 2017 年，是公司慶祝創業 110 周年的喜慶日子，年近 80 的郭志權、郭文藻及 Anthony Conway 在董事局中退下來，換上梁永寧及 Nicholas Debnam 頂替，董事局成員由 10 人減少為 9 人，其中只有郭志樑四兄弟為家族成員。至於公司亦一如既往地繼續那個相對保守的發展策略，因為百貨業那時所面對的挑戰，實在更為嚴峻，就連「自由行」到港旅客，亦偏向光顧歐美著名品牌專門店，或街頭巷尾的藥房化妝品店，所以永安百貨的生意，並沒在「自由行」旅客大量湧至下出現甚麼巨大突破，可見生意的發展空間實在有限。至於這樣的市場信息，郭志樑等想必十分清楚了解。

　　2019 年，郭志樑進入 70 高齡，自 1986 年以後擔任主席一職，統領家族企業則已長達 34 個年頭了，雖然他現時仍身壯力健，但畢竟年紀已不小。可以想像，在不久將來，集團相信要進入第五波接班，這一波的領導大權傳承，很可能仍維持着「兄落弟上」的格局，因為長兄郭志樑與幼弟郭志一的年齡相差約 15 歲，接近是一代人的年齡，所以相信領導大權不會那麼快便交到「永」字輩的下一代手中。

　　正如上一章中提及，由於永安集團的控股權自 1986 年後已落入郭琳珊一房手中，領導權的傳授，自然應是局限於郭志樑、郭志桁、郭志標及郭志一四兄弟及他們的兒子之間。一個不爭的事實是，相對於上一代，郭志樑四兄弟的子女──即「永」字輩──不多，現時已在永安國際有限公司之內工作，而且較受注視的，只有年紀較長的郭永正和郭永善二人，其他或者沒有加入公司，另有專業，或是年紀尚輕，所以甚少引人注視，他們亦如郭志樑般甚為低調。

先說郭永正，他乃郭志樑之子，早年在美國 Milton Academy 完成高中後，進入康乃爾大學（Cornell University），修讀經濟與政府管治，然後在史丹福大學取得工商管理碩士學位，之後加入外資金融機構，參與收購合併與資產重組的事務，然後轉職 UBS 投資銀行，從事更重要的全球投資與銀行業務。之後，郭永正加入永安國際，主要負責公司的投資與資產營運，側重點於期貨及金融投資，所以屬於掌握重大投資項目的關鍵人物（LinkedIn: Stuart Kwok, no year）。

再說郭永善。他是郭志一的兒子，相信亦是在美國完成高中及大學教育。由於他曾在香港渣甸工程（Jardine Engineering Corporation Hong Kong）擔任經理之職，故估計他主修工程相關的專業。到 2007 年──即永安公司創立一百周年那一年，加入永安百貨，由初期的中低層管理逐步擢升至助理總經理，所以看來屬於打理實務的做實事人物（LinkedIn: Gareth Kwok, no year）。

此外，其他下一代成員如郭永泰、郭永基、郭錦文及郭錦蕙等，因受資料所限，對他們所知不多，對其人生際遇及發展狀況亦不了解，故無法掌握他們會否在第五或第六代的傳承接班中進入領導崗位，發揮重大作用。惟可以相當肯定的發展經驗是，由於實體百貨店業務已經花開荼蘼，除非新領導能銳意發展網購，否則必然要面對被市場淘汰的命運。正因如此，百貨生意只會被新世代視作夕陽生意，未來焦點應會轉到物業與金融投資之上。當然，作為家族發跡生意的百貨業，會否在不久將來成為歷史？由於第五代接班不久將會登場，相信可以拭目以待。

結 語

自郭志樑在 1986 年接任永安集團主席至今已快近 35 年了，其間的前進道路並不平坦，發展亦起落跌宕，總體表現雖然也算不錯，但若與那些在六七十年代才迅速崛起壯大的華資地產企業相比，無疑相形見絀；但若與那些因為投機冒進最後被迫清盤結業，甚至給人吞併者相比，則不可謂不突出了。可見擔起領導大旗後的郭志樑，以行穩致遠為努力方向，基本上是目標達到了，所以永安集團時至今日仍然歷久不衰，可以繼續發展，這份成績，應給予肯定。當然，綜觀郭泉去世後永安集團的發展狀況，不少評論者總會覺得，以當時郭氏家族「志」字輩所擁有的各種優越條件——生意規模大、資本後盾強、子孫學歷高，以及連結華洋中外的政商人脈關係網絡等，實在不可能跑輸那些在戰後才起步發展，各種條件相對較弱的企業，特別是那些地產發展商。而且目前的情況是被後起者大幅拋離，相差「九條街」（老遠），所以更令人感到大惑不解，亦替他們甚為不值。

對於永安集團在郭氏家族「志」字輩成員帶領下不進反退的這種局面，不同論者提出的不少原因，紛陳複雜，惟以下一針見血的觀察，無疑可作為其中一個註腳。那評論這樣說：「令人惋惜的，是郭家眾多子孫中，竟再無一人具有郭泉那種如炬的目光和點鐵成金的本領。」（齊以正，1986：87）畢竟，「如炬的目光」和「點鐵成金的本領」並非人人皆有，他們沒有這些能耐，卻能守着百年企業於不失，從某個角度或標準上說，亦不能不算是集團或家族今天仍能持續發展的一個不錯交代了。

第十章

萬變不離其宗

引言

　　誠然，社會前進的過程其實不斷在變。古希臘哲學家 Heraclitus 對於變的問題可謂講得最為精闢透徹，他那個「一切皆在流」的觀點，尤其讓人印象深刻，因為他提到那怕同一個人兩次踏足同一條河流，其實均已不盡相同了，原因是那人已不同了，水也已是不同的水了。那個人的不同是心態感受思想在不同時刻已有區別，水的不同是河水不斷流動，所以此一時的水和彼一時的水其實不同了。換個角度說，沒有東西是恒久不變的，反而一如民間諺語所說的「變幻才是永恒」。問題是：我們怎樣才能掌握變幻中的不變真理？

　　無論中外社會，由傳統走向現代的最重要內涵在於變，進入現代社會之後，變的速度更快、層面更廣，因為社會給予了創新求變一種前所未有的特殊意義，所以無論是政治、軍事、經濟、社會、教育、科技等等，無時無刻都在鼓勵突破、求變。在這種環境下，腦筋靈活，能夠得應變者，自然能夠乘勢而變，反之必然是如滾滾長江水般轉眼間便給後浪推動。即是說，在現代社會，家族的可持續發展，關鍵其實在於能否識變、應變，甚至求變。

如何識變

　　從企業家精神的角度看，「識變」無疑乃成功企業家不可或缺的極重要條件，因為能有這種觸覺，或是敏銳眼光，自然能夠快人一步地了解到紛紜局勢所帶來或衍生的機遇所在，然後可及早作出應對，甚至爭取。若以此為指標，再檢視郭氏家族自郭沛勳以後各

世代的識變能力，則不難發現除了郭沛勳和郭樂、郭泉、郭葵這兩代，其他「琳」及「志」字輩則明顯不足，所以前者可以開風氣之先，書寫家族傳奇，後者則一而再地令家族蒙受巨大損失。

說實在的，論才幹，我們很難說誰高誰低，畢竟難以取得客觀標準，但若論接受教育時間，或是取得學歷證書的多少，則明顯是「琳」和「志」字輩高很多，但為何反而是他們缺乏識變能力？這顯然是一個很吸引人的學術問題。據社會學大師韋伯（Max Weber）的分析，領導才華或領袖魅力——或者可包括識變能力——屬於天生的，當然可從危機、困難或逆境中鍛煉出來，即如傳統智慧所指：「梅花香自苦寒來，寶劍鋒自磨礪出」。

然則，郭沛勳與郭樂、郭泉等人所處的社會及生活處境，如何激發或滋生他們的識變能力呢？第一個重要原因看來是資訊，即是從一些重要信息中體會或感受到巨變在即。但說實在的，論資訊流通，「琳」和「志」字輩所能接收到的資訊，必然比郭沛勳與郭樂、郭泉等多，為何是後者反而能夠較易辨別巨變，甚至可以緊抓機會呢？

細心點看，郭沛勳與郭樂、郭泉等能夠表現出更強的識變能力，相信與當時華洋社會、經濟及文化等呈現巨大發展差異有關。簡單地說，無論是一、二次鴉片戰爭，或是開放五口通商後洋貨洋風迅速湧入，均令自小在傳統中國儒家文化環境下成長的郭沛勳與郭樂、郭泉等人，有如《紅樓夢》的王姥姥進入大觀園般，覺得一切都來得那麼新鮮、進步，很可能會得出西方社會更先進更發達，中國在清朝治下卻發展緩慢停滯，覺得勢頭不對，必須全面吸納西方

事物的結論。於是不但信仰上的有了巨大轉變，事業選擇亦由農轉商，不再迷戀寒窗苦讀考取功名，相信飄洋海外才能謀求更好的前途。在這思維下，郭家眾子姪都在年紀小小時便勇敢地往外闖，希望搶先在新世界打出一片天。

在澳州經過一段時間的摸索發展，並建立起穩健的事業後，郭樂、郭泉顯然察覺到當地出現種族排外政策的苗頭，對他們長遠發展甚為不利，所以寧可及早拔營換寨，以免局勢變得嚴峻時事業會化為烏有。至於他們把投資目光投向香港，亦揭示他們具有過人的識變能耐，因為作為英國殖民地的香港，由於自開埠後採取了自由貿易政策，已經逐步建立起連結華洋中外而且無遠弗屆的國際貿易網絡，加上背靠中華大地，面向世界，所以十分有利商業發展。總括而言，由於郭氏第一、二代能察覺到那個「千年未見的巨大變局」，能夠作出由農轉商及飄洋出海的舉動，家族自能乘勢而起，有了令人艷羨的突出發展。

相對而言，「琳」和「志」字輩的識變能力，似乎明顯較弱。先說「琳」字輩中，最缺乏識變能力的，無疑是四十年代末當不少上海商人察覺到共產黨快將取得天下，以他們的政治主張論，必然不利私人財產與商業發展，所以大多作出資產和生意轉移的舉動，甚或寧可移民他方，以避其鋒，但郭琳爽和郭棣活卻力排眾議，始終覺得本身的分析正確，不但沒有撤資，甚至投入更多資本和設備，最後當然令家族和企業遭遇了「滑鐵盧」，付出了沉重代價。

「志」字輩的識變能力同樣欠佳。郭志權和郭志匡負責擔起家族領導大旗時，基本上是覺得百貨業辛苦而沒有前景，他們似乎亦察

覺到發展地產、銀行和證券期貨生意的方興未艾，所以投入不少精力作出開拓，惟三者均在八十年代初那個市場極為波動的時期蒙受巨大損失，其中的郭志匡，更相信因為投機炒賣，做錯決定，結果不但賠上了個人名聲信譽——可能亦影響了他的健康，亦輸掉了家族對永安銀行的掌控，給家族上下帶來巨大傷害。

到郭志樑、郭志桁等在八十年代中接手領導家族企業後，社會環境出現了新的轉變，但他們似乎沒有本身獨特的識見與看法，所以一來一如不少日資企業湧到香港開辦百貨公司般增大這方面的投資，另一方面亦如當時不少市民或企業般採取了移民與遷冊的行動。到進入千禧世紀後，當網購方興未艾，日漸成為潮流時，在上一世紀帶領百貨業前進的永安百貨，則因領導人未能察覺大局變化，及早調整策略應對，令生意進一步萎縮。可以這樣說，由於「琳」及「志」字輩缺乏那種識變能耐，家族及企業不但曾經遭遇諸多挫折，亦蒙受巨大損失，於是便從高峰回落，日漸失去了發展動力。

從某個層面上看，識變應是企業家精神的極重要內涵，因為無論是自然環境，社會環境，甚至是科技、制度、人口，以及時代潮流等等的轉變，必然會打破舊事物、老規則，產生新空間、新機會，具識變能耐的企業家，則能及早拿出新方案，想出新辦法，從而挖掘當中的市場潛能，這樣便能為家族和企業的發展注入新動力。當然，研究新事物、開拓新市場、引入新制度等其實並非易事，一來需要投入巨大人力物力，二來亦充滿風險，精明的企業與家族領導人則需在這方面作出準確拿捏，以免顧此失彼，失敗收場。

如何應變

　　據說，適應環境乃考驗任何物種能否生存下去的極重要條件。更具體地說，任何物種若果要生存下去，必須懂得因應環境改變，作出適當調整，否則只能因為環境變遷被淘汰，無法延續。至於郭氏家族與永安集團一個多世紀所走過的道路，又可十分清楚地讓人看到那個在不斷變遷環境中的應變機制：爭取生存、謀求發展、強化競爭、確保延續。

　　在重大歷史轉折時期，郭沛勳採取的應變方法，除了由農轉商，不着眼於要求本身或諸子寒窗苦讀考取功名，還有推動年輕諸子先後飄洋海外，到不同地方找機會、謀發展，他本人則留守大本營。這種應變方法的背後，相信有他本身的戰略思考，惟受資料缺乏影響，難獲確實證明，至於從諸子最後能夠闖出新天的結果看，則可以說明他的那個應變方法取得成功。

　　能夠更好說明如何應變的例子，應是郭樂、郭泉等人在不同時期的人生與企業發展遭遇，第一個重大應變當然是移居澳洲後，在那個氣候環境、制度文化等截然不同的陌生地方生存下來，然後再謀發展，走上創業之路，他們採取的基本方法，是依託鄉里或族群的網絡與資源，並在站穩腳步，掌握充沛的發展條件後，踏上了自立門戶的創業道路。及後能突圍而出，一躍而成香港重要華資企業的重要原因，除善用現代公司與股份制度外，還相當依賴傳統的族群網絡和資源。不過，這種網絡和資源有趣及特別之處，是它其實並非鐵板一塊，內部不但有分有合，亦存在激烈競爭，後者尤其成為促進行業發展的其中一股重要力量。

1918 年上海南京路永安公司。

第二個重大應變是在香港及上海大展拳腳時，如何因應不同制度環境與變化作出適切的處理。儘管在 1907 年前，郭樂、郭泉等應已曾踏足香港，對這個地方有不少認識，亦應有一定人脈網絡，但創立企業畢竟會碰到各種意料之外的變故，他們似乎能夠找到好的方法應對。相對而言，在二十年代把生意開拓到上海這個相對陌生的地方，尤其擴張至紡紗漂染等生意，碰到的問題必然更多，但他們仍是可以應付裕如，令兩地的生意迅速上軌道，此點揭示他們在應對一般商業挑戰或社會變遷問題上沒有難度，可以作出適切處理。

第三個重大應變是抗日戰爭爆發及日軍入侵上海租界與香港後的綢繆。這裏要先提及 1932 年日軍侵略上海時炸毀永安紗廠、傷害員工問題，因此引出了公司資本性質——即到底屬於華資或英資的問題，背後所揭示的國家如何為企業提供保護，郭樂明顯因中國國

力薄弱，沒法給予保護，於是改為以英美企業性質進行註冊，藉以爭取相關政府保護，作為應變策略的重要一環。可惜，他們爭取成為「英資」公司的註冊不成功，不獲英國政府撐腰，於是轉為「美資」註冊，惟太平洋戰爭爆發後，美國亦被日本列為敵國，於是掉進了沒有國家保護的問題，然後有了改向偽國民政府註冊的舉動，惟這樣的應變，則曝露了朝三暮四、缺乏民族氣節的一面，郭樂更要離開上海，逃避日軍，給家族和企業發展帶來困擾。相對而言，香港生意在戰時受到的傷害較少，但應變策略亦並非很好，其中一點是把公司向日軍政府註冊，繼續經營，看來亦獲得巨大利潤，但到1944年時郭泉卻要避居澳門，背後原因令人覺得撲朔迷離。

第四個重大應變是新中國成立後上海及香港生意和生活碰到巨大挑戰下的重整應對。正如上文提及，在應對共產黨取得江山，上海解放一事上，那怕郭樂、郭泉等的應變看法是移民撤資，但郭琳爽和郭棣活則堅持留下，覺得共產黨不太差，而且還加大投資，彼此立場看法與應對無疑南轅北轍，這點既反映了兩代人在應變問題上的態度不同，相信亦因此令大家關係變僵，可能亦因政治立場各異曾鬧矛盾，因此很可能影響了他們之間的關係。相對於上海永安所有生意投資的化為烏有，香港的生意那怕在「貿易禁運」下曾受衝擊，但基本上仍可繼續發展，郭樂的應變則因不看好前景而選擇退下火線，背後原因亦可能與健康及子孫對生意缺乏興趣有關，郭泉的應變是「兄棄我取」，所以能自此之後全權主導香港永安集團的大小業務。

上述情況揭示郭樂、郭泉的應變策略，初期較為成功，其中一個特點是對於不能肯定的事情，參考主要競爭對手──尤其是先施公司──的做法，即是不做先行者，「只做第二」，所以無論是飄洋

悉尼，創立果欄，先後在香港及上海開辦現代百貨公司，甚至把生意投資延伸到銀行、保險及酒店貨倉等生意上，都是當先施公司走出發展腳步後，郭樂、郭泉等才在檢討了對方各項得失後，拿出自己的更好應對方案，做到青出於藍，更好發展。

但是，到了後來，例如變更資本性質公司註冊或是移民撤資的決定，總是受時不我與，或是郭琳爽與郭棣活不聽指示所影響，因而無法達至良好效果，令家族和生意的發展遭遇不少挫折。其中郭樂在晚年時期的應變，尤其呈現了進退失據的情況，而結果則是他自己一脈幾乎完全退出了永安集團。「琳」字輩自郭琳爽之後，香港的業務初期由郭琳褒擔任主力，後傳到郭琳珊手中，他們在五十至八十年代的領導，一方面有郭泉坐陣大本營的主持大局，另一方面則是社會和平安定，沒早前的戰亂動蕩，所以家族可以逐步恢復元氣，企業亦能逐步發展，取得不錯的成績。到「志」字輩接手後，雖然他們的學歷極為亮麗，但應變能力明顯不及祖輩，那怕他們所面對的社會環境，遠沒祖輩般複雜多變，因此令不少人大惑不解。

回頭看，「志」字輩的郭志權和郭志匡上台後，一來因為歷史原因無法掌握「改革開放」的巨大商機與市場，二來錯過了地產發展和投資的黃金時期，三來更在股票市場開放、期貨市場才方興未艾時拿捏不準蒙受巨大虧損，並因沒做好風險管理，尤其是在物質充裕環境下成長缺乏危機意識，或者說沒有「應急方案」（contingency plan），於是未能因應歷史與社會的重大變遷，作出能夠促進家族和企業發展的適合應對。更讓人失望的，則是某些舉動或決定，犯上了致命錯誤，結果更是令家族蒙受巨大損失，甚至瀕於險境。

　　郭志樑兄弟取代郭志權兄弟成為領導核心後，由於有了前面的教訓，應變策略自然變得更為穩重保守，接手初期尤甚，直至確定已經完成整個接班過程，企業發展再沒阻滯，才再在八十年代末、九十年代初作出較進取的開拓。可惜，這種積極進取的開拓，似乎因為未能察覺市場大勢轉變再次招來衝擊，所以有了隨後盈利銳減的挑戰，於是只能做出削減開支，甚至關掉分店的舉動，同時亦選擇出售過去屬於核心投資的保險業務，最後更把上市快近 30 年的公司私有化。

　　毫無疑問，這樣的應變策略，一方面令多元化投資進一步萎縮，另一方面則降低了公司的競爭力，同時亦削弱了長遠增長動力。當然，從公司於 2003 年斥巨資購入銅鑼灣廣場一期物業的舉動看，郭志樑、郭志桁那時的應變方針，明顯是把核心資金投入到物業地產之上，因為在不少投資者心目中，香港地少人稠，寸土尺金，地產投資一定不會虧本，所以他們應是選擇以「收租」的應變方式，維持長遠盈利或收入，但說實在的，這種應變方法，是郭志權在八十年代嗤之以鼻的，因當時有記者問他以永安集團擁有豐厚物業地產，就算只靠收租，亦可有不錯收入，不用那麼辛苦開拓，他的反應是「大家都靠收租的話，這個社會的經濟便像一池死水了」（陶世明，1986：93）。

　　誠然，郭沛勳、郭樂、郭泉，甚至是郭琳爽和郭棣活，他們身處的時代環境波譎雲詭，變遷巨大，戰亂和政治運動頻頻，他們的應變偶有失準，進退失據，情有可願。但到郭琳珊、郭志權和郭志樑等，在社會環境穩定，他們又有極高學歷，更不要說積累了雄厚社會資本及人脈網絡，例如婚姻聯盟等，應變反而更為遜色，生意發展亦顯得不進反退，那實在令不少人感到失望。正因他們在應變

時沒有突出表現，無論是投資的多元性或積極性都在不斷倒退，企業的發展動力與競爭力，自然亦每況愈下。

如何求變

　　若果說應變是被動的，為勢所迫的，那麼求變是主動的，積極進取的。從某個意義上說，求變是不甘於現狀，一心要走出那個習以為常的「舒適區」（comfort zone），甚至要有一種「貼錢買難受」的意志，目的是要謀取家族和企業的更好發展。具體點說，若果不主動求變，家族或企業其實仍能繼續發展，只是日後的表現或者不會太好，亦不太突出而已。

　　在某些情況下，求變是識變的延續，正因如此，當郭沛勳察覺到中外時局轉變，海外亦有巨大發展機會，便推動諸子在十九世紀七十至九十年代走出去，那怕他們當時對海外情況所知不多、風險巨大，但他們卻表現得勇往直前。回頭看，若果郭沛勳及其兒子們當年甘於現狀，不一心求變，以他們在家鄉擁有的農地，顯然亦能如不少家族般衣食無缺地生活下去。正因他們父子兩代均有求變之心，並且採取一致行動，互相配合，邁出了飄洋海外的極重要步伐，日後不但幹出一番事業，富甲一方，亦將家族歷史深深地鑴刻在中國的近代史中。

　　在悉尼適應下來並開創了永安果欄的生意後，發展勢頭實在不錯，生意亦愈做愈大。若果甘於現狀，對那個「舒適區」習以為常，郭樂、郭泉等肯定可以繼續在當地發展下去，成為小富絕非問題。事實上，悉尼的投資自十九世紀創立以後，亦一直維持至今。換言

之，若果那時的郭樂、郭泉等不是一心求變，不想只做小富，而這種求變心態又能在兄弟間形成共識，便不會有後來 1907 年再到一個陌生環境大張旗鼓的行動，雖然，過程當然亦困難與挑戰交纏。

接着的闖上海，以及進入一些本身沒有經驗與知識的行業，例如辦紗廠、開銀行、建酒店等，其實均是不甘心於當時成績，不願在「舒適區」中習以為常，維持現狀，於是敢於作出開拓挑戰的求變表現。當然亦可視之為一種追求事業（卓越），不甘平凡，一心要打造商業王國的野心，而這種心態或精神，其實便是熊彼得心目中不斷創新求變的那種企業家精神（Schumpeter, 1934）。

在「琳」和「志」字輩擔起領導大旗後，由於企業已十分龐大，加上家族人丁與關鍵股東數目眾多，要主動出擊求變，作出變革，必然困難重重，不易落實。出現這種現象的原因，一方面是領導權威與號召力不及上一代，決策容易受到挑戰，另一方面則是生意龐大了，觸及的各方利益必多，帶來的風險亦多，所以很難作出利益及風險等平衡。

事實上，在「琳」和「志」字輩的領導下，家族曾作出求變的進取舉動，但卻效果不好。例如家族於 1973 年將永安人壽保險上市，藉吸納公眾資本發展業務，舉動甚為進取；至於創立宏高公司，進軍證券期貨生意，同樣是不甘心於只是固守祖業，希望為企業注入新動力的表現。可惜，兩者相信因為投機炒賣，低估風險，弄至巨額虧損，並因沒有做好風險切割，於是出現了兵敗如山倒，禍及永安人壽的問題，結果是既輸掉了永安銀行，削弱整個企業和家族的實力，亦沾污了家族名聲，人壽生意從此甚難開拓，最後亦落得被

私有化的結局。

由此可見，識變是預見未來發展大勢，提出方向性、策略性應對方法；而應變是問題已經發生了，同意與否均必須採取行動，否則後果嚴重；求變是企業營運或發展雖有各種問題，但可以容忍，不作為不一定有生死存亡問題，反而主動出擊則既觸及各方利益，又不能排除當中的風險，所以挑戰與變數均不能低估。除非領導者有過人魂力、頑強意志，尤其具有中興家業及雖千萬人吾往矣的雄心鬥志，否則只能是可想而不可即的虛幻而已。至於採取求變行動後，若能順利，當然皆大歡喜；但若有挫折，則必然遭到各方既得利益者圍攻。家族利害的算計以及個人得失的孰重孰輕，當然是任何領導均會認真考慮的。

家族可以崛興、企業可以不斷發展，家人之間能否有上下齊心的共識，互補長短，總是關鍵所在。識變、應變和求變能力亦如是。若然這種能力能夠在家族內部形成共識，得到家族成員的認同、支持，推動開拓時便能事半功倍，就如郭沛勳的看法得到諸子支持，而郭樂、郭泉等落實目標、開拓事業時可以步調一致。相反，若然這種能力差異巨大，意見分歧，加上性格私心各異，諸多計較，則很自然地會出現一種誰坐在領導位置，都會招來諸多制約的問題，不但識變難獲支持，應變難以一致，求變更會招來不同利益考量的制約，於是要不是不作為，發展趨向保守；要不會引來內部爭拗，矛盾日多，家族自然會因失去動力逐漸滑落。這種情況，相信已讓晚年時的郭泉察覺，所以他在《永安精神之發軔與長成》一書中，寫下了要求後繼者「團結合作，守望相助，勿以小我而忘大我」（郭泉，1961：40，詳見第七章）的發人深省叮囑。

總結

　　北方民間有句順口溜:「一代做官,三代打磚」,至於社會則長期以來有「富不過三代」的講法。為了克服這個問題,亦結合中國人好讀書的傳統,不少世家大族於是投入大量資源,支持及鼓勵子女教育,所以有了物質條件充裕下接班世代教育水平極高,不少更屬西方名校畢業,甚至持有碩士、博士學位的特殊現象。可惜的是,那怕擁有極為亮麗的學歷,但企業在他們的領導下卻既難保長盛不衰,亦出現了發展動力漸漸消減的情況,因此讓人大惑不解。尤其令人倍感意外的,則是本來十分輝煌的家族和企業,曾經一度瀕於倒垮潰敗,家人亦惹上官非。經歷那一巨大衝擊,家族和企業乃高峰回落,無復當年勇。

　　由此得出的重要教訓顯示,能否識變、應變和求變,相信才是家族及企業能夠長期保持發展動力的關鍵所在。顯而易見,郭樂、郭泉一代能夠成功突圍,其核心因素在於識變──具遠大識見,識得審視度勢,在重要舞台上開拓。到站穩腳跟後,能夠適應不同發展條件變化,一方面利用已有的資本積累,隨機應變,乘勢而起,另一方面又在那些未能有太多表現的地方創新求變,主動出擊,因而能令家族的商業版圖不斷擴張。但是,到了接班世代帶領企業前進時,不但識變觸覺大減,就連應變與求變的能力亦不及先輩,於是呈現了開拓動力不足,業務投資日漸萎縮的情況,家族和企業乃逐漸失去了昔日光輝。一個簡單的經驗總結是,對於培養接班人,與其只着眼於文憑證書,不如花多些精力於發掘或提升接班人的識變、應變和求變能力;如能凝聚家族上下共識,讓識變、應變與求變行動獲得更好配合和支持,自然能為家族和企業的發展帶來更佳效果。

參考資料

Berger, B. 1991. *The Culture of Entrepreneurship.* San Francisco, California: ICS Press.

Blustein, P. 1994. "Hong Kong's Kwok family", *The Washington Post,* 11 September 1994.

Braudel, F. 1982-1984. *Civilization & Capitalism, 15th-18th Century.* New York: Harper & Row.

Chan, W.K.K. 1995. "The origins and early years of the Wing On Company Group in Australia, Fiji, Hong Kong and Shanghai: Organization and strategy of a new enterprise", in Brown, R. A.(ed.) *Chinese Business Enterprise in Asia,* pp. 80-97. London: Routledge.

Chan, W.K.K. 1996. "Personal styles, cultural values and management: The Sincere and Wing On Companies in Shanghai and Hong Kong, 1900-1941", *Business History Review,* 70 (summer), pp. 141-166.

Chau, T.T. 1991. "Approaches to succession in East Asia business organization", *Family Business Review,* vol. 4, no. 2, pp. 161-180.

Chew, A. 1994. "Wing On falls 38pc on poor retail sales", *South China Morning Post,* 14 September 1994, p. 79.

Chung, S.Y. 2001. *Hong Kong's Journey to Reunification: Memoirs of Sze-yuen Chung.* Hong Kong: Chinese University Press.

Friedman, T.L. 2010. *The World is Flat: The Globalized World in the 21st Century.* London: Penguin Books.

Gilder, G. 1984. *The Spirit of Enterprise.* Harmondsworth: Penguin Books.

Gock, L.J. 1954. "Last Will and Testament of James Gock Lock", HKRS No. 144, D&S No. 6A-1810. Hong Kong: Public Records Office.

Gomez, R. and Lewis, C. 1989. "Kwok family celebrates acquittal", *South China Morning Post,* 25 July 1989, p. 1 and 6.

Grantham, A. 1949. "Address by the Governor", *Hansard-LegCo Sittings 1949 Session*, p. 59-60. Hong Kong: Government Printer.

Ingebrestsen, M. 2003. *Why Companies Fail: The 10 Big Reasons Businesses Crumble, and How to Keep Yours Strong and Solid.* New York: Crown Business.

Ko, C. 1985. "Hang Seng to buy into Wing On", *South China Morning Post,* 20 December 1985, p. 33.

Ko, C. 1986. "Wing On's net worth is zero", *South China Morning Post,* 20

May 1986, p. 33.

Leather, S. 1986. "Answers needed at Wing On", *South China Morning Post,* 3 August 1986, p. 21.

LinkedIn: Gareth Kwok. No year. (https://hk.linkedin.com/in/gareth-kwok-35664b10a)

LinkedIn: Stuart Kwok. No year. (https://hk.linkedin.com/in/stuartkwok)

Lo, Y. 2017. "Shanghainese Builders in Hong Kong (Part Two) – Hsin Chong and Hsin Heng", *The Industrial History of Hong Kong Group.* (https://industrialhistoryhk.org/shanghainese-builders-in-hong-kong-2-hsin-chong-and-hsin-heng/)

Munn, C. 2009. *Anglo-China: Chinese People and British Rule in Hong Kong, 1841-1880.* Hong Kong: Hong Kong University Press.

Ngai, A. 1994. "Wing On suffers six-month plunge", *South China Morning Post,* 17 September 1994, p. 40.

Obituary: May Kwan Liang Kwok. 2016. *Dignity Memorial.* CA. (https://www.dignitymemorial.com/obituaries/colma-ca/may-kwan-kwok-7046191)

Schumpeter, J.A. 1934. *The Theory of Economic Development: An Inquiry into Profits, Capital, Credit, Interest, and the Business Cycle.* Cambridge: Harvard University Press.

Schumpeter, J.A. 1947. "The creative response in economic history", *Journal of Economic History,* 8(November 1947): 149-159.

Skeldon, R. 1994. "Hong Kong in an international migration system", in Skeldon, Ronald (ed.) *Reluctant Exiles? Migration from Hong Kong and the New Overseas Chinese,* pp. 21-50. Hong Kong: Hong Kong University Press.

Skinner, G.W. 1957. *Chinese Society in Thailand: An Analytical History.* Ithaca: Cornell University Press.

Tong, I. 1992. "Big retailers set to return to Shanghai", *South China Morning Post,* 6 July 1992, p. 41.

Van Gennep, A. 1961. *The Rites of Passage.* Chicago, IL: Chicago University Press.

Wang, G.W. 2014. *Another China Cycle: Committing to Reform.* Hackensack, NJ: World Scientific.

Ward, S. 1992. "Wing On finally returns to China", *South China Morning Post,* 9 September 1992, p. 59.

Weber, M. 1985. *The Protestant Ethic and the Spirit of Capitalism,* translated by T. Parsons. London: Unwin Paperbacks.

Wing On Bank Limited. Various years. *Annual Report.* Hong Kong: Wing On Bank Limited.

Wong, S.L. 1988. *Emigrant Entrepreneurs: Shanghai Industrialists in Hong Kong.* Hong Kong: Oxford University Press.

Yut Man Kwok. No year. *Find a Grave: Memorial.* (https://www.findagrave.

com/memorial/28606653/yut_man-kwok)

Zheng, V. 2009. *Chinese Family Business and the Equal Inheritance System.* New York: Routledge.

Zheng, V., & Ho, T. M. 2012. "Contrasting the evolution of corporate governance: A Hong Kong and Shanghai banking corporation vis-à-vis Bank of East Asia Limited Analysis", *Asian Pacific Business Review*, *18*(3): 407-423.

Hong Kong Blue Book. 1841-1940. 1941. Hong Kong: Government Printer.

Hong Kong Census Reports, 1841-1941. No year. Hong Kong: The Hong Kong Government Printer.

Memorandum and Article of Association: The Wing On Company Limited. 1915. Company Registry Files. Hong Kong: The Company Registry.

South China Morning Post. Various years.

上海市地方志辦公室。2003。〈對外聯誼與港澳台工作〉，載《專業志》，上海：上海市志。(http://www.shtong.gov.cn/Newsite/node2/node2245/node4538/node57040/node57066/node57068/userobject1ai45507.html）

上海社會科學院經濟研究所。1981。《上海永安公司的產生、發展和改造》。上海：上海人民出版社。

王有枚、繆林生。1979。〈上海永安公司史料〉，《安徽大學學報》（社會科學版），1979 年第 1 期，頁 43-44。

王孝潤。1992。〈早期在澳華人的經濟生活〉,《史學月刊》,1992 年第
　　6 月,頁 93-98。

王珏麟。2014。〈郭氏兄弟:永安保險公司始創煙雲〉,《中國保險 •
　　中保網》,2014 年 3 月 28 日(http://shh.sinoins.com/2014-04/04/
　　content_104388.htm)。

王海。2014。〈永安往事:巨鯨擱淺〉,《上觀新聞》,2014 年 9 月
　　24 日。

王菊。2004。《近代上海棉紡業的最後輝煌:1945-1949》。上海:上海
　　社會科學院出版社。

永安人壽有限公司。各年。《年報》。香港:永安人壽有限公司。

永安有限公司。各年。《年報》。香港:永安有限公司。

永安國際有限公司。2007。《永安百貨一百年》。香港:永安國際有限
　　公司。

永安國際有限公司。各年。《年報》。香港:永安國際有限公司。

永安集團有限公司。1982。《永安七十五週年紀念》。香港:永安集團
　　有限公司。

永安集團有公司。各年。《年報》。香港:永安集團有限公司。

白吉爾。2005。《上海史:走向現代之路》,王菊(譯)。上海:上海
　　社會科學院出版社。

朱龍湛。1988。〈率先引進僑資的郭樂〉,載許滌新(編)《中國企業家

列傳》，第二冊，頁 208-215。北京：經濟日報出版社。

何小娟。2008。《中山郭氏與上海永安公司》，暨南大學碩士學位論文。廣州：暨南大學。

何佩然。1999。〈秩序與演進：清末民初廣東香山縣商人社會流動的兩個方向〉，《廣東社會科學》，1999 年第 6 期，頁 95-107。

吳醒濂。1936。《香港華人名人史略》。香港：五洲圖書。

君兒。1986。〈郭志權先生訪問記〉，載齊以正、林鴻籌（編）《香港豪門的興衰》，頁 95-102。香港：龍門文化事業有限公司。

李卓。2004。《家族文化與傳統文化：中日比較研究》。天津：天津人民出版社。

李承基。2002。〈澳資永安企業集團創辦人郭樂與郭泉〉，載政協廣東省中山市委員會文史資料編輯部（編）《中山文史》，第 51 期。

杜澤文。1929。〈郭母劉姻太夫人傳贊〉，載《郭沛勳老先生暨淑配劉氏太夫人哀思錄》。香港：天華石印。

林大安。1986。〈永安銀行郭志匡以五百萬元抵押品借入七千二百萬元〉，載齊以正、林鴻籌（編）《香港豪門的興衰》，頁 110-113。香港：龍門文化事業有限公司。

周亮全。1997。〈香港金融體系〉，載王賡武（編）《香港史新篇》上冊，頁 325-370。香港：三聯書店（香港）有限公司。

金冲及。2002。《轉折年代：中國的 1947 年》。北京：三聯書店。

俞濟時。1981。《一二八淞滬抗日戰爭經緯回憶：中華民國二十一年》。台北：國防部史政編譯局。

柳渝。1997。〈郭琳爽和上海永安公司〉，載《中國百年商業巨子》，頁221-276。長春：東北師範大學出版社。

香港永安公司。1932。《香港永安公司史略》。香港：香港永安公司。

香港永安有限公司。1932。《香港永安公司廿五週年紀念錄》。香港：永安有限公司。

唐振常、沈恒春。1963。《上海史》。上海：上海人民出版社。

張昊。2000。〈三四十年代：永安公司的三起三落〉，《世紀》，2000年第4期，頁38-39。

莊玉惜、黃紹倫、鄭宏泰。2013。《香港棉紡世家：識變、應變和求變》。香港：天地圖書。

連玲玲。2005。〈企業文化的形成與轉型：以民國時期的上海永安公司為例〉，《中央研究院近代史研究所集刊》，第49期，頁127-173。

郭廷以，1979。《近代中國史綱》。香港：香港中文大學出版社。

郭沛勳。1929。〈先室劉孺人事略〉，載《郭沛勳老先生暨淑配劉氏太夫人哀思錄》。香港：天華石印。

郭官昌。1936。〈上海永安公司之起源及營業現狀〉，《新商業季刊》，第2號，頁31-47；第3號，頁27-51。

郭泉。1952。〈郭泉字鳳輝遺囑書〉，HKRS No. 144, D&S No.

4-7528。香港：香港歷史檔案館。

郭泉。1961。《永安精神之發軔與長成》。香港：出版社資料不詳。

郭泉。1962。〈郭泉字鳳輝遺囑書〉（補述），HKRS No. 144, D&SNo.
　　4-7528。香港：香港歷史檔案館。

郭泉。2003。〈郭泉自述：四十一年來營商之經過〉，《檔案與史學》，
　　2003 年第 3 期，頁 14-18。

郭琳爽。1957。〈黨與政府教導、鼓勵我前進〉，載榮毅仁、郭琳爽
　　《在向勞動者過渡的道路上》，頁 17-28。上海：上海人民出版社。

郭樂。1949。《回憶錄》。出版地及出版社資料不詳。

郭鸞輝、郭鳳輝（等）。1929。〈先嚴諱兆佳字沛勳〉，載《郭沛勳老
　　先生暨淑配劉氏太夫人哀思錄》。香港：天華石印。

陳樹森。1994。〈祖籍潮州的泰國華人對泰國米業發展的貢獻淺析〉。
　　載鄭良樹（編）《潮州學國際研討會論文集》。廣州：暨南大學出
　　版社。

陸文達。1999。〈雪拉斯 · 阿隆 · 哈同〉，載《上海房地產誌》（第七
　　篇第一章）。上海：上海社會科學院出版社。

陶世明。1986。〈郭志權的一百分人生〉，載齊以正、林鴻籌（編）《香
　　港豪門的興衰》，頁 89-94。香港：龍門文化事業有限公司。

湯開建。2002。〈明清之際澳門與中國內地天主教傳播之關係〉，《漢學
　　研究》（台灣）第 20 卷，第 1 期。

紫華。1986。〈從恒生銀行注資永安銀行談起〉，載齊以正、林鴻籌（編）《香港豪門的興衰》，頁 103-109。香港：龍門文化事業有限公司。

馮邦彥、饒美蛟。2009。《厚生利群：香港保險史 1841-2008》。香港：三聯書店（香港）有限公司。

黃仁宇。1997。《資本主義與二十一世紀》。北京：三聯書店。

楊在軍。2007。〈家族企業治理個案研究：以近代上海永安公司為例〉，《商業研究》，總第 360 期（2007 年第 4 期），頁 29-33。

齊以正。1986。〈永安集團的創始人：郭樂與郭泉〉。載齊以正、林鴻籌（編著）《香港豪門的興衰》，頁 82-88。香港：南北極月刊出版社會。

劉建生、劉鵬生、燕紅忠。2005。《明清晉商制度變遷研究》。太原：山西人民出版社。

鄭宏泰。2017。〈保利工程的兵敗如山到〉，載鄭宏泰、周文港（編）《大浪淘沙：家族企業的優勝劣敗》，頁 208-234。香港：中華書局（香港）有限公司。

鄭宏泰、呂文淵、黃紹倫。2015。《滬港世紀爭產戰》。香港：三聯書店（香港）有限公司。

鄭宏泰、陸觀豪。2017。《點石成金：打造香港金融中心的里程碑》。香港：中華書局（香港）有限公司。

鄭宏泰、黃紹倫。2004。《香港華人家族企業個案研究》。香港：明報

出版社。

鄭宏泰、黃紹倫。2006。《香港股史：1841-1997》。香港：三聯書店
　　（香港）有限公司。

鄭宏泰、黃紹倫。2007。《香港大老：何東》。香港：三聯書店（香港）
　　有限公司。

鄧家宙。2012。《香港華籍名人墓銘集》。香港：香港史學會。

黎志剛。2016。〈香（中）山商人和近代中國〉，載陳慈玉（編）《王業
　　鍵院士紀念文集》，頁 429-443。台北：萬卷樓圖書股份有限公司。

盧漢超。2004。《霓虹燈外：20 世紀初日常生活中的上海》，段煉
　　（譯）。上海：上海古籍出版社。

繆鉞。1963。《讀史存稿》。北京：三聯書店。

韓顏。1986。〈永安銀行是郭某人的私人戶口嗎？〉，載齊以正、林鴻
　　籌（編）《香港豪門的興衰》，頁 114-120。香港：龍門文化事業
　　有限公司。

譚仁杰。1988。〈郭棣活和永安紡織公司〉，《廣東文史資料》，第 56
　　輯（1988 年 7 月號），頁 161-180。

嚴家祺。1989。《「文革」十年史》，增訂本。香港：萬年圖書中心。

〈抗戰勝利後上海永安公司與香港本部函稿輯錄〉。沒年份。收藏於《檔
　　案架》。上海：上海市檔案館。

〈訪問郭棣活談話記錄〉。1981。收藏於《上海檔案訊息網》，訪問時

期 1981 年 5 月 28 日及 6 月 4 日。上海：上海市檔案館。

〈郭棣活〉。2001。載《上海工商社團志》，頁 590。上海：上海社會科學院出版社。

〈郭琳爽〉。2001。載《上海工商社團志》，頁 587。上海：上海社會科學院出版社。

〈陶淵明的五斗米工資〉，載《頭條新聞》，2018 年 11 月 21 日。

《工商日報》。各年。

《中山良都竹秀園郭氏家譜》。1929。中山：私人印發（收錄於北京圖書館藏家譜叢刊「閩粵（僑鄉）卷」）。

《申報》。各年。

《星島日報》。各年。

《香港永安有限公司決算報告》。1943。香港公司註冊處檔案 File No. 155, Deposit No. 5116。香港：公司註冊處。

《郭沛勳老先生暨淑配劉氏太夫人哀思錄》。1929。香港：天華石印。

《湯財文庫》。2003。〈永安郭家十二億再戰江湖〉，2003 年 9 月 11 日。（https://readblog.zkiz.com/greatsoup38/25045）

圖片來源

「世家大族」系列

永安家族
——百年百貨基業的承傳與創新

鄭宏泰　著

● **責任編輯**　郭子晴
● **裝幀設計**　黃希欣
● **排　版**　時　潔
● **印　務**　劉漢舉

● 出版
中華書局（香港）有限公司
香港北角英皇道 499 號北角工業大廈 1 樓 B
電話：（852）2137 2338
傳真：（852）2713 8202
電子郵件：info@chunghwabook.com.hk
網址：http://www.chunghwabook.com.hk

● 發行
香港聯合書刊物流有限公司
香港新界荃灣德士古道 220-248 號
荃灣工業中心 16 樓
電話：（852）2150 2100
傳真：（852）2407 3062
電子郵件：info@suplogistics.com.hk

● 印刷
美雅印刷製本有限公司
香港觀塘榮業街 6 號海濱工業大廈 4 樓 A 室

● 版次
2020 年 11 月初版
©2020 中華書局（香港）有限公司

● 規格
16 開（230mm×170mm）

● ISBN
978-988-8676-23-1